Ngũgĩ wa Thiong'os liebevolle Mutter ist es, die dem Heranwachsenden nach dem Zerwürfnis mit dem Vater Geborgenheit bietet und den Boden für seine Träume bereitet. Sie schließen einen Pakt: Sie ermöglicht ihm den Schulbesuch, er verspricht im Gegenzug, immer sein Bestes zu geben – für Ngũgĩ ein Leichtes. Wirklich schwer ist, zwischen Tradition und Moderne den eigenen Weg zu finden. Geboren im Kenia der 30er Jahre, wächst Ngũgĩ im Schatten des Zweiten Weltkriegs auf, unter britischer Kolonialherrschaft und der entstehenden Mau-Mau-Befreiungsbewegung. Ngũgĩ wa Thiong'os Erinnerungsbuch liest sich dabei wie ein Roman über das Erwachsenwerden fesselnd, zärtlich, schockierend und bisweilen komisch.

Ngũgĩ wa Thiong'o wurde 1938 als Sohn einer tradtionellen Bauernfamilie in Kenia geboren. Nach dem Besuch einer Missionsschule studierte er am Makerere University College in Kampala, Uganda und an der University of Leeds in Großbritannien. 1977 wurde er wegen eines Theaterstücks in Kenia verhaftet und ohne Anklage für ein Jahr inhaftiert, 1982 musste er sein Heimatland verlassen und ging ins Exil nach London und schließlich in die USA. Mit seinem umfangreichen Romanwerk und politischen Essays zählt er heute zu den bedeutendsten Schriftstellern Afrikas. Ngũgĩ wa Thiong'o lebt in Kalifornien, wo er an der University of California in Irvine lehrt.

Weitere Informationen, auch zu E-Book-Ausgaben,
finden Sie bei www.fischerverlage.de

Ngũgĩ wa Thiong'o

Träume in Zeiten des Krieges

Eine Kindheit

Aus dem Englischen von Thomas Brückner

Fischer Taschenbuch Verlag

Quellenangabe:
„In den finsteren Zeiten …“ (Motto zum zweiten Zyklus der Svendborger Gedichte), aus: Bertolt Brecht, Werke. Große kommentierte Berliner und Frankfurter Ausgabe, Band 12: Gedichte 2, S. 16.

Veröffentlicht im Fischer Taschenbuch Verlag,
einem Unternehmen der S. Fischer Verlag GmbH,
Frankfurt am Main, September 2012

Lizenzausgabe mit freundlicher Genehmigung
des A1 Verlags, München
Die Originalausgabe erschien unter dem Titel
„Dreams in a Time of War. A Childhood Memoir“
2010 bei Pantheon Books / Random House New York

Druck und Bindung: CPI – Clausen & Bosse, Leck
Printed in Germany
ISBN 978-3-596-19233-5

Für Thiong'o Senior; Kĩmunya; Ndũcu; Mũkoma;
Wanjikũ; Njoki; Bjorn; Mũmbi; Thiong'o K;
und meine Nichte Ngĩna in der Hoffnung, dass eure
Kinder dies lesen und ihre Urgroßmutter Wanjikũ sowie
ihren Großonkel Wallace Mwangi alias Good Wallace
kennen lernen und erfahren, welche Rolle sie
dabei spielten, unsere Träume zu formen.

Ein Traum ist unerlässlich,
wenn man die Zukunft gestalten will.
Victor Hugo, „Les Misérables“

Ich habe gelernt
aus Büchern mein Freund
von Männern, die träumten und lebten
und hungerten in lichtlosen Räumen
die konnten nicht sterben, weil der Tod viel zu arm war
die nicht schliefen zu träumen, sondern träumten,
die Welt zu verändern.
Martin Carter, „Looking at Your Hands“

In den finsteren Zeiten
Wird da auch gesungen werden?
Da wird auch gesungen werden.
Von finsteren Zeiten.
Bertolt Brecht, „Svendborger Gedichte“

Als ich viele Jahre später bei T. S. Eliot las, dass der April der grausamste Monat wäre, musste ich daran denken, was ich 1954 an einem Apriltag im kühlen Limuru erlebte, jenem Kernort des Gebietes, das ein anderer Eliot, *Sir Charles Eliot*, der damalige Gouverneur des kolonialen Kenia, 1902 als White Highlands in Besitz genommen hatte. Lebhaft stand mir dieser Tag wieder vor Augen, als ereignete er sich jetzt, in diesem Augenblick.

An jenem Tag hatte ich kein Mittagessen gehabt, und mein Magen erinnerte sich nicht mehr an den Brei, den ich am Morgen vor dem Sechs-Meilen-Marsch zur Kĩnyogori Intermediate School hinuntergeschlungen hatte. Jetzt lagen dieselben sechs Meilen Heimweg vor mir und ich gab mir Mühe, mich nicht zu sehr auf ein kleines Abendbrot zu freuen. Meine Mutter war ziemlich gut darin, jeden Tag eine warme Mahlzeit herbeizuzaubern, aber wenn man Hunger hat, sucht man sich besser etwas, irgendetwas, womit man sich vom Gedanken an Essen ablenkt. Ich tat das oft, wenn die anderen Kinder zur Mittagszeit das mitgebrachte Essen herausholten, und diejenigen, die in der Nachbarschaft wohnten, in der Mittagspause nach Hause gingen. Dann tat ich so, als müsste ich irgendwohin, wenn ich mich in Wahrheit nur in den Schatten eines Baums oder hinter einen Busch, weit weg von den anderen Kindern, zurückzog, um ein Buch zu lesen, irgendein Buch, denn viele Bücher gab es nicht, und deshalb waren sogar die Mitschriften der Schulstunden eine willkommene Ablenkung. An jenem Tag las ich die gekürzte Ausgabe von Dickens' „Oliver Twist". Im Buch gab es eine Strichzeichnung von Oliver Twist, der eine Schale in Händen hielt und zu einer gewaltigen Figur aufschaute. Unter der Zeichnung stand: „Bitte, Sir, kann ich noch etwas mehr bekommen?“ Ich identifizierte mich mit dieser Frage, nur dass ich sie meistens an meine Mutter richtete, meine alleinige Wohltäterin, die mir immer zusätzlich gab, wenn sie konnte.

Auch den Geschichten und Erzählungen der anderen Kinder zuzuhören, war eine wohltuende Ablenkung, vor allem während des langen Marsches nach Hause, obwohl der Weg eine geringere Tortur war als am Morgen, wenn wir barfuß den weiten Weg zur Schule rennen mussten und uns der Schweiß über das Gesicht lief, damit wir nicht zu spät kamen und die unausbleiblichen Schläge auf die ausgestreckten Handflächen vermieden. Der Nachhauseweg verlief meistens gemächlicher, nur für die Kinder nicht, die aus Ndeiya oder Ngeca kamen und zehn Meilen oder mehr vor sich hatten. Außerdem war es besser, sich die Zeit bis zum Abendbrot, dessen Regelmäßigkeit alles andere als gesichert war, auf der Straße zu vertreiben, und so den Arbeiten im Haushalt und im heimatlichen Gehöft zu entgehen.

Mein Klassenkamerad Kenneth und ich waren damals ganz gut darin, die Zeit totzuschlagen, vor allem, wenn wir über den letzten Hügel stiegen, der uns von zu Hause trennte. Am Fuß des aufsteigenden Hangs beginnend, kickte jeder einen Ball, meist einen Sodom-Apfel, rücklings über den Kopf hangaufwärts. Der nächste Kick erfolgte von der Stelle, an der der Ball beim ersten Mal gelandet war. Und so ging es weiter im Wettstreit, wer zuerst die Kuppe erreichte. Das war weder die leichteste noch die schnellste Art, dorthin zu gelangen, aber sie hatte den Vorteil, dass wir darüber die Welt vergaßen. Inzwischen waren wir aber zu groß für solche Spiele und außerdem gab es nichts, was unsere Aufmerksamkeit so fesseln konnte wie eine Geschichte.

Oft drängten wir uns um denjenigen, der erzählte, und wenn er es richtig gut konnte, war er sofort unser erklärter

Held. Manchmal, wenn wir drängelten, um so nahe wie möglich am Erzähler zu sein, schob ihn die eine Gruppe sacht vom Weg; die andere Gruppe hielt dagegen und drängte ihn auf die andere Seite, sodass die ganze Meute wie eine Schafherde mäanderte.

An diesem Abend war es, abgesehen vom Weg, den wir wählten, nicht anders. Von der Kĩnyogori School in mein Heimatdorf, Kwangũgĩ oder Ngamba, und seine Umgebung nahmen wir normalerweise einen Pfad, der sich über mehrere Hügel und durch verschiedene Täler schlängelte. Aber wenn man einer Geschichte lauschte, achtete man nicht auf die Hügel und die Felder mit Mais, Erbsen, Kartoffeln und Bohnen, die alle von Akazien oder Hecken aus Kei-Äpfeln oder grauen Dornenbüschen gesäumt wurden. Der Pfad führte an meiner alten Grundschule Manguo vorbei nach Kĩhingo, hinab ins Tal und schließlich über einen mit Gras und Schwarzakazien bestandenen Hügel. Heute jedoch nahmen wir, während wir wie Schafe dem Geschichtenerzähler folgten, einen anderen, etwas längeren Weg, an der Umzäunung der Limuru Bata Shoe Company entlang, vorbei an ihrem stinkenden Müllberg aus Gummiabfällen und verrottenden Häuten und Fellen, zu einer Kreuzung von Eisenbahngleisen und Straßen, von denen eine zum Marktplatz führte. An dieser Kreuzung hatten sich viele Männer und Frauen versammelt, die vermutlich vom Markt gekommen waren und aufgeregt diskutierten. Die Menschenmenge wuchs, weil auch Arbeiter aus der Schuhfabrik stehen blieben und sich einmischten. Ein oder zwei Schüler erkannten Verwandte in der Menge. Neugierig folgte ich ihnen, um alles mitzubekommen.

„Man hat ihn auf frischer Tat ertappt“, behaupteten einige.

„Stellt euch vor, der hatte Patronen bei sich. Am helllichten Tag.“

Alle, sogar wir Kinder, wussten, dass es als Hochverrat galt, wenn ein Afrikaner auch nur mit einer einzigen Patrone oder

Patronenhülse erwischt wurde; sofort wurde er zum Terroristen erklärt und sein Tod am Strang war die logische Folge.

„Wir haben Gewehrfeuer gehört", sagten andere.

„Ich habe mit eigenen Augen gesehen, wie sie auf ihn geschossen haben."

„Aber gestorben ist er nicht!"

„Gestorben? Hmmm! Die Kugeln flogen auf die zurück, die auf ihn geschossen haben."

„Stimmt nicht, er flog in den Himmel und verschwand in den Wolken."

Die Meinungsverschiedenheiten zwischen den Erzählern lösten die Menge in kleinere Gruppen aus drei, vier oder fünf Personen auf, die sich um einen Erzähler scharten, der seine Sicht der Ereignisse dieses Nachmittags zum Besten gab. Ich zog von einer Gruppe zur anderen und schnappte hier das eine, da das andere Detail auf. Nach und nach setzte ich die Stränge der Geschichte zusammen, und es entstand die Erzählung, die die Menge fesselte, ein spannendes Märchen über einen Namenlosen, der nahe der indischen Läden verhaftet worden war.

Die Läden standen auf einem Hügelkamm; Gebäudereihen, die einander ansahen und für Wagen und Käufer ein riesiges Rechteck mit Ein- und Ausgängen an den Ecken bildeten. Der Hügel senkte sich zu einer Ebene, in der die Gebäude der Afrikaner standen und ein ähnliches Viereck bildeten, dessen umschlossener Raum mittwochs und samstags als Marktplatz genutzt wurde. Die Ziegen und Schafe, die an diesen beiden Markttagen zum Verkauf standen, wurden gruppenweise auf dem großen, abschüssigen Gelände zwischen den beiden Einkaufszentren angepflockt. Und genau dieses Gelände war offensichtlich Schauplatz der Ereignisse gewesen, die jetzt Erzähler wie Zuhörer erregten. Alle waren sich darin einig, dass die Polizei den Mann, nachdem sie ihn in Handschellen gelegt hatte, auf die Ladefläche ihres Lastwagens verfrachtete.

Plötzlich war der Mann heruntergesprungen und davongerannt. Die Polizisten hatten überrascht den Wagen gewendet und mit angelegten Gewehren die Verfolgung des Mannes aufgenommen. Einige waren ebenfalls vom Lastwagen gesprungen und liefen ihm hinterher. Dann mischte sich der Mann unter die Kunden und rannte durch die Lücke zwischen zwei Läden in das offene Gelände zwischen den indischen und den afrikanischen Geschäften. Die Polizei eröffnete das Feuer. Der Mann fiel, stand aber wieder auf und floh, Haken schlagend, weiter. Immer wieder lief das so ab und endete schließlich damit, dass sich der Mann seinen Weg im Zickzack durch die Schaf- und Ziegenherden bahnte, den Hang hinab, am afrikanischen Basar vorbei, über die Gleise auf die andere Seite rannte, an den überfüllten Unterkünften der Limuru Bata Shoe Company entlang, den Hügel hinauf, bis er, offensichtlich unverletzt, im saftigen Grün der Teeplantagen der Europäer verschwand. Unvermittelt hatte die Verfolgungsjagd den Gejagten, einen Namenlosen, zur Legende gemacht, an der sich bei denen, die das Ereignis miterlebt, und jenen, die diese Geschichte aus zweiter Hand erfahren hatten, zahlreiche Geschichten über Heldentum und Magie entzündeten.

Ich hatte über die Mau-Mau-Guerillas ähnliche Geschichten gehört, vor allem über *Dedan Kĩmathi*; nur, dass sich die Magie bis dahin in Nyandarwa und dem Hochland um den Mount Kenya ereignet hatte, und die Geschichten noch nie von einem Augenzeugen erzählt worden waren. Auch mein Freund Ngandi, der kenntnisreichste Geschichtenerzähler überhaupt, hat nicht ein einziges Mal behauptet, dass er irgendeines der Vorkommnisse, die er so bildreich beschrieb, mit eigenen Augen gesehen hatte.

Ich höre eigentlich lieber zu als selbst zu erzählen, aber das war eine Geschichte, die ich unbedingt erzählen wollte, sei es vor oder nach dem Abendessen. Und wenn ich Ngandi das nächste Mal traf, konnte ich vielleicht sogar mit ihm mithalten.

Die gekreuzten Schranken am Bahnübergang waren hochgezogen. Eine Sirene ertönte, der Zug fuhr durch und erinnerte die Menge daran, dass noch viele Meilen vor ihr lagen. Kenneth und ich folgten, und als wir uns nicht mehr in Gesellschaft der anderen Schüler befanden, verdarb er die Stimmung, indem er den Wahrheitsgehalt der Geschichte anzweifelte, zumindest aber die Art, in der sie erzählt worden war. Kenneth war für eine klare Trennung zwischen Tatsache und Fiktion; er mochte nicht, wenn sie vermischt wurden. Wir trennten uns vor seinem Haus, ohne uns über den Grad der Übertreibung geeinigt zu haben.

Endlich kam ich nach Hause, zu meiner Mutter Wanjikũ, meinem kleinen Bruder Njinjũ, meiner Schwester Njoki und Charity, der Frau meines großen Bruders. Sie hockten eng aneinandergeschmiegt am Feuer. Kenneth zum Trotz hatte ich immer noch die Geschichte von dem Mann im Kopf, der, wie manche Figur, die ich aus Büchern kannte, keinen Namen hatte. Doch plötzlicher, stechender Hunger brachte mich in die Wirklichkeit zurück. Und da es schon dunkel wurde, hieß das, es könnte bald eine Abendmahlzeit geben.

Das Essen war tatsächlich fertig und wurde mir schweigend in einer Kalebasse gereicht. Sogar mein kleiner Bruder hielt den Mund, obwohl er sonst gerne lautstark auf meine Verfehlungen wie das Heimkommen nach Einbruch der Dunkelheit hinwies. Ich wollte erklären, warum ich so spät nach Hause kam, musste vorher aber erst das Rumpeln in meinem Bauch ersticken.

Eine Erklärung war allerdings gar nicht mehr nötig. Mutter brach das Schweigen. Mein großer Bruder Wallace Mwangi – Good Wallace, wie er gewöhnlich genannt wurde –, war am Nachmittag nur knapp dem Tod entgangen. Wir beten dafür, dass er in den Bergen sicher ist. Das ist dieser Krieg, sagte sie.

Ich wurde 1938 im Schatten eines anderen Krieges, des Zweiten Weltkrieges, als Kind meines Vaters Thiong'o wa Ndũcũ und meiner Mutter Wanjikũ wa Ngũgĩ geboren. Ich weiß nicht, welchen Platz ich vom Alter her unter den vierundzwanzig Kindern meines Vaters und seiner vier Frauen einnahm, aber ich war das fünfte Kind im Haus meiner Mutter. Meine älteste Schwester Gathoni, mein großer Bruder Wallace Mwangi, meine Schwestern Njoki und Gacirũ kamen vor mir, und mein kleiner Bruder Njinjũ war das sechste und letztgeborene Kind meiner Mutter.

Meine früheste Erinnerung an mein Zuhause ist die eines großen Hofes, in dem fünf Hütten einen Halbkreis bildeten. Eine gehörte meinem Vater. Nachts waren in ihr auch die Ziegen untergebracht. Es war die Haupthütte, die „thingira". Nicht wegen ihrer Größe, sondern weil sie abseits und in gleicher Entfernung zu den anderen vier stand. Die Frauen meines Vaters, oder unsere Mütter, wie wir sie nannten, brachten ihm abwechselnd das Essen in seine Behausung.

Die Frauenhütten waren in verschiedene Funktionsräume unterteilt: eine dreisteinige Feuerstelle in der Mitte; Schlafplätze und eine Art Vorratskammer; eine große Abteilung für die Ziegen und zumeist ein kleiner, eingehegter Bereich, in dem Schafe oder Ziegen gemästet wurden, die zu besonderen Anlässen geschlachtet werden sollten. Jeder Haushalt besaß einen Kornspeicher, eine kleine, runde Hütte auf Stelzen, deren Wände aus dünnen Ruten geflochten waren. Der Speicher war der Maßstab für Reichtum und Not. Nach einer guten Ernte war er mit Mais, Kartoffeln, Bohnen und Erbsen gefüllt. Daran, wie gut er gefüllt war, konnten wir ablesen, ob Tage des Hungers bevorstanden oder nicht. Unmittelbar neben dem Gehöft befanden sich ein großer Kral für die Kühe und kleinere Pferche für die Kälber. Die Frauen sammelten den Kuhdung und den Ziegenkot und lagerten ihn auf einem Misthaufen neben dem Haupteingang zum Hof. Der Haufen war im Laufe der Jahre zu einem Hügel gewachsen, den grüne, stechende Nesseln bedeckten. Der Hügel war riesig, und es kam mir wie ein Wunder vor, dass die Erwachsenen ihn einfach hinauf- und herunterklettern konnten. Von den Hängen des Hügels wucherte eine bewaldete Landschaft herab. Als Kind, das gerade laufen lernte, folgte ich meinen Müttern und den älteren Geschwistern mit meinem Blick, wenn sie durch den Eingang zu unserem Gehöft gingen, und es kam mir vor, als verschluckte sie dieser Wald morgens auf geheimnisvolle Weise und spuckte sie am Abend ebenso geheimnisvoll unverletzt wieder aus. Erst später, als ich ein Stückchen weiter um den Hof laufen konnte, entdeckte ich, dass sich Pfade zwischen den Bäumen hindurchschlängelten. Ich erfuhr, dass hinter dem Wald im Tal die Limuru Township lag und sich auf der anderen Seite der Eisenbahngleise die Plantagen der Weißen befanden, auf denen meine älteren Geschwister gegen Bezahlung Tee pflückten.

Dann wurde alles anders. Ich weiß nicht mehr, wie schleichend oder wie plötzlich, aber es wurde alles anders. Als Erstes verschwanden die Kühe und Ziegen, nur leere Ställe blieben. Der Misthaufen war nicht mehr die Lagerstätte für Kuhdung und Ziegenkot, sondern nur noch für Müll. Er war nicht mehr so bedrohlich hoch, und auch ich konnte mittlerweile ganz leicht hinauf- und hinunterrennen. Dann hörten unsere Mütter auf, die Felder rund um unseren Hof zu bestellen, sie arbeiteten jetzt auf anderen Feldern weit weg von unserem Grund. Die Thingira meines Vaters stand leer, und die Frauen hatten einen weiteren Weg, um ihm das Essen zu bringen. Mir fiel auf, dass Bäume gefällt wurden, von denen nur die Stümpfe blieben, dass die Erde umgegraben und dann Chrysanthemen gepflanzt wurden. Es war seltsam zu beobachten, wie der Wald vor dem Vorrücken der Chrysanthemenfelder zurückwich. Und noch bemerkenswerter war, dass meine Brüder und Schwestern jetzt zeitweise auf diesen neuen Chrysanthemenfeldern arbeiteten, die unseren Wald verschlungen hatten, wo sie doch früher nur hinter den Bahngleisen auf den Teeplantagen der Europäer gearbeitet hatten.

Die Veränderungen in der natürlichen und gesellschaftlichen Landschaft vollzogen sich nicht in einer erklärbaren Abfolge; sie gingen ineinander über, und alles war etwas verwirrend. Irgendwie gelang es mir mit der Zeit aber, ein paar Fäden miteinander zu verknüpfen, und die Dinge wurden klarer, als ob ich aus einem Nebelfeld trat. Ich begriff, dass unser Land nicht unser Land war; dass unser Gehöft Teil eines Besitzes war, der einem afrikanischen Grundherren, Lord Reverend Stanley Kahahu oder, wie wir ihn nannten, Bwana Stanley, gehörte; dass wir nur „ahoi" waren, geduldete Pächter. Wie waren wir zu Ahoi auf unserem eigenen Land geworden? Hatten wir das Land, das uns der Tradition nach gehörte, an die Europäer verloren? Noch hatte sich der Nebel nicht vollständig gelichtet.

Mein Vater war ein ziemlich zurückhaltender Mensch und sprach nur sehr wenig über seine Vergangenheit. Unsere Mütter, der Mittelpunkt unseres Lebens, sträubten sich, Einzelheiten ihres Wissens darüber preiszugeben. Dennoch verschmolzen kleine, aus Flüstern gewonnene Stückchen, Andeutungen und die eine oder andere Anekdote schrittweise zur Geschichte seines Lebens und seiner Herkunft.

Mein Großvater väterlicherseits war ein Massaikind, das irgendwie in einen Gĩkũyũ-Haushalt irgendwo in Mũrang'a geriet, entweder als Kriegsreparation, als Gefangener oder als ausgesetztes Kind, das einer Hungersnot entkommen wollte. Ursprünglich sprach er kein Gĩkũyũ, und die Massaiwörter, die er häufig brabbelte, klangen im Ohr eines Gĩkũyũ wie „tucu" oder „tũcũka", weshalb sie ihn Ndũcũ nannten, „das Kind, das immer ‚tũcũ' sagte". Außerdem erhielt er den ehrenvollen Altersnamen Mwangi. Großvater Ndũcũ, so heißt es, heiratete zwei Frauen, die beide Wangeci hießen. Mit der ersten Wangeci zeugte er zwei Söhne, Njinjũ oder Baba Mũkũrũ, wie wir ihn nannten, und meinen Vater Thiong'o, sowie die drei Töchter Wanjirũ, Njeri und Wairimũ. Mit der zweiten Wangeci hatte er zwei weitere Söhne: Kariũki und Mwangi Karuithia, den man auch Mwangi, den Chirurgen nannte, weil er als Erwachsener Spezialist für männliche Beschneidung wurde und seinen Beruf im Land der Gĩkũyũ und der Massai ausübte.

Ich sollte weder meinen Großvater Ndũcũ noch Großmutter Wangeci kennenlernen. Eine seltsame Krankheit befiel die Region. Mein Großvater gehörte zu den Ersten, die gehen mussten. Seine beiden Frauen und die Tochter Wanjirũ folgten ihm bald. Weil meine Großmutter fest davon überzeugt war, dass die Familie unter einem bösen Fluch aus der Vergangenheit stand oder von neidischen Nachbarn mit einem machtvollen Hexenbann belegt worden war – denn wie konnten Menschen einfach so nach einer Fieberattacke sterben? –, befahl sie unmittelbar vor ihrem Tod meinem Vater und seinem Bruder, bei Verwandten Zuflucht zu suchen, die gemeinsam mit den Schwestern Njeri und Wairimũ bereits ins ferne Kabete ausgewandert waren. Sie mussten schwören, niemals nach Mũrang'a zurückzukehren oder den Nachfahren ihre Herkunft zu verraten, damit ihre Erben nicht in Versuchung kämen zurückzukehren, das Familienland wieder in Besitz zu nehmen und schließlich dasselbe Schicksal zu erleiden. Die beiden Jungen hielten das Versprechen, das sie ihrer Mutter gegeben hatten. Sie flohen aus Mũrang'a.

Die geheimnisvolle Krankheit, die meinen Großvater ausgelöscht und meinen Vater zur Flucht gezwungen hatte, ergab erst einige Jahre später einen Sinn für mich, als ich im Alten Testament Geschichten über die Heimsuchung von Gemeinschaften las. Damals stellte ich mir meinen Vater und seinen Bruder als Teil einer Massenflucht vor einer Seuche biblischen Ausmaßes vor, auf der Suche nach dem Gelobten Land. Doch als ich später von arabischen Sklavenhändlern, von Missionaren und Entdeckern und sogar Großwildjägern las - der junge Churchill 1907, T. D. Roosevelt 1909, und eine lange Reihe anderer sollte folgen –, stellte ich mir meinen Vater und meinen Onkel als Abenteurer vor, die, mit Pfeil und Bogen bewaffnet, auf denselben Pfaden unterwegs waren, den Jägern auswichen, angreifende Löwen abwehrten, nur knapp glitschigen Schlangen entgingen, sich durch Täler und über Hügel ihren Weg durch das wuchernde Unterholz eines Urwaldes bahnten, bis sie zu guter Letzt eine Ebene erreichten. Dort erstarrten sie in Furcht und Schrecken. Vor ihren Augen erhoben sich Steingebäude unterschiedlicher Höhe, die Pfade waren voller Wagen verschiedenster Formen und Menschen unterschiedlicher Hautfarben von Schwarz bis Weiß. Einige Weiße saßen in Wagen, die von schwarzen Männern gezogen oder geschoben wurden. Das mussten die weißen Geister sein, die „mizungu", und dieses Nairobi, von dem sie gehört hatten, es sei aus dem Schoß der Erde erstanden. Doch nichts hatte sie auf die Eisenbahngleise und die Furcht einflößenden Ungeheuer vorbereitet, die Feuer spien und manchmal einen Schrei von sich gaben, der das Blut in den Adern gefrieren ließ.

Nairobi war von diesem Ungeheuer erschaffen worden. Ursprünglich ein Sammellager für das umfangreiche Material für den Eisenbahnbau und die vielen Dienstleistungen, war Nairobi schnell wie ein Pilz zu einer Stadt herangewachsen, mit

Tausenden Afrikanern, Hunderten Asiaten und einer Handvoll streitsüchtiger Europäer, die die Stadt beherrschten. Als Winston Churchill 1907 als *Henry Campbell-Bannerman's* parlamentarischer Unterstaatssekretär für die Kolonien das neun Jahre alte Nairobi besuchte, sollte er schreiben, dass jeder Weiße in der Hauptstadt „Politiker war und die meisten von ihnen Führer politischer Parteien", und sein Erstaunen darüber zum Ausdruck bringen, dass „ein derart junges Zentrum in der Lage war, so viele divergierende und konfliktreiche Interessen hervorzubringen, oder dass eine so kleine Gemeinschaft fähig war, jeder dieser Interessen derart energisch und sogar ungestüm Ausdruck zu verleihen."

Die großen Häuser in der Ebene beeindruckten die beiden Brüder unterschiedlich. Nachdem sie eine Weile bei ihrer Tante in Uthiru geblieben waren, zog mein Onkel vom Lärm der Stadt fort und suchte sein Glück in der ländlichen Gegend von Ndeiya und Limuru, wo die Karaũ-Familie Unterstützung bot. Mein Vater aber, fasziniert von diesem städtischen Zentrum mit seinen schwarzen und weißen Einwohnern, blieb. Schließlich fand er in einer europäischen Familie Arbeit als Hausangestellter. Auch über diese Zeit in einem weißen Haushalt gab es nur wenige Einzelheiten, sieht man einmal von der Geschichte ab, wie er es vermied, zum Ersten Weltkrieg eingezogen zu werden.

Seit der Berliner Konferenz von 1884, bei der Afrika in Einflussgebiete der europäischen Mächte aufgeteilt worden war, befehdeten sich Deutsche und Briten bei der Kolonisation Ostafrikas. Beispielhaft dafür sind zwei Abenteurer: *Karl Peters*, der 1885 die Deutsch-Ostafrikanische Gesellschaft gründete; und *Frederick Lugard* von der Imperial British East Africa Company, für die er 1888 von *Sir William Mackinnon* angeheuert wurde. Die Gebiete, die diese beiden Privatunternehmen mit „widerstrebender" Rückendeckung ihrer jeweiligen Regierungsführer Bismarck und Gladstone für sich in Beschlag nahmen, wurden später nationalisiert, was man mit kolonisieren übersetzen muss. Und wenn das Mutterland husten musste, dann bekam das koloniale Baby gleich eine richtige Grippe. Denn als am 28. Juni 1914 der serbische Student Gavrilo Princip den Thronfolger des österreichisch-ungarischen Kaiserreichs, Franz Ferdinand, ermordete und damit unter den aufstrebenden und miteinander rivalisierenden Reichen einen europäischen Krieg auslöste, kämpften die beiden Kolonien, *Tanganyika* und Kenia, auf Seiten ihrer jeweiligen Mutterländer und damit gegeneinander; die deutsche Armee unter *General von Lettow-Vorbeck* stand gegen die britische, die von *General Jan Smuts* geführt wurde. Aber es waren keineswegs nur die europäischen Kolonisten, die gegeneinander kämpften – sie machten insgesamt weniger als ein Prozent der Bevölkerung aus. Sie rekrutierten viele Afrikaner als Soldaten und für das Trägerkorps. Die afrikanischen Soldaten starben, im Kampf, durch Krankheiten und andere Übel, und das im Vergleich zu den europäischen Soldaten in unverhältnismäßig hoher Anzahl. Ihre Teilnahme wäre längst vergessen, wenn nicht die Orte, an denen sie in Nairobi und Dar es Salaam lagerten, den Namen Kariokoo tragen würden, eine Swahili-Verballhornung von Carrier Corps, Trägerkorps. Da die Afrikaner in einen Krieg gezwungen wurden, dessen Ursachen und Gründe sie nicht kannten, taten viele alles, um der Einberufung zu entgehen. Auch mein Vater. Jedes Mal, wenn er zur Tauglichkeitsuntersuchung musste, kaute er die Blätter einer bestimmten Pflanze, die seine Temperatur in alarmierende Höhe trieben. Allerdings gibt es auch andere Versionen der Geschichte, die von einer Begünstigung durch seinen weißen Arbeitgeber erzählen, der die Haushaltsdienste meines Vaters nicht verlieren wollte.

Ausgehend von diesem geschichtlichen Ereignis und der Altersgruppe, der mein Vater angehörte, konnte ich berechnen, dass er irgendwann zwischen 1890 und 1896 geboren worden sein musste; in den Jahren also, in denen Königin Victoria das, was bislang „Unternehmenseigentum“ gewesen war, durch ihren Premierminister *Robert Cecil*, dem 3. Marquess of Salisbury, unter ihre Hoheit stellte und als East Africa Protectorate sowie ab 1920 als Kolonie und Protektorat Kenia bezeichnete. Unmittelbarer Beweis der effektiven britischen Herrschaft war der Bau der Uganda-Eisenbahnlinie von Kilindini, Mombasa, nach Kampala – die Schnellstrecke des Ungeheuers, das mein Vater sogar beim Brüllen Feuer speien sah.

Das Nairobi, in dem mein Vater nun arbeitete, war das Ergebnis dieses formalen Besitzwechsels und der Fertigstellung der Eisenbahnlinie, die von 1902 an den Verkehr der weißen Siedler ins Innere erheblich erleichterte. Nach dem Ersten Weltkrieg, der im Juni 1919 mit dem Versailler Vertrag endete, wurden ausgemusterte weiße Soldaten mit Landbesitz in Afrika belohnt, das zum Teil überlebenden afrikanischen Soldaten gehörte. Die Folge waren Enteignungen, Zwangsarbeit und auf den Feldern geduldete Pächter, die man als Squatter bezeichnete. Für die Erlaubnis zur Nutzung des Landes, stellten die Squatter billige Arbeitskraft zur Verfügung und verkauften dem weißen Besitzer ihre Waren zu einem Preis, den dieser diktierte. Das staatlich gestützte weiße Siedlertum traf auf den Widerstand der Afrikaner; die bedeutendste Bewegung der damaligen Zeit war die 1921 gegründete East African Association, die erste landesweite politische Organisation der Afrikaner. Sie wurde von *Harry Thuku* geführt und vertrat die Vorstellungen aller arbeitenden Afrikaner, einschließlich der meines Vaters. In ihr hatte eine neue gesellschaftliche Kraft auf der geschichtlichen Bühne Kenias ihre Stimme gefunden: die afrikanische Arbeiterklasse, zu der jetzt auch mein Vater gehörte. Thuku knüpfte Verbindungen zum internationalen schwarzen Nationalismus von *Marcus Garvey* in Amerika im Westen und mit Gandhis indischem Nationalismus im Osten, diese durch seine Allianz mit *Manilal A. Desai*, dem Führer der Inder in Kenia. Seine Aktivitäten wurden von der kolonialen Geheimpolizei sehr genau beobachtet und im Londoner Kolonialministerium als Bedrohung der weißen Herrschaft eingestuft. Beide, Gandhi und Thuku, hatten ungefähr zur selben Zeit in ihren jeweiligen Ländern zu zivilem Ungehorsam aufgerufen. Die Briten verhafteten Thuku im März 1922, um das kenianische Bindeglied zwischen dem Nationalismus Gandhis und dem schwarzen Nationalismus Garveys auszuschalten, und deportierten ihn nach Kismayu im heutigen Somalia, wo er sieben Jahre bleiben musste. Es ist möglicherweise nur Zufall, aber dennoch interessant, dass Gandhi am 10. März, nur wenige Tage nach Thuku, verhaftet wurde. Die Arbeiter reagierten auf Thukus Verhaftung mit massiven Protesten vor der Polizeihauptwache in Nairobi. Angestachelt von weißen Siedlern, die auf der Terrasse des Norfolk Hotels Bier und Schnaps tranken, erschoss die Polizei einhundertfünfzig Demonstranten, darunter auch *Nyanjirũ Mũthoni*, eine Anführerin der Frauenbewegung. Ich weiß nicht, ob mein Vater bei dem Massenprotest und Massenmord anwesend war, der nachfolgende Aufruf zum Generalstreik der Hausangestellten, von deren Arbeit die weiße Aristokratie vollständig abhängig war, betraf ihn aber auf alle Fälle. Mein Vater verließ Nairobi für immer und ging den aufkommenden politischen Unruhen auf dieselbe Weise aus dem Weg, wie er der Seuche und der Einberufung zum Ersten Weltkrieg entgangen war. Er folgte seinem Bruder in die ländliche Sicherheit von Limuru.

Doch Nairobi hatte ihn geprägt. Mein Vater hatte von seinem europäischen Arbeitgeber ein paar ausgewählte Wörter und Sätze Englisch gelernt – „bloody fool“, „Nigger“ und „Bugger“, die er als „mburaribuu“, „kaniga gaka“ und „mbaga ĩno“ lautmalerisch ins Gĩkũyũ übertrug und großzügig auf jedes seiner Kinder anwendete, auf das er gerade wütend war. Während seiner Anstellung hatte er genügend Geld gespart, um sich ein paar Ziegen und Kühe zu kaufen, die sich im Laufe der Zeit vermehrten, so dass er, als er aus Nairobi floh, bereits eine stattliche Herde besaß, um die sich sein Bruder gekümmert hatte. Schließlich kaufte mein Vater Njamba Kĩbũkũ ein Stück Land ab und bezahlte nach dem traditionellen Brauch der mündlichen Verträge vor Zeugen mit Ziegen. Njamba verkaufte dasselbe Land später an Lord Stanley Kahahu, einen der ersten christlichen Konvertiten und Absolventen der Missionsschule der Church of Scotland in Kikuyu, und dessen Bruder Edward Matumbĩ, der in Molo als Holzfäller, Sägewerker und Hersteller von Schindeln für europäische Kunden zu Geld gekommen war. Der Zweitverkauf wurde nach kolonialem Vertragsrecht geschlossen, mit Zeugen und unterschriebenen Dokumenten. Ob der religiöse Kahahu wusste, dass Njamba das Land doppelt verkaufte, zuerst gegen Ziegen an meinen Vater und danach gegen Geld an ihn? Egal was er wusste, die doppelte Transaktion begründete eine dauerhafte Spannung zwischen den beiden Anspruchsberechtigten, meinem Vater und Kahahu.

Die Anhörung vor dem Native Tribunal Court in Cura, durch die der rechtmäßige Besitzer festgestellt werden sollte, war eine langwierige Angelegenheit, die sich über viele Jahre hinzog, vor allem aber war sie zu jedem neuen Termin ein Rechtsfall des geschriebenen Wortes gegen das mündliche Zeugnis. Mündlichkeit und Tradition verloren gegen Schriftlichkeit und Modernität. Ein Rechtstitel, egal wie er zustande gekommen war, stand über dem mündlichen Vertrag. Kahahu ging als rechtmäßiger Eigentümer aus dem Rechtsstreit hervor; mein Vater behielt das nicht vererbbare Recht lebenslanger Nutzung des Geländes, auf dem er seine fünf Hütten gebaut hatte. Der Sieger setzte seine Rechte unverzüglich durch, indem er meinem Vater das Nutzungsrecht am übrigen Land zu Viehzucht und Ackerbau verweigerte.

Ob mein Vater jemals über die Ironie nachdachte, dass er gegen einen schwarzen Landbesitzer verloren hatte? Gegen ein Produkt der weißen Missionsschule in Kikuyu, unter eben dem

Rechtssystem, das aus dem Hochland der Afrikaner die White Highlands gemacht hatte? Er musste sich um wichtigere Dinge als die Ironie der Geschichte kümmern: wie sollte er seine Kinder und die riesige Ziegen- und Kuhherde ernähren?

Ngũgĩ wa Gĩkonyo, mein Großvater mütterlicherseits, half meinem Vater aus der Klemme. Er übertrug ihm Weide- und Ackerrechte auf dem Land, das ihm gehörte, Land, das sich bis zu den indischen und afrikanischen Läden und, auf der afrikanischen Seite der Eisenbahngleise, darüber hinaus erstreckte. Die neue Thingira und der Rinderkral meines Vaters befanden sich jetzt zwischen den Ausläufern eines Eukalyptuswaldes, der Großvater Ngũgĩ gehörte, und dem Rand des afrikanischen Marktes.* Die Frauen meines Vaters und wir Kinder blieben im alten Gehöft.

Trotz dieser Niederlage vor Gericht und ihrer Konsequenzen blieb der Ruf meines Vaters erhalten, der an Rindern und Ziegen Reichste zu sein, und auch sein Ansehen, einem geordneten Haushalt vorzustehen und obendrein einen Blick für schöne Frauen zu haben, das bis in die Zeit zurückreichte, in der er die erste Frau für sich gewonnen hatte.

Wangarĩs Aussehen und ihr Charakter waren das Gesprächsthema in allen Tälern und auf allen Hügeln zwischen Limuru und Riũki. Eigentlich lagen die beiden Bezirke dicht beieinander, aber in jenen Zeiten, als es keine Verkehrsverbindungen

---

* Den Wald gibt es nicht mehr. An seiner Stelle stehen jetzt die Ausläufer der Limuru Township, die dort entstand, nachdem man die ursprünglich Indern gehörenden Läden von ihrem alten Standort entfernt hatte.

gab, schienen sie viele Meilen voneinander entfernt. Onkel Njinjũ, der Bruder meines Vaters, war als Erster von ihrem Aussehen hingerissen und schwor, sie zur Zweitfrau zu nehmen. Man weiß nicht, wie und wann Onkel Njinjũ oder Baba Mũkũrũ, wie wir ihn nannten, das erste Mal von ihr hörte oder mit ihr oder ihrer Familie in Kontakt kam. Es ist nicht einmal bekannt, ob er ihr tatsächlich begegnet ist. Wahrscheinlich hat er lediglich eine dieser Brautschau-Geschichten zwischen zwei Familien ausgelöst, die von Dritten moderiert werden. Der Besitz von Kühen und Ziegen und ein guter Charakter wirkten überzeugender als das Aussehen, und vermutlich hatten die beiden Waisen, die mit nichts angefangen und sich hochgearbeitet hatten, bis auf Augenhöhe zu den Leistungen der jungen Männer ihres Alters, durch ihren Reichtum an Ziegen bewiesen, dass sie sich nicht auf ihr gutes Aussehen verließen, sondern auf ihre Hände und ihren Verstand.

Seit ihrer Flucht aus Mũrang'a waren mein Vater und Baba Mũkũrũ etwas unterschiedlichen Pfaden gefolgt und hatten verschiedene Lebenseinstellungen entwickelt. Mein Vater hatte sich in Kleidung und Aussehen ein städtisches Flair zugelegt, gegenüber traditionellen Ritualen und Praktiken war er ziemlich nachlässig. Mein Onkel dagegen hatte seinen Weg über Ackerbau und Viehzucht gemacht und achtete die traditionellen Werte und Riten, wie sie bei der Hochzeit mit seiner Erstfrau befolgt worden waren. Wie dem auch war, die Tatsache, dass sich Baba Mũkũrũ jetzt eine Zweitfrau nehmen wollte, während mein Vater noch immer unverheiratet war, bewies den Erfolg meines Onkels und bestätigte seine Entscheidung, die Stadt zugunsten des Landlebens aufgegeben zu haben.

Von meinem Vater begleitet, sprach Baba Mũkũrũ mit einer Delegation, zu der auch Sprecher gehörten, die keine Familienangehörigen waren, weil man in solchen Dingen seine Angelegenheiten niemals selbst vertrat, bei Wangarĩs Vater Ikĩgu vor. Alles ging so weit gut, die Getränke, die formellen Einleitungen – bis die Braut hereingerufen wurde, um ihren Verehrer kennenzulernen. Man hätte sie besser vorbereiten sollen, denn als sie eintrat, fiel ihr Blick zuerst auf den jüngeren der beiden Männer, meinen Vater. Nachfolgende Berichtigungen hinsichtlich des tatsächlichen Bewerbers stießen auf die tauben Ohren einer jungen Frau, die sich entscheiden sollte, die Zweitfrau eines älteren Mannes oder die Erstfrau eines anderen zu sein, der sowohl Jugend als auch Modernität ausstrahlte.

Als sie später nach Hause gingen, hatte das Glück der beiden Brüder die Seiten gewechselt; Wangarĩ hatte sich in meinen Vater, den jungen Städter, verliebt und wurde schließlich seine erste Frau. Die Beziehung der beiden Brüder zerbrach zwar nicht, stand aber von da an ein Leben lang unter Spannung. Die Liebe hatte sich zwischen die zwei Männer gedrängt, die in ihrer Jugend auf der Suche nach einem Leben fern der Heimat unzertrennlich gewesen waren.

Ich weiß nicht, wie mein Vater später zu seiner Zweitfrau Gacoki kam. Gerüchte weisen darauf hin, dass seine Erstfrau Wangarĩ Hilfe brauchte, den wachsenden Wohlstand an Kühen und Ziegen zu bewältigen, und dazu beitrug, Gacoki ins Haus zu holen. Wahrscheinlicher aber ist, dass Gacoki, die hübsche Tochter Gĩthieyas, von der Herzensübereinstimmung und dem Arbeitsrhythmus zwischen Wangarĩ und meinem Vater angezogen wurde, lange bevor mein Vater ihr einen Antrag machte. Die Erfahrung meiner Mutter, seiner dritten Frau, wirft einiges Licht darauf, wie mein Vater warb.

Meine Mutter Wanjikũ machte nicht viele Worte, aber was sie sagte, trug die Autorität des Schweigens, das ihren Worten vorausgegangen war. Selten nur strömten die Worte ungezwungen aus ihrem Mund und öffneten ein kleines Fenster zu ihrer Seele. In einem jener Momente des Wohlbefindens, die einer guten, dampfenden Mahlzeit folgen, fragte ich sie einmal: „Warum hast du in die Polygamie eingewilligt? Warum hast du zugestimmt, die dritte Frau meines Vaters zu werden, der bereits ältere Kinder hatte – Wangeci und Tumbo mit Wangarĩ und Gĩtundu mit Gacoki?“

Wegen seiner ersten beiden Frauen Wangarĩ und Gacoki und deren Kindern, antwortete sie, und auf ihrem Gesicht spielten Licht und Schatten des Holzfeuers. Sie waren immer zusammen, es herrschte solch eine Harmonie, und ich habe mich oft gefragt, wie es wäre, mit ihnen zu sein. Und dein Vater? Den konnte man einfach nicht ablehnen. Ich weiß nicht, wie er herausbekommen hat, auf welchem Feld meines Vaters, deines Großvaters, ich arbeitete, aber irgendwann tauchte er auf, lächelte und sagte etwas. Wie schade, wenn eine so schwer arbeitende Schönheit sich jemals mit einem faulen Mann zusammentun würde, zog er mich auf. Das waren keine geringen Worte aus dem Munde eines Mannes, der viele Ziegen und Kühe besaß und seinen ganzen Wohlstand durch eigene Arbeit erworben hatte. Ich wollte aber nicht, dass er meinte, ich fiele einfach auf seine Worte und sein Ansehen herein, und forderte ihn deshalb heraus. Woher soll ich wissen, dass du nicht zu denen gehörst, deren Frauen sich zu Tode schuften müssen und die dann behaupten, der Reichtum stamme allein von der eigenen Hände Arbeit? Am nächsten Tag war er wieder da, mit einer Hacke über der Schulter. Als wollte er beweisen, dass er kein Faulpelz war, und ohne meine Aufforderung abzuwarten, begann er zu arbeiten. Es wurde ein spielerischer und zugleich ernsthafter Wettstreit, wer zuerst schlapp machte. Ich habe standgehalten, sagte sie mit einem Hauch Stolz auf ihre Leistung. Die einzige Pause gab es, als ich ein Feuer machte und ein paar Kartoffeln röstete. Meinst du nicht, wir beide sollten unsere Kräfte in einem gemeinsamen Heim zusammentun?, fragte er wieder. Ich gab zur Antwort: Nur wegen eines Tages Arbeit auf einem bereits umgegrabenen Feld? An einem anderen Tag traf er mich an, als ich einige Büsche rodete, um meinen Acker zu vergrößern. Er arbeitete mit, und am Abend waren wir beide erschöpft, auch wenn keiner das zugegeben hätte. Er ging, und ich glaubte, er würde nie wieder auftauchen. Aber er kam wieder, an einem anderen Tag, ohne Hacke, mit einem rätselhaften Lächeln auf den Lippen. Oh, ja, das war ein Tag! Das Getreide blühte, das ganze Feld war mit Erbsenblüten in den verschiedensten Farben bedeckt. Ich werde nie die Schmetterlinge vergessen, es waren so viele; und ich fürchtete mich nicht vor den Bienen, die mit den Schmetterlingen wetteiferten. Er zog eine Perlenkette hervor und sagte: Würdest du sie mir zuliebe tragen? Nun, ich sagte weder ja noch nein, aber ich nahm sie an und trug sie, fuhr sie mit hörbarem Seufzen fort.

Nachfolgende Fragen beantwortete meine Mutter nicht, doch was sie gesagt hatte, genügte, mir klarzumachen, wie sie die dritte Ehefrau meines Vaters geworden war, auch wenn es nicht ausreichte, um zu erklären, wie sie ihre Stellung als jüngste und letzte Ehefrau an Njeri, die vierte Frau, verloren oder wie sie den Neuzugang in der Familie empfunden hatte.

Ich wurde in eine funktionierende Gemeinschaft aus Ehefrauen, erwachsenen Brüdern und Schwestern, Kindern meines Alters und eines Patriarchen hineingeboren. Unsere Beziehung zueinander folgte feststehenden Konventionen. Das konnte sehr verwirrend sein, und ich musste erst in dieses System hineinwachsen. Die Frauen redeten sich nie mit ihren Namen an; untereinander waren sie immer die Tochter ihres jeweiligen Vaters: Wangarĩ hieß Mwarĩ wa Ikĩgu, Mwarĩ wa Gĩthieya stand für Gacoki, Mwarĩ wa Ngũgĩ für Wanjikũ und Njeri, die Jüngste, hieß Mwarĩ wa Kabicũria. Ich musste lernen, dass Wangarĩ, die Erstfrau, „maitũ mũkũrũ" war, meine ältere Mutter, wenn ich zu Dritten über sie sprach, und die anderen beiden meine jüngeren Mütter, „maitũ mũnyinyi". Das unspezifische „maitũ" hingegen blieb meiner biologischen Mutter vorbehalten. Ansonsten hieß es immer Ja, Mutter, oder Danke, Mutter, wenn man sie direkt ansprach. Man konnte aber ebenso zwischen ihnen unterscheiden, wenn man sie als Mutter eines ihrer biologischen Kinder bezeichnete. Meine Halbgeschwister durften meine Mutter auch „Ngũgĩs Mutter" nennen, wenn sie Dritten gegenüber über sie sprachen.

Sobald mit Außenstehenden über verschiedene Geschwister geredet wurde, war es allerdings etwas komplizierter. Unsere Namen ergaben sich aus einem symbolischen System der Wiedergeburt, nach dem jede Mutter ihren Kindern abwechselnd Namen aus ihrem Zweig der Familie und dem meines Vaters gab, wodurch viele Kinder identische Namen aus der Ahnenreihe meines Vaters trugen. Daneben gab es noch die breit gefächerte Kategorie der Brüder und Schwestern einer Mutter und der Halbbrüder und Halbschwestern, wenn man sie einer dritten Person vorstellen musste. Anders herum unterschied man uns nach unseren biologischen Müttern; ich hieß zum Beispiel immer Ngũgĩ wa Wanjikũ. Außerdem hatten viele meiner Brüder und Schwestern Spitznamen, die sie sich entweder selbst zugelegt hatten oder ihnen von anderen gegeben worden waren, und die gehörten nur ihnen allein. Da waren Gacungwa, „Kleine Apfelsine"; Gatunda, „Kleine Frucht"; Kahabu, „Halber Cent"; Kĩbirũri, „Kreiselspieler"; Wabia, „Rupie"; Mbecai, „Geld"; oder Ngiree, „die Graue"; Gũthera, „Fräulein Saubermann"; Tumbo, „Schmerbauch". Unter diesen Namen kannte ich sie, als ich heranwuchs, und als ich später ihre richtigen Namen erfuhr, war das ein regelrechter Schock, weil sie mir viel weniger passend vorkamen. Langsam begriff ich, dass es innerhalb des Familienclans der Thiong'os sehr viele Möglichkeiten gab, sich auszuweisen oder von anderen identifiziert zu werden.

Die vier Frauen bildeten der Außenwelt, ihrem Ehemann und sogar ihren Kindern gegenüber eine verschworene Gemeinschaft. Jede von ihnen durfte jedes Kind zurechtweisen und bestrafen, und der Missetäter bekam höchstwahrscheinlich noch eine zusätzliche Strafe, wenn er sich bei seiner biologischen Mutter beschwerte. Andererseits bekamen wir jedoch auch bei jeder etwas zu essen. Ernste Spannungen lösten sie durch Aussprachen, bei denen eine, gewöhnlich die Älteste, als Schiedsrichterin fungierte. Außerdem gab es noch subtile, sich wandelnde Bündnisse zwischen ihnen, die aber nie außer Kontrolle gerieten, weil sie als Frauen meines Vaters eine allgemeine Solidarität miteinander verband. Und jede besaß ihre eigene, unverwechselbare Persönlichkeit. Njeri, die Jüngste, war kräftig gebaut und besaß eine scharfe, respektlose Zunge. Sie ließ sich von niemandem etwas gefallen. Sie war dafür bekannt, dass sie die anderen Frauen gegen Außenstehende verteidigte, sogar gegen Männer. Auch meinem Vater konnte sie sich offen widersetzen, wusste aber gleichzeitig genau, wann und wie sie nachgeben musste. Sie war die inoffizielle Verteidigungsministerin des Haushalts. Meine Mutter war nachdenklich, konnte gut zuhören und wurde wegen ihrer Großzügigkeit geliebt und aufgrund ihrer geradezu legendären Arbeitsleistungen geachtet. Sie hätte sich meinem Vater nie offen widersetzt, aber sie war stur und ließ ihre Taten für sich sprechen. Sie war so etwas wie die Arbeitsministerin. Gacoki, schüchtern und freundlich, mochte Konflikte nicht und handelte mehr nach der Devise „leben und leben lassen“, auch wenn man ihr Unrecht tat. Sie, die Friedensministerin, hatte am meisten Angst vor meinem Vater. Wangarĩ, die Älteste, blieb immer so ruhig, als hätte sie alles schon einmal erlebt. Sie konnte meinen Vater durch einen Blick, ein Wort oder eine missbilligende Geste in die Schranken weisen, als wollte sie ihn daran erinnern, dass sie ihn anstelle seines Bruders gewählt hatte. Sie war die Kulturministerin, eine Philosophin, die aus ihrem Erfahrungsreichtum schöpfte und Sprichwörter zitierte, wenn sie etwas besonders deutlich machen wollte.

Sie war eine großartige Geschichtenerzählerin. Jeden Abend versammelten wir Kinder uns um die Feuerstelle in ihrer Hütte und die Vorstellung begann. Manchmal, vor allem an den Wochenenden, brachten die älteren Geschwister ihre Freunde und Freundinnen mit, und dann gab es für alle eine Nacht voller Erzählungen. Jemand gab eine Geschichte zum Besten, und wenn sie zu Ende war, sagte ein anderer aus dem Publikum so etwas wie „Das erinnert mich an …" oder so ähnlich. Das war das Zeichen, dass er oder sie eine Geschichte erzählen wollte, selbst wenn diese, wie sich meistens herausstellte, mit der, die sie ausgelöst hatte, überhaupt nichts zu tun hatte. Diese Bemerkung bedeutete aber nicht in jedem Fall eine neue Geschichte. Sie konnte auch die Erzählung über eine Episode ankündigen, die den Wahrheitsgehalt oder einen Aspekt der ersten Geschichte illustrierte. Manchmal lösten solche Meinungen und Illustrationen heftige Debatten aus, bei denen es keine klaren Sieger gab und die häufig in wieder andere Erzählungen mündeten. Und manchmal führten sie auch zu Berichten über Ereignisse im eigenen Land und in der Welt. Wie zum Beispiel damals, als sie über die Altersgruppen sprachen und davon, wie die Zeiten sich änderten. Sie redeten über den Fall von Harry Thuku, dessen politisches Feuer, das ihn in den 1920er Jahren ausgezeichnet hatte, zu Asche erkaltet war, als man ihn 1929 nach siebenjähriger Verbannung freiließ. Die Vereinigung mit den drei Buchstaben („Kĩama kĩa Ndemwa Ithatũ"), wie die *Kikuyu Central Association* (KCA), die Nachfolgeorganisation von Harry Thukus East African Association, genannt wurde, nachdem sie der Kolonialstaat 1941 ebenfalls verboten hatte, war wütend auf den neuen Thuku, der von Überzeugung und Überredung sprach und davon, das Feuer zu löschen, anstatt es dort zu schüren, wo es erforderlich war. Die Streitgespräche über die Vorzüge und Nachteile der beiden Auffassungen waren mir zu hoch und langweilten mich, aber die Ausflüge in die Geschichte waren dennoch gut, weil sie für mich zur Welterfahrung durch mündliches Erzählen gehörten. Manche Berichte klangen seltsamer als erfundene Geschichten: wie die von einem Weißen namens Hitler, der sich 1936 weigerte, dem schnellsten Läufer der Welt die Hand zu schütteln, weil dieser, er hieß Jesse Owens, ein Schwarzer war.

Ich freute mich auf diese Abende; es kam mir wie ein herrliches Wunder vor, dass ihnen so schöne und manchmal auch schaurige Geschichten über die Lippen kamen. Am liebsten mochte ich Geschichten, bei denen das Publikum in den Chor einstimmte. Die Melodie war jedes Mal ergreifend; ich hatte das Gefühl, als würde ich, sogar wenn sie traurig war, in eine Welt dauernder Harmonie versetzt. Das verstärkte meine Erwartung auf das, was als Nächstes geschehen würde. Ich mochte es überhaupt nicht, wenn jemand den Geschichtenerzähler unterbrach und eine Diskussion über die Richtigkeit einer Aussage anfing. Warum warteten sie nicht ab, bis sie an der Reihe waren? Ich war begierig darauf zu hören, was als Nächstes kam, selbst wenn ich die Geschichte schon kannte.

Manchmal zog die ganze Gesellschaft zu den Hütten der anderen Frauen, aber da war die Atmosphäre nicht so festlich. Gacoki und Njeri waren keine guten Geschichtenerzählerinnen und trugen kaum etwas bei. Auch meine Mutter war darin nicht besonders gut, und wenn man sie drängte, kam sie mit einer der beiden Geschichten, die sie immer erzählte. Die eine handelte von einem Grobschmied, der sich auf den Weg zu einer weit entfernten Schmiede macht und seine schwangere Frau zurücklässt. Ein Ungeheuer hilft der Frau bei der Geburt, aber als es ans Stillen geht, isst es das ganze Essen weg und schlürft allen Brei, der für die Mutter bestimmt war. Eine Taube erklärt sich für ein paar Rizinussamen bereit, dem Grobschmied eine Nachricht zu bringen, der zurückkehrt, das Ungeheuer tötet und glücklich mit seiner Frau und der Familie vereint ist. Die andere Geschichte war ein einfaches, fast handlungsloses Märchen über einen Mann mit einer unheilbaren Wunde, der aber nicht aufgibt, sondern sich auf die Suche nach einer Arznei macht. Er weiß nicht, wo der berühmte Medizinmann wohnt; er kennt lediglich seinen Namen: Ndiro. Wenn er Fremde nach dem Weg fragt, beschreibt er den Medizinmann anhand seiner Haltung, seiner Tanzschritte und der rhythmisch klingenden Glöckchen an seinen Knöcheln, die seinen Namen sprechen: Ndiro. Dieses Märchen war bei uns Kindern sehr beliebt. Wir konnten uns den Medizinmann lebhaft vorstellen und stimmten in den Chor ein und manchmal stampften wir sogar auf den Boden und riefen „Ndiro". Eine meiner Halbschwestern mochte die Geschichte so sehr, dass sie sie, wann immer sie an der Reihe war, selber erzählte.

Am nächsten Tag versuchten wir untereinander, die Geschichten nachzuerzählen, doch sie besaßen nie den Zauber, der von ihnen ausging, wenn sie am Feuer erzählt wurden und der ganze Raum mit gespannten, teilnehmenden Zuhörern vollgestopft war. Das Tageslicht, erklärten dann unsere Mütter, vertreibe die Geschichten, und das schien zu stimmen.

Es gab eine Ausnahme, die den Regeln von Tag und Nacht trotzte. Wabia war das fünftgeborene und die zweite Tochter von Wangarĩs sieben Kindern, von denen vier auf die eine oder andere Weise körperbehindert waren; am heftigsten die beiden Geschwister Gĩtogo und Wabia. Gĩtogo hatte die Sprache am selben Tag verloren, an dem seine Schwester Wabia Sehkraft und Bewegungsfähigkeit eingebüßt hatte. Die beiden konnten, als sie geboren wurden, sehen und hören und gehen. Eines Tages aber, als Wabia ihren kleinen Bruder Gĩtogo auf dem Rücken trug, schlug ein Blitz ein. Wabia klagte darüber, dass jemand die Sonne ausgemacht hatte; und Gĩtogo erklärte mit Gesten, dass dieser Jemand alle Geräusche angehalten hatte. Später lernte er, sich mit Zeichen verständlich zu machen, zu denen er unverständliche Kehllaute von sich gab. Gĩtogo war gut aussehend und kräftig gebaut und hatte keine weiteren körperlichen Gebrechen. Wabia aber hatte alle Kraft in ihren Beinen verloren. Sie konnte nur mit Hilfe zweier Gehstöcke stehen oder wenige Schritte gehen.

Sie setzte oder legte sich immer in den Hof unter das Dach der Hütte ihrer Mutter. Manchmal machte sie ein paar Schritte und legte sich dann in die Sonne. Ihre Stimme und ihr Gedächtnis aber wurden merkwürdigerweise immer besser. Wenn sie sang, und sie sang oft, konnte man ihre Stimme schon von Weitem hören. Sie war nie zur Kirche gegangen, aber indem sie denen lauschte, die in die Kirche gingen, prägte sie sich ein, was die anderen gesungen hatten; und im Laufe der Zeit wurde sie zu einer wahren Schatztruhe an Melodien und Texten, die in den verschiedenen Kirchen gesungen wurden. Und sie kannte noch viele andere Lieder, vor allem die aus den Geschichten, die sie am Feuer ihrer Mutter gehört hatte. Für sie verflüchtigten sich die Geschichten am Tag nicht, und wir, die anderen Kinder, wurden dankbare Empfänger ihrer Merkfähigkeit. Sie beteiligte sich nie am abendlichen Erzählen, sie hörte einfach nur zu, aber am nächsten Tag konnte sie dieselben Geschichten mit einer phantasievollen Kraft nacherzählen, die sie noch interessanter und wunderbarer werden ließen als beim ersten Mal. Mit den Modulationen ihrer Stimme erweckte sie ihre Poesie und Dramatik zu neuem Leben. Die Geschichten gehörten ihr. Wir mussten natürlich nett zu ihr sein, freundlich zueinander und unseren Eltern gehorchen, damit sie am Tag mit einer Geschichte rausrückte. Wenn wir uns zankten oder nicht auf unsere Mütter hörten, behauptete sie, dass die Geschichte vor Kummer davongelaufen war. Wir mussten sie beschwatzen und ihr versprechen, dass wir uns ordentlich benehmen würden. Es gab aber auch einige Kinder, die Geschichten von ihr einforderten und ihr, wenn sie ablehnte, aus Rache die Gehstöcke wegnahmen. Trotzdem gab sie deren Forderungen niemals nach. Ich war einer der Folgsamsten, zumindest ihr gegenüber, und brachte ihr Wasser oder holte ihr die Gehstöcke zurück. Sie mochte es, dass ich zu denen gehörte, die sie am nachdrücklichsten um ihre Vorstellungen baten. Mehr noch als ihre Mutter oder andere Geschichtenerzähler verfügte Wabia über eine Fantasie, die mich in unbekannte Welten trug, Welten, von denen ich später nur noch durch das Lesen von Romanen einen Blick erhaschen konnte. Immer, wenn ich mich an diese Zeit meiner Kindheit erinnere, dann denke ich an die abendlichen Geschichten in Wangarĩs Hütte und deren Wiedergeburt in der Stimme ihrer Tochter am Tag.

Obwohl ich es damals noch nicht wusste, sollten es zwei andere Kinder Wangarĩs sein, die mich mit einer Geschichte verbanden, die sich im Kolonialstaat und der Welt entfaltete. Das erste war Tumbo, der Älteste im Haushalt meines Vaters, dessen Spitzname deshalb so sonderbar war, weil er gar keinen sichtbaren Schmerbauch hatte. Er ging auch keiner erkennbaren Arbeit nach, aber man raunte sich zu, dass er ein „gĩcerũ" sei. Es gab Leute, die Gĩcerũ hießen, aber das konnte mit der Tatsache zusammenhängen, dass sie hellhäutig waren. Für sie war das einfach ein Name und kein Beruf. Wie konnte jemand einen Beruf haben, den man als „Weißer" bezeichnete? Erst viel später begriff ich, dass dieses Wort aus dem Swahili-Wort „kacheru" abgeleitet war, was „Spitzel" heißt, und da wurde mir klar, dass er als Informant für den Geheimdienst arbeitete.

Joseph Kabae, ihr dritter Sohn, war auch so ein Mysterium, das mir wie im Nebel vor Augen stand. Da ich ihm noch nie persönlich begegnet war, konnte ich mir sein Aussehen nur durch Hinweise und seltsame Bemerkungen zusammenreimen. Er war als Junge beim Hüten der Herde unseres Vaters mit einem älteren Jungen aneinandergeraten, einem brutalen Burschen, der oft über ihn herfiel, wenn er die Kühe meines Vaters molk. Der Schläger zweigte sich gewaltsam etwas Milch ab, und Kabae bekam Ärger. Eines Tages stach Kabae aus Wut und um sich zur Wehr zu setzen den anderen Jungen tot. Er wurde verhaftet, aber weil er noch nicht in schuldfähigem Alter war, brachte man ihn nach Wamũnyũ in die Besserungsanstalt, wo er etwas Schulbildung erhielt. Danach – ich weiß nicht, ob es freiwillig geschah oder erzwungen wurde – kämpfte er im Zweiten Weltkrieg bei den *King's African Rifles* für König George VI.

Die KAR, wie sie genannt wurden, waren 1902 gebildet worden, als Zusammenschluss aus zwei bestehenden Einheiten, den East African Rifles und dem Central African Regiment, beides Geisteskinder eines gewissen Captain Lugard. Er war der berühmte Erfinder der indirekten Herrschaft Großbritanniens, jener Strategie, nach der man die Einheimischen der einen Region gegen die Einheimischen einer anderen Region ins Feld schickte und in jeder Gemeinschaft die traditionellen ebenso wie die willkürlich eingesetzten Anführer dazu benutzte, ihr eigenes Volk für die britische Krone zu unterdrücken. Das Regiment hatte während des Ersten Weltkrieges eine große Rolle bei der Verfolgung des flüchtigen Deutschen von Lettow-Vorbeck und im Kampf gegen den *Asantehene*, den König der Ashanti, gespielt. Die Soldaten des Regiments sangen von sich, als seien sie die Männer des Königs, die seinem Befehl folgten.

Twafunga safari
Twafunga Safari
Amri ya nani?
Ya Bwana,
Tufunge safari.

Wir marschieren
Wir marschieren
Auf wessen Befehl?
Des Königs Befehl
Lässt uns marschieren.

Kabae war nicht der Einzige unserer Großfamilie, der im Zweiten Weltkrieg kämpfte. Cousin Mwangi, der älteste Sohn Baba Mũkũrũs, war auch dabei. Die Namen fremder Menschen – Mussolini, Hitler, Franco, Stalin, Churchill und Roosevelt – sowie die unbekannter Länder – Amerika, Deutschland, Italien, Russland, Japan, Madagaskar und Burma – tauchten mitunter bei den Erzählabenden an Wangarĩs Feuer auf. Diese Namen und Länder blieben verschwommen und waren eigentlich nur, wie früher die, die sich um Harry Thuku rankten, Dunst verhangene Schatten. War dieser Hitler etwa derselbe, der sich geweigert hatte, Jesse Owens die Hand zu reichen? Ich konnte mir diese Gestalten nur im Märchenland der mündlichen Dichtung vorstellen, in dem sie als schaurige Ungeheuer gegen die Helden antraten. Hitler und Mussolini, die drohten, die Afrikaner zu versklaven, waren die bösen, hässlichen Ungeheuer, und der Beweis ihrer finsteren Absichten fand sich gleich nebenan. Benito Mussolini war bereits 1936, als ich noch nicht auf der Welt war, in Äthiopien einmarschiert und hatte Kaiser *Haile Selassie* ins Exil getrieben und, was noch schlimmer war, aus Äthiopien und den angrenzenden Gebieten *Italienisch-Ostafrika* gemacht. Heute wir, morgen ihr, hatte Haile Selassie vor der Liga der Nationen gesagt, die dem Einmarsch in Äthiopien, immerhin einem Mitgliedsstaat, schweigend zugesehen hatte. Die Menschen sprachen über diese Episoden, als gehörten sie zu ihrem Alltag. Woher kannten diese jungen Frauen und Männer, von denen einige einfache Arbeiter in der nahen Limuru Bata Shoe Company waren, diese Geschichten und die Ereignisse aus vergangenen Zeiten und fernen Orten? Die jungen Tänzer, die vom bösen Hitler sangen, der auf Kenia zumarschierte, um ein Joch um die Hälse der Afrikaner zu legen, verstärkten die Vorstellung von einer bedrohlichen Bestie, die auf die Welt losgelassen war. Mutige Männer, die der britischen Entsatzungsarmee angehörten, stellten sich dieser Bestie und ihren tödlichen Absichten entgegen, und mein Cousin

Mwangi und mein Bruder Kabae gehörten dazu. Wir erfuhren von ihren Heldentaten während des Feldzugs gegen Mussolinis Italienisch-Ostafrika in Abessinien, und jede Menge neuer Orts- und Gebietsnamen wie Addis Abeba, Eritrea, Mogadischu, Italienisch- und Britisch-Somaliland hielten Einzug in unsere Gespräche. Natürlich verstand ich die Komplexität der Kriegsführung nicht im Geringsten. Bruchstücke verschiedener Geschichten gipfelten in heimlichen Bemerkungen über die Kapitulation von Mussolinis Soldaten. Für mich war alles ganz einfach. Die Helden hatten die Ungeheuer besiegt, zumindest diejenigen, die zu uns unterwegs waren, und unser Bruder wie unser Cousin hatten Anteil an diesem Sieg. In meiner Fantasie war Joseph Kabae, den ich noch gar nicht kennengelernt hatte, der Heldenhafteste von allen, und Mussolinis Soldaten hatten hauptsächlich vor ihm kapituliert. Er und ich waren durch das Blut unseres Vaters verwandt, aber er war immer noch eine Figur in einem weit entfernten Märchenland.

Anzeichen des Krieges waren nicht nur in Geschichten zu finden; sie umgaben uns überall. Die Bauern durften ihre Erträge nur über die Handelsgesellschaft der Regierung verkaufen. Es war verboten, Nahrungsmittel ohne Genehmigung in andere Regionen zu transportieren, was in einigen Gegenden Lebensmittelknappheit und Hunger zur Folge hatte. Obwohl ich damals die Gründe dafür nicht kannte, bestand der eigentliche Beitrag der Kolonie zur britischen Kriegswirtschaft in diesem System der Nahrungsmittelproduktion und -verteilung. In Limuru brachte dieses Verbot einen berühmten Schmuggler namens Karugo hervor, der mit seinem Lastwagen so schnell war, dass er der Polizei, die ihn verfolgte, stets entwischte. Zu guter Letzt wurde er gefasst und ins Gefängnis gesteckt, in der kollektiven Erinnerung aber zur Legende und begründete die Redensart „Karugos Tacho“. „Tura na cia Karugo“ bedeutete „davonrasen“ oder „scher dich nicht um die Geschwindigkeitsbegrenzung“.

Ein weiteres sichtbares Zeichen waren auch die Soldaten, die durch Limuru kamen und häufig auf den staubigen, schmalen Wegen stecken blieben, die hier Straßen hießen. Um die Trassen passierbarer zu machen, baute die Regierung sie zu breiteren Lateritpisten aus. Beim Abbau des Laterits hinterließen die Arbeiten einen tiefen, rechtwinkligen Bruch von der Größe eines Fußballfeldes in der Nähe der Manguo-Sümpfe in Kĩmunya's Corner, knapp unterhalb des Besitzes der Kahahus. Durch diese Verbesserung der Straßen wurde es möglich, dass die Soldaten manchmal anhielten, ihre Fahrzeuge am Straßenrand parkten und in den Lichtungen des Waldes ihren Proviant aßen. Den Hirtenjungen schenkten sie Kekse und Dosenfleisch. Mein Halbbruder Njinjũ wa Njeri, der damals der oberste Hirtenjunge meines Vaters war, brachte öfter etwas mit nach Hause und erzählte vom Militär, aber er erwähnte nie, dass er unseren Joseph Kabae unter den Soldaten gesehen hatte. Ob er, wo immer er war, auch sein Fahrzeug am Straßenrand parkte und Kekse und Dosenfleisch aß und etwas davon den Hirtenjungen schenkte?

Eines Tages rutschten zwei Lastwagen eines Konvois mit Soldaten von der Piste und stürzten in den tiefen Abbruch. Der restliche Wagenzug hielt an und parkte am Straßenrand. Retter und zu Rettende liefen aufgeregt durcheinander. Die Nachricht verbreitete sich wie ein Lauffeuer. Fast das ganze Dorf war dort, um die Verwundeten und den Abtransport der Toten zu sehen. Das Klagegeräusch war schrecklich anzuhören, vor allem für uns Kinder. Noch schlimmer aber war für die Thiong'o-Familie das Gerücht, dass Kabae bei diesem Militärtransport gewesen sein könnte. Doch war niemand da, den man fragen konnte. Und die Geschichten darüber, dass er im fernen Abessinien war, machten unsere Sorgen nicht geringer. Das Schweigen der Regierung verschlimmerte unsere Ängste. Ich fühlte mich eines Kriegshelden beraubt, eines Halbbruders, den ich nun niemals kennenlernen würde.

Dann kam er eines Abends in einem Armeelaster heim. Zwei Scheinwerfer zerteilten die Dunkelheit. Eine richtige Straße zu unserem Hof gab es nicht. Der Lastwagen schnitt einfach an Lord Kahahus Hain zwei tiefe Furchen zu unserem Gehöft. Leider hatte es geregnet. Der Lastwagen blieb im Schlamm stecken, und als der Fahrer versuchte, ihn freizubekommen, schlidderte er gegen die Hütte meiner Mutter und grub sich noch tiefer in den Schlamm. Die Soldaten in grüner Khaki-Uniform und dem Stahlhelm auf dem Kopf verbrachten den größten Teil ihres nächtlichen Besuchs damit, den Lastwagen im Schein von Taschenlampen freizuschaufeln. Wir versammelten uns um sie, und ich konnte nicht einmal erkennen, wer denn nun Kabae war, bis er schließlich, eine Schattengestalt unter anderen Schattengestalten, seine Leute graben ließ und hastig seine Familie begrüßte. Er war vom Ostafrikafeldzug zurück und erholte sich jetzt in Nairobi, bevor er wieder an die Front, nach Madagaskar oder sogar nach Burma versetzt werden würde. Seine Freunde und er hatten den Lastwagen offensichtlich ohne Erlaubnis benutzt, weil sie hofften, nur ein paar Stunden fort zu sein, gerade lange genug für Kabae, die Sehnsucht nach zu Hause ein wenig zu stillen, die er in den vielen Jahren fern der Heimat gespürt haben musste. Und es war für ihn und seine Waffenbrüder, die keine Gĩkũyũ waren und sich noch verlassener vorkommen mussten, eine Gelegenheit, eine selbst gekochte Mahlzeit anstelle der Rationen an Keksen und Dosenfleisch zu bekommen. Er erwähnte einige Länder, aus denen sie stammten – Uganda, Tanganyika und *Nyassaland*. Bei den Kings' African Rifles dienten Soldaten aus ganz Afrika, berichtete er. Als sie den Lastwagen endlich ausgegraben hatten, konnten sie nur noch hastig etwas essen und hatten es eilig, loszufahren und nach Nairobi in ihr Lager zurückzukehren. Wir verbrachten also nur wenig Zeit mit ihm, aber ich konnte kaum schlafen, weil ich an das Schauspiel denken musste, das ich gerade miterlebt hatte. Es war, als wäre

Kabae aus einer Geschichte herausgesprungen, hätte Guten Tag und Auf Wiedersehen gesagt und wäre dann wieder in die Geschichte zurückgesprungen. In die Hütte meiner Mutter zu schliddern und nachts den Lastwagen auszugraben, das war nicht unbedingt die heldenhafteste Heimkehr für einen, der auf der ganzen Welt herumgekommen war und gegen Ungeheuer gekämpft hatte. Aber andererseits war sein Lastwagen das erste motorisierte Fahrzeug, das zu unserem Gehöft gekommen war. Wie bedeutend unser Bruder war, wurde uns klar, als sich der Grundbesitzer weder wegen der Gräben beklagte, die der Lastwagen durch seinen Besitz geschnitten hatte, noch über die umgefahrenen Bäume in seinem Hain.

Der Besuch blieb mir für immer im Gedächtnis, und wenn jetzt vom großen Krieg die Rede war, erinnerte ich mich immer an den Armeelastwagen, der neben der Hütte meiner Mutter im Schlamm stecken geblieben war.

Weitere magische Ereignisse folgten, auch wenn ich nicht mehr weiß, wie lange nach Kabaes Besuch. Ein Weißer besuchte uns. Den Weißen gehörten die Teeplantagen auf der anderen Seite der Eisenbahngleise, und ich hatte auch gehört, dass die Limuru Bata Shoe Company weiße Besitzer hatte, aber bislang waren die indischen Ladenbesitzer das Weißeste gewesen, was ich aus der Nähe zu Gesicht bekommen hatte. Hier aber war ein richtiger Weißer zu Fuß zu unserem Gehöft gekommen, und wir rannten um ihn herum und riefen „Mũthũngũ, mũthũngũ“. Er sagte so etwas wie „bono“ oder „buena“ und bat um Eier. Meine Mutter gab ihm einige, lehnte sogar sein Geld ab, und er sagte so etwas wie „grazie“ und im Fortgehen „ciao“, was wir für ein anderes Wort für „Danke“ hielten. Wir folgten ihm, eine Bande Kinder, und riefen immer noch „Mũthũngũ“. Und dann kam der Schock.

Wir sahen Weiße, die eine Straße bauten. Weiße, die nicht etwa Schwarze befehligten, sondern tatsächlich selbst die Steine brachen. Im Laufe der Zeit kamen weitere Arbeiter zu uns und baten um Eier, „mayai“, und warfen mit Worten wie „buonasera“, „buongiorno“, „pronto“, „grazie“ um sich. Das Wort aber, das sie alle am häufigsten gebrauchten und uns im Gedächtnis blieb, war „bono“. Wir gaben ihnen den Spitznamen Bono. Ich erfuhr später, dass es italienische Kriegsgefangene waren, die zwischen Mai und November 1941 in Gefangenschaft geraten waren, als die Italiener in Amba Alagi und Gondar kapitulierten und der Ostafrikafeldzug ein Ende fand. Die Gefangenen waren Fremdarbeiter und hatten die Aufgabe, die Straße von Nairobi ins Landesinnere zu bauen, parallel zur Eisenbahnlinie, die lange vorher durch indische Fremdarbeiter errichtet worden war. Die Gefangenen wurden zum normalen Anblick in unserem Dorf, und jeder Haushalt wusste eine italienische Geschichte zu erzählen.

Unsere handelte von Wabia, Kabaes Schwester, die keinen Schritt ohne die Hilfe ihrer Krückstöcke tun konnte. Nach vielen Monaten, es kann auch ein Jahr gewesen sein, erschien der erste Bono-Besucher wieder auf unserem Hof. Nachdem er Eier und ein Hühnchen bekommen hatte, für die er bezahlte, richtete sich seine Aufmerksamkeit auf Wabia, und er stellte in seinem stockenden Swahili viele Fragen nach ihr. Ich erinnere mich nicht mehr, was er tatsächlich sagte, aber einer meiner Halbbrüder behauptete, er habe gesagt, er würde ihr eine Medizin bringen, die sie heilen könnte. Ich mochte Wabia sehr und es wäre wunderbar gewesen, wenn sie wieder hätte sehen und ohne Krücken gehen können. Das hätte bedeutet, dass die Medizin der Weißen machtvoller war als alles, was wir uns je vorstellen konnten, selbst in den Geschichten, die Wabia so gut erzählte.

Wir warteten auf den Italiener. Er wurde zum weißen Ndiro unserer Fantasie, zum Medizinmann aus der Geschichte, die meine Mutter immer erzählte, nur dass er mit italienischem Akzent sprach, und wir nicht nach dem Ort suchten, an dem er wohnte; er war zu uns gekommen, und wir warteten auf seine Rückkehr. Die Straße führte jetzt bereits an Limuru vorbei und die Bonos besuchten unser Gebiet nicht mehr so regelmäßig. Dennoch gaben wir die Hoffnung nicht auf: Der Italiener würde ganz sicher Heilung bringen. Was wäre das für ein Willkommen, wenn Kabae aus dem Krieg heimkehrte und seine Schwester ihn im Vollbesitz ihrer Fähigkeiten zu sehen und zu laufen begrüßte!

Die Bilder von Kabaes Besuch wichen nicht, obwohl sie mit der Zeit blasser geworden waren. Jetzt wurden sie durch unsere neue Erwartung angefeuert, und manchmal, wenn das Thema Krieg in Unterhaltungen oder Darbietungen auftauchte, kamen sie mit dem vollen Gewicht ihrer Unwirklichkeit wieder hoch. Am beliebtesten war „mũthuũ", ein Ruf-und-Antwort-Tanz der Jungen, bei dem der Solosänger, der natürlich nie aus dem Dorf herausgekommen war, neben anderen Versen mit seinen Taten prahlte, zu denen auch der Kampf im Dschungel von Burma gehörte, und der schließlich heimkehrte, nachdem er in Japan Bomben abgeworfen und Hitler und Hirohito zur Strecke gebracht hatte. Wegen dieser erfundenen Heldentaten wurde der Solist von seinem Chor gefürchtet und respektiert. Tatsächlich sah der führende Sänger-Tänzer furchterregend aus, wenn er plötzlich ein Holzschwert zückte, das er um die Hüfte geschnürt trug, es in seinen Händen wirbelte, dann in die Luft warf und es geschickt wieder auffing, ohne aus dem Tanzschritt zu geraten. Burma, Bomben, Hirohito, neue Worte, die in mein beständig wachsendes Kriegsvokabular eingingen. Und wir warteten immer noch auf den Italiener.

Es kam eine Zeit, in der ich die Bono Mayai in keinem unserer Dörfer mehr umherziehen oder um etwas bitten sah. Sie kamen nicht wieder. Unser weißer Ndiro kehrte nicht zurück. Wabia, meine liebe Halbschwester, wurde nie geheilt. Doch ließen die Bonos ein architektonisches Denkmal in Form einer Kirche zurück, die sie in ihrer Freizeit neben der Straße am Rand des Rift Valleys gebaut hatten. Ihr soziobiologisches

Denkmal waren zerbrochene Familien und vaterlose farbige Babys, die in den verschiedenen Dörfern zur Welt kamen, in denen sie Station gemacht hatten.

Und dann kam endlich unser Halbbruder nach Hause. Es war das Jahr 1945; der Krieg war aus, die Soldaten wurden entlassen. Es gab Tränen und Lachen. Cousin Mwangi, der älteste Sohn von Baba Mũkũrũ, war im Kampf gefallen; niemand konnte uns sagen wo, aber verschiedentlich wurden Palästina, der Nahe Osten und sogar Burma erwähnt. Kabae aber hatte überlebt, eine Legende, ein Großer für uns, der sogar noch größer und gebildeter als die Söhne Lord Reverend Kahahus war. Es gab sogar das Gerücht einer Liebschaft mit einer Tochter des Grundbesitzers.

Kabae, der Ex-Soldat, wurde zum Frauenschwarm, war Kettenraucher und besaß eine Vorliebe für Bier, das er in den lizenzierten Schnapsläden kaufte, die den Indern gehörten, aber nicht im Laden trank, sondern im Gras gleich hinten im Hof; er gehörte zu den wenigen Afrikanern, die sich eine Flasche Bier nach der anderen aus der East African Brewery, die Europäern gehörte, leisten konnten. Später gestattete man Athabu Mũturi, einem afrikanischen Ladenbesitzer, auf dem Markt in Limuru europäisches Bier zu verkaufen, und die Gelage fanden nun im Hinterhof seines Ladens statt.

Ich war enttäuscht, weil Kabae so selten nach Hause kam, und wenn er mal auftauchte, dann redete er wenig über den großen Krieg, zumindest nicht, wenn ich dabei war. Er sprach nicht einmal über Cousin Mwangi, erzählte nicht, ob sie sich im Krieg begegnet waren oder nicht. Einmal erwähnte er Madagaskar, aber nur nebenbei, als hätte er dort bloß Halt gemacht. Ein anderes Mal machte er eine Bemerkung zu den Mũthuũ-Tänzern und ihrer Bezugnahme auf Burma und Japan. „Der Dschungel in Burma war für uns von der *East African Division* eine Todesfalle", sagte er. „Der Monsunregen verwandelte die unbefestigten Straßen in Schlammflüsse. Und die

Japaner waren entschlossene Kämpfer. Aber wir aus Ostafrika bewiesen, dass wir ebenfalls Dschungelkämpfer waren. Und was die Bomben auf Hiroshima angeht, nun, ich war nicht dabei. Und es sollte auch nicht Thema eines Tanzes sein. Die Welt wird nie zur Kenntnis nehmen, was und wie viel wir Afrikaner diesem Krieg geopfert haben.“ Das war alles. Das war seine erschöpfendste Betrachtung des Krieges. Ich hätte gern etwas über die Schlachten gehört, in denen er gekämpft hatte; ob er Mussolini und Hitler von Angesicht zu Angesicht begegnet war, bevor sie sich ergaben, oder ob er Churchill und den russischen Generalen die Hände geschüttelt hatte.

Bei einer der seltenen Gelegenheiten, da er nach Hause kam, fiel sein Besuch mit einem Erzählabend bei seiner Mutter zusammen. Der Krieg und seine Auswirkungen gehörten langsam der Vergangenheit an. An diesem Abend waren Sprache und die Angewohnheit, hinter dem Rücken der Leute zu reden, Gegenstand der allgemeinen Diskussion. Da mischte sich Kabae ein und sprach über die Gefahren, andere zu verleumden, und er erzählte seine Geschichte.

Einmal, es war vor seiner Entlassung, arbeitete er in einem Büro, das neben dem einer Europäerin lag. Seine Freunde aus der Armee besuchten ihn manchmal und redeten laut in Gĩkũyũ über die Frau und wie es wohl wäre, mit ihr zu schlafen. Sie zogen ihn damit auf, dass er das sicher schon getan hatte. Er reagierte nicht darauf und riet ihnen, nicht so zu reden. Im damaligen Kenia war es illegal, dass ein Afrikaner eine Affäre mit einer Europäerin hatte. Ihm war außerdem unwohl bei dem Gedanken, dass über eine Anwesende geklatscht wurde, nur weil man annahm, dass sie nicht mitbekam, was über sie geredet wurde.

Eines Tages waren sie wieder bei diesem Thema, als die Frau zufällig vorbeiging. Sie grüßte in perfektem Gĩkũyũ und fügte hinzu, dass ihres Wissens jede Frau, egal ob schwarz oder weiß, die gleiche Anatomie besitze. Die Männer flüchteten buchstäblich in alle Richtungen und wurden niemals wieder auch nur in der Nähe des Gebäudes gesehen. Danke, sagte sie noch, an Kabae gewandt.

Nach seiner Entlassung gründete Kabae im afrikanischen Einkaufszentrum von Limuru sein Sekretariats- und Rechtsberatungsbüro. Man sagte über ihn, dass er zu den Schnellsten auf der Remington-Schreibmaschine gehörte; Geschwindigkeit und Lautstärke des Klapperns konnte man bis auf die Straße hören und machten die Leute aufmerksam. Die Menschen stellten sich vor seinem Büro an, weil sie rechtlichen Rat suchten oder er ihnen Briefe in Englisch schreiben sollte. So wurde sein Büro zum Allzweckinformationszentrum in Sachen kolonialer Bürokratie. Das steigerte Kabaes Ansehen als eines der gebildetsten Menschen in der Gegend. Für uns, für die Thiong'o-Familie, war er der mit Abstand am besten Ausgebildete. Das hat vielleicht meinen Wunsch nach Bildung ausgelöst, doch behielt ich ihn für mich. Warum sollte ich auch Wünsche äußern, die unmöglich zu erfüllen waren?

Als kleines Kind wollte ich immer bei meiner Mutter sein. Ging sie ohne mich irgendwohin, weinte ich stundenlang. Das trug mir den Spitznamen Kĩrĩri – „Schreihals" – ein, weil ich mich weder durch Schlaflieder noch die Ermahnungen anderer beruhigen ließ. Ich weinte mich in den Schlaf, und irgendwie war meine Mutter wieder da, wenn ich aufwachte. Ich vergaß praktischerweise die wenigen Male, an denen sie nicht da war, wenn ich erwachte, was noch mehr weinen und wieder schlafen und aufwachen bedeutete, und ich bildete mir ein, dass mein Weinen etwas damit zu tun hatte, dass sie wieder da war.

Einmal muss ich so lange geschlafen haben, dass ich, als ich aufwachte, meine Mutter mit einem Baby im Arm vorfand. Mir ist, als hätte mich dieses Baby, das meiner lieben Mutter immer an der Brust, an ihrem Rücken oder in den Händen lag, im Weinen besiegt. Sein Weinen hatte größere Macht als meines, weil meine Mutter alles stehen und liegen ließ und sich sofort um den Säugling kümmerte. Ich hörte erst auf zu weinen, als man mir erklärte, dass meine Mutter irgendwo gewesen war, um für mich das Baby zu holen, damit ich einen jüngeren Bruder zum Spielen bekam. Wir waren ein Jahr auseinander. Er erhielt den Namen Njinjũ – nach Baba Mũkũrũ, und trotz der üblichen Rivalitäten zwischen Geschwistern wurden wir später unzertrennlich, vor allem, nachdem ich ihm das Laufen beigebracht hatte. Zumindest bildete ich mir das ein, weil er mir irgendwann alles nachmachte. Mein Weinen war wirklich so etwas wie der Ruf nach einem Spielgefährten gewesen. Meine Mutter hatte, wie durch Magie, meine tränenreiche Sehnsucht erahnt und gehandelt. Dieser Glaube an ihre magischen Kräfte, meine Bedürfnisse vorauszusehen, wurde durch ihre weiteren Taten noch verstärkt.

Als Kind hatte ich Schwierigkeiten mit den Augen. Meine Lider schwollen, die Augen tränten, ich musste weinen, weil es so wehtat. Immer wieder ging meine Mutter mit mir zu einem traditionellen Heiler, der gleich neben dem einzigen Wasserhahn in Manguo bei Kamĩri wohnte. Der Heiler ritzte die Haut über den geschwollenen Lidern entlang der Augenbrauen, ließ die Wunden bluten, rieb eine Medizin in die Schnitte, und irgendwie ging es mir besser. Das hielt aber nur wenige Wochen an. Immer wieder musste ich zum Schrein des Heilers. Ich blinzelte, um besser sehen zu können, und man zog mich damit auf und nannte mich Gacici, „der Kleine, der fast nichts sieht". Der Spitzname gefiel mir nicht, weil Spitznamen, selbst wenn sie in einer vorübergehenden schlechten Angewohnheit ihren Ursprung hatten, manchmal an einem hängen blieben. Schreihals war ich erfolgreich losgeworden, und ich wollte nicht, dass dieser jetzt durch Blinzelbub ersetzt wurde.

Lord Reverend Stanley Kahahu rettete mich. Ich weiß nicht, ob sich meine Mutter an ihn gewandt hat oder ob es andersherum gewesen ist, aber eines Tages wusch mich meine Mutter und brachte mich an die Straße, die am Tor von Kahahus Anwesen vorbeiführte, und der Reverend nahm uns mit in seinem Auto, einem alten Ford Modell T. Ich hatte noch nie in so einem Fahrzeug gesessen und wünschte mir, dass mir die Augen nicht so wehtaten, damit ich die Fahrt zum King George VI Hospital in Nairobi genießen konnte, das früher Native Civil Hospital hieß, inzwischen aber nach dem König benannt worden war, für den mein Halbbruder Kabae in den Krieg gezogen war. Meine Mutter und ich waren zum ersten Mal in der großen Stadt. Der Arzt sah sich meine Augen mehrmals an und meinte dann, ich müsste eingewiesen werden. Ich weiß nicht, ob das der Zustand meiner Augen oder die Tatsache erforderte, dass es keine Apotheken und bestimmte Arzneimittel nur im Krankenhaus gab. Ich blieb allein in einem Krankenhausbett neben anderen Patienten. Es war das erste Mal, dass mich meine Mutter bei völlig Fremden zurückließ. Alles, auch der Geruch, war so ganz anders als die Umgebung zu Hause mit ihrer frischen Luft. Aber irgendwie kam ich damit zurecht. Die anderen Patienten waren freundlich, die Ärzte ebenfalls und das Gemeinschaftsgefühl von Menschen mit Kummer rührte mich an.

Meine Mutter und Reverend Kahahu besuchten mich nur ein einziges Mal. Dann ließen sie mich dort mit dem Versprechen zurück, bald wiederzukommen. Ich weiß nicht, wie lange ich im Krankenhaus blieb, zwei Wochen, drei Wochen, vielleicht einen Monat. Jedenfalls kam es mir wie eine sehr lange Zeit vor, und weit weg von daheim. Je besser ich mich fühlte, desto mehr vermisste ich meine Mutter und mein Zuhause. Schließlich wurde ich entlassen, konnte aber das Krankenhausgelände nicht verlassen. Ich wusste weder wohin noch wann mich meine Mutter und Reverend Kahahu abholten. Ich hatte das Krankenhaus satt, aber keine Möglichkeit, mich mit meiner Mutter in Verbindung zu setzen. Also tat ich etwas, von dem wir Kinder glaubten, dass es den Kontakt zum Geist eines abwesenden lieben Menschen herstellen konnte. Wenn man nämlich den Namen der geliebten Person in die Öffnung eines Tontopfes flüsterte, würde sie oder er es hören. Ein Tontopf ließ sich nicht auftreiben. Also nahm ich etwas, das einem Topf ähnlich sah, einen Krug, und flüsterte den Namen meiner Mutter hinein. Als meine Mutter kurz darauf am nächsten Tag auftauchte, konnte ich es nicht glauben. Ich war so glücklich, sie zu sehen und keine Schmerzen mehr in den Augen zu haben. Aber warum hatte sie mich nicht öfter besucht? Und weshalb war sie allein gekommen? Sie erklärte mir, dass Reverend Kahahu sehr viel zu tun gehabt und den Zeitpunkt für den Besuch immer wieder verschoben habe. Schließlich hatte sie es nicht mehr ausgehalten und die Sache selbst in die Hand genommen. Sie fragte die Leute, wo und wie man den Bus zum King George nahm und kam mich holen. Ich war glücklich, dass es wieder nach Hause ging, aber die, die ich zurückließ, taten mir leid.

Wir gingen zur Bushaltestelle. Damals war der Busverkehr ziemlich armselig und unzuverlässig. Schließlich kam aber ein Bus und wir stiegen ein und setzten uns. Diesmal konnte ich aus dem Fenster schauen und die Szenerie zu beiden Seiten der Straße sehen. Es war unglaublich. Es kam mir vor, als bewegten sich die Bäume und das Gras rückwärts, während der Bus vorwärts fuhr. Und je schneller er vorwärts fuhr, desto schneller bewegten sie sich rückwärts. Wir fuhren eine ziemliche Strecke. Dann kam der Schaffner, um das Fahrgeld zu kassieren. Meine Mutter gab ihm das Geld, das sie bei sich hatte und sagte, dass wir in Limuru an der Endhaltestelle aussteigen wollten. Er schaute uns fragend an und meinte: Mutter, du fährst nach

Ngong, in die falsche Richtung, nicht nach Limuru. An der nächsten Haltestelle meinte er, wir sollten aussteigen und auf der anderen Straßenseite auf den Bus in die entgegengesetzte Richtung warten.

Zum Glück kam in diesem Augenblick der Bus, der zurückfuhr. Der Schaffner hielt ihn an und sprach mit dem Fahrer. Er gab meiner Mutter das Geld zurück, das er von ihr erhalten hatte. Der Schaffner im neuen Bus brachte uns zurück, wieder ohne zu kassieren, und dann quer durch die Stadt zu einer anderen Bushaltestelle. Dort nahmen wir den nächsten Bus nach Limuru und nach Hause.

Ich war ganz aufgeregt, weil ich in der großen Stadt gewesen war. Nie zuvor hatte ich so viele Steinhäuser auf einmal gesehen. Ob das dieselben Gebäude waren, die mein Vater als junger Mann gesehen hatte, nachdem er aus Mũrang'a geflohen war? Oder dieselben, in denen mein Halbbruder Kabae, der Gefolgsmann des Königs, gewohnt hatte? Konnte eines dieser Häuser jenes sein, aus dem der Lastwagen gekommen war, der in unser Haus gerutscht war? Oder waren das gar verschiedene Nairobis? Doch das spielte eigentlich keine große Rolle: Ich war einfach froh, sehen zu können und nicht mehr ertragen zu müssen, dass man mir die Lider mit dem Rasiermesser aufschnitt und die Leute mich Gacici nannten. Und ich war noch mehr erstaunt darüber, dass meine Mutter, die noch nie ohne hilfreiche Begleitung in Nairobi gewesen war, mich durch all das geleitet hatte. Eines stand jedenfalls fest: Meine Mutter konnte alles erreichen, was sie sich in den Kopf gesetzt hatte.

Die Augen waren wieder gesund, und ich konnte wieder unbekümmert und mit mehr Freude an unseren Kinderspielen teilnehmen. Eines, bei dem ich wegen meiner schlechten Augen bisher nicht mitgemacht hatte, bestand darin, auf einem Brett über einen glitschigen Pfad, den die Jungs mit Wasser aus dem nahen Manguo-Sumpf glatt gemacht hatten, einen Hügel hinunterzurutschen. Dieser Pfad endete kurz vor einer staubigen Straße, auf der die motorisierten Fahrzeuge unterwegs waren. Der Sinn des Spiels bestand darin, so schnell wie möglich runterzurutschen, und dann, kurz vor der Straße, nach links oder rechts abzudrehen. Die ganze Sache setzte gute Augen voraus, damit man nicht mit vorbeifahrenden Autos zusammenstieß. Jetzt konnte ich bei diesem Sport mitmischen. Es war gefährlich, aber aufregend, und abends war ich von oben bis unten mit Schlamm bedeckt. Mutter verbot es mir prompt und maßregelte mich, weil ich meinem kleinen Bruder schlechte Sachen beibrachte.

Wir spielten auch eine Art Poolbillard: der Boden war der Tisch, und anstelle der vier Löcher gab es nur eins. Zwei Spieler stellten sich, jeder mit sechs Kronkorken in der Hand, in vorher ausgemachter Entfernung auf und warfen abwechselnd die Korken ins Loch, wobei es darauf ankam, so viele wie möglich mit dem ersten Wurf im Loch unterzubringen. Nach denen, die nicht ins Loch fielen, warfen die Spieler mit einem Abräumer, einem Kronkorken, der mit Lehm gefüllt war, um ihn zu beschweren, und versuchten, sie ins Loch zu befördern. Der Sieger erhielt die Kronkorken des Verlierers. Der Spieler mit den meisten Kronkorken war der Meister und wartete auf Herausforderer mit ihren eigenen sechs Kronkorken. Einige Jungs blieben über Tage hinweg unbesiegt und zogen Herausforderer aus anderen Dörfern an. Ich war nie so richtig gut darin, weil dieses Spiel eine gute Koordination von Augen und Hand verlangte. Gerade dieses Spiel war, als es in Mode kam, wie eine Sucht und verführte einige Jungs dazu, auf der Jagd nach Ruhm, der nach eingesammelten Kronkorken bemessen wurde, ihre Pflichten im Haushalt zu vernachlässigen. Die Besten spielten manchmal sogar um Geld. Meine Mutter war streng gegen dieses Spiel.

Mutter war gegen alle Spiele, bei denen wir Jungs von zu Hause ferngehalten wurden. Sie wollte, dass wir uns mit denen begnügten, die man in unserem Hof spielen konnte; Seilspringen und Hüpfen zum Beispiel, doch da konnten mein jüngerer Bruder und ich nicht mit unseren Halbschwestern und ihren Freundinnen mithalten. Beim Seilspringen beherrschten sie die kniffligsten Tricks.

Wie die Kinder anderswo auch, stellte ich mir vor, mit einem Flugzeug zu fliegen. Ich nahm ein trockenes Maisblatt, zwei Zentimeter lang und einen Zentimeter breit, bohrte ein Loch in die Mitte, durch das ich einen dünnen Gabelzweig als Steuer steckte, und wenn ich das lange Ende des Zweigs nahm und gegen den Wind rannte, drehte sich das Blatt um sich selbst, und je schneller ich lief, desto schneller drehte es sich. Auch mein Bruder bastelte sich auf diese Art sein Flugzeug, und wir waren Piloten, die gegeneinander um die Wette düsten, schwierige Luftformationen bildeten und Manöver ausführten. Das machte höllischen Spaß. Und ich musste nicht blinzeln, um richtig sehen zu können.

Wir bastelten auch Kreisel, die wir zum Drehen brachten, indem wir sie mit einem kleinen Strick aus Sisalfasern antrieben. Hier war das Ziel herauszufinden, wer seinen Kreisel am längsten kreiseln lassen konnte, aber manchmal ging es auch darum, ihn über eine bestimmte Entfernung zu treiben und der

Erste zu sein, der die Ziellinie überquerte. Schwieriger war es dann schon, den Kreisel des Gegners zum Kippen zu bringen und dabei den eigenen am Kreiseln zu halten.

Dann wagten wir uns an kompliziertere Konstruktionen: Spielzeugfahrräder, Autos, Lastwagen und Busse mit allen Einzelteilen – Karosserie, Räder, Lenkrad – die von Menschenkraft anstelle von Verbrennungsmotoren in ihrem Inneren angetrieben wurden. Einige Kinder fügten Spielzeugradfahrer, Chauffeure und Passagiere hinzu. Wir versammelten uns an den Rändern der Wege und auf Lichtungen, um unsere Arbeiten auszustellen und herauszufinden, wer das schönste Modell hatte und um einige Ideen in unsere künftigen Schöpfungen einfließen zu lassen.

Wir lernten aber auch, nützliches Spielzeug herzustellen. Da Mutter keine jüngeren Töchter hatte, erledigten wir für sie, was normalerweise die jungen Mädchen unseres Alters für ihre Mütter taten: Feuerholz zu sammeln und es mit einem Strick, der uns um die Stirn lag, auf dem Rücken zu tragen. Richtige Männer trugen Lasten nicht auf diese Weise; sie trugen sie auf dem Kopf oder den Schultern. Prompt bekamen wir den Spitznamen „Mutters Töchter". Das war als Lob gedacht, aber mir gefiel dieser Ausdruck nicht. Also dachten wir uns eine männlichere Alternative aus, bei der weder unser Rücken, noch die Schultern oder der Kopf eine Rolle spielten. Eine Karre! Da wir uns keine Schubkarre wie die leisten konnten, die wir beim Grundbesitzer oder im indischen Einkaufszentrum gesehen hatten, beschlossen wir, eine Holzkarre zu bauen. Wir suchten uns ein großes Stück Holz, hauten es mit einer Machete zurecht, rundeten die Kanten ab und machten zum Schluss in die Mitte ein Loch für das Rad. Das ganze Ding bauten wir aus Holz, schafften es aber nie, dass unsere Schubkarre auch ihren Zweck erfüllte, weil sich das Rad vor allem auf lockerem Boden in die Erde grub oder bei Regenwetter im Schlamm stecken blieb. Wir brauchten ein richtiges Eisenrad.

Ein Junge, er hieß Gacĩgua, bot uns an, für dreißig Cents eines zu besorgen, ein Rad aus zweiter Hand, aus einer alten Schubkarre ausgebaut. Aber selbst an einen einzigen Cent heranzukommen, war schwierig.

Ich würde mich als Teepflücker versuchen müssen und bettelte deshalb meine großen Schwestern an, sie zur Teepflanzung begleiten zu dürfen, die einem Weißen mit dem Spitznamen Gacurio gehörte, weil er immer Hosen mit Hosenträgern über dem Bauch trug. Die ersten Teepflanzen wurden 1903 aus Indien nach Limuru eingeführt, aber wenn ich über das weite, endlose Grün vor mir schaute, kam es mir vor, als gehörten die Teesträucher schon seit Menschengedenken in diese Landschaft. Ein afrikanischer Aufseher wies den verschiedenen Arbeitern die Reihen zu, die gepflückt werden sollten. In Limuru war es kühl, und oft nieselte ein feiner, dünner Regen. Sisalsäcke, die wir uns über die Köpfe stülpten, dienten als Regenmäntel. Die Aufgabe war für mich zu schwierig; ich kam kaum bis an die Spitzen der Teesträucher heran und konnte die Blätter nicht so pflücken, wie das geübte Hände vermochten. Die anderen pflückten die Blätter und warfen sie schwungvoll über die Schulter in den großen Korb, den sie auf dem Rücken trugen. Ich hatte keinen eigenen Korb und fiel immer mehr zur Last, war ständig im Weg, und meine Schwestern nahmen mich kein zweites Mal mit. Obwohl ich dringend die dreißig Cent für das Rad brauchte, bestand ich nicht darauf.

Mit den Chrysanthemenblüten war es einfacher, und als deren Zeit anbrach, ging ich mit den älteren Brüdern und Schwestern zur Ernte, und diesmal kam auch mein kleiner Bruder mit. Aber es war anstrengend und wir brauchten den ganzen Tag, um ein kleines Sisalkörbchen vollzubekommen.

Ich weiß nicht mehr, wie lange es dauerte, aber irgendwann hatten wir genug Geld verdient, um das Eisenrad bezahlen zu können. Der Radbesitzer erhöhte den geforderten Preis. Ich war so erpicht darauf, das Rad zu bekommen, dass ich ihm alles Geld, das ich hatte, als Anzahlung gab, aber als ich den Rest zusammen hatte, war das Rad nicht mehr verfügbar, und nun schuldete er mir Geld. Er versprach, uns ein anderes Rad zu besorgen. Enttäuscht nahmen wir unsere Ingenieursversuche wieder auf und schafften es, ein besseres und leichter laufendes Rad zu konstruieren. Dann sammelten wir Holz, Nägel und Draht, wo immer wir konnten, und schafften es, etwas zu bauen, das einer Schubkarre schon ähnlicher sah. Wir zogen mit unserem neuen, stark verbesserten Apparat durch die Gegend und sammelten Brennholz oder holten in einem Blechkanister Wasser. Meistens fuhr das Rad nicht geradeaus, vor allem nicht auf rauem, unebenem Boden, und erforderte unsere vereinten Kräfte, wobei der eine vorne mit einem Strick ziehen und der andere hinten an den Griffen schieben musste.

Wir nahmen unser selbst gebautes Fahrzeug überall hin mit, sogar zu den Chrysanthemenfeldern, wo andere Kinder darauf aufmerksam wurden, allen voran Njimi und Gĩtaũ, die Söhne des Grundbesitzers, die oft aufs Feld kamen, nicht um zu arbeiten, sondern wegen der Gesellschaft von Alterskameraden, mit denen sie der Langeweile und Enge ihres Zuhauses entkommen konnten. Sie bewunderten unser Gerät und bettelten, es schieben zu dürfen. Wir mochten es nicht unbedingt, wenn andere es benutzten, und deshalb brachten sie uns als Ersatz eine richtige Schubkarre. Was für ein Unterschied zwischen dem richtigen Gerät und unserer Erfindung! Doch diese besaß den Zauber, der von einem Spielzeug ausgeht!

Wir nutzten die Nachfrage nach unserem Gefährt, um andere Privilegien zu bekommen. Die Chrysanthemenfelder hatten noch nicht den ganzen Wald verschlungen. Das Unterholz war immer noch sehr dicht. Wir zogen dorthin, um auf die Bäume zu klettern und bauten uns manchmal Brücken, indem wir die Zweige eines Baumes mit denen eines anderen verbanden oder uns an den Ästen von einem Baum zum nächsten schwangen. Am meisten aber sehnten wir uns danach, zu jagen und einen Hasen oder gar eine Antilope zu erlegen. Einmal wurde eine Antilope in einem Chrysanthemenfeld gesichtet, und alle stellten die Arbeit ein, um sie zu jagen, und riefen „Fangt die Antilope“. Doch die war für ihre schreienden Verfolger viel zu flink. Wir hatten öfter von Jungen gehört, denen es gelungen war, eine zu erlegen, aber seit diesem Erlebnis war klar, dass wir ohne die Hilfe eines Hundes niemals auch nur einen Hasen fangen würden, geschweige denn eine Antilope. Wir überredeten Njimi und Gĩtaũ, als Bezahlung dafür, dass sie unsere Schubkarre schieben durften, ihre Hunde mitzubringen, damit die uns dabei halfen, ein Tier zu erlegen, dessen Kadaver wir dann mit der Karre nach Hause bringen wollten. Wir hatten Glück und entdeckten einen Hasen. Von den Hunden geführt, nahmen wir die Verfolgung auf und bald hatten uns die Hunde und der Hase weit hinter sich gelassen. Aber das Gebell führte uns zu einem dichten Dornengebüsch, in dem sich ein ziemlich verängstigter Hase verbarg. Doch weder die Steine, die wir in das Gebüsch warfen, noch Rütteln an den Zweigen konnten ihn dazu bringen, seine Kuhle zu verlassen. Wir haben nie einen Hasen gefangen, und nach einer Weile verlor unsere selbstgebaute Schubkarre für Njimi und Gĩtaũ den Reiz des Neuen, und das Privileg, sie schieben zu dürfen, war wertlos. Mein Bruder und ich wünschten uns Hunde, die uns zur Verfügung standen, wann immer wir jagen wollten, oder die uns folgten, wenn wir unsere Flugzeuge fliegen ließen.

Für diejenigen aber, die sie zum ersten Mal sahen, hatte die Schubkarre nichts von ihrer Anziehungskraft verloren. Ein indischer Junge war ganz hingerissen von ihr. Die indische Gemeinde blieb meist unter sich und hatte nur über ihre Läden Kontakt zu Afrikanern und Weißen. Vorne im Laden stand der indische Kaufmann, ansonsten aber spielte sich das Familienleben im Hinterhof ab, der von hohen Steinmauern umschlossen war. Ähnlich hohe Mauern umgaben sogar den Schulhof. Die einzigen Afrikaner, die ab und zu einen Blick auf das

Leben einer indischen Familie werfen konnten, waren Putzer und Feger, die behaupteten, die Inder seien in viele Nationalitäten, Religionen und Sprachen untergliedert – Sikhs, Jainas, Hindus, Gujarati. Sie erzählten von Auseinandersetzungen zwischen und in den Familien, und das widersprach dem Bild scheinbarer Harmonie. Zwischen indischen und afrikanischen Kindern gab es noch weniger Kontakt. Manchmal, wenn sich ein paar über die Läden hinauswagten, wurden sie von afrikanischen Jungs mit Steinen beworfen, und wenn sie sich wieder in ihre verbarrikadierten Hinterhöfe zurückzogen, wurde das mit Freudengeheul begrüßt. Aus der Deckung hinter den Barrikaden warfen sie ebenfalls Steine. Die Sikhs mit ihren Turbanen waren am gefürchtetsten, weil man ihnen nachsagte, dass sie Schwerter trügen, und sich nur deshalb in ihre Höfe zurückzögen, um ihre gefährlichen Waffen zu holen. Manchmal aber überwand die Neugier der Kinder aufeinander die Barrieren aus Steinmauern und Warnungen der Erwachsenen. So kam es, dass dem indischen Jungen unsere selbstgebaute, eiernde Schubkarre auffiel und er uns anbettelte, sie schieben zu dürfen. Er schmeichelte sich mit zwei kleinen Glasmurmeln bei uns ein, die in vielen Farben leuchteten. Später bedurfte es ab und zu einer Süßigkeit, um die Ablehnung zu überwinden. Und schließlich wurde mit dem Geschenk zweier Welpen aus einem zu großen Wurf eine Art Freundschaft besiegelt.

Endlich hatten wir Hunde, die uns gehörten. Stolz brachten wir sie nach Hause, aber Mutter hasste Hundekot dermaßen, dass sie sie in einen Korb steckte, sie zu den indischen Läden zurückbrachte und laufen ließ. Wir erzählten unserem indischen Freund, dass sie uns entlaufen waren, und er schenkte uns einen anderen Welpen. Wir versuchten, ihn unbemerkt aufzuziehen, und bauten dafür einen Käfig im Unterholz neben dem Müllberg. Wir fütterten ihn heimlich, doch Mutter muss uns nachspioniert haben. Eines Tages nach dem Aufstehen stellten wir fest, dass der Welpe fort war. Wir sahen unseren großzügigen indischen Freund nie wieder und konnten nicht einfach an seine Tür klopfen und nach ihm fragen. Außerdem: Was sollten wir ihm sagen? Dass dieser Welpe ebenfalls fortgelaufen war?

Bald darauf wurde ich von aller Hundenarretei geheilt. Eines Tages war ich unterwegs zu den Chrysanthemenfeldern und kreuzte den Pfad, der zum Haus des Grundbesitzers führte, als seine Hunde, genau die, die unsere Jagdhunde gewesen waren, bellend auf mich zukamen. Ich rannte um mein nacktes Leben, aber die Hunde brachten mich zu Fall, und einer grub seine Zähne in mein Bein, direkt über dem rechten Knöchel, ein Biss, der mir eine Narbe und eine lebenslange Angst vor Hunden eintrug.

Ich musste an die Angst des Hasen denken, den wir zu fangen versucht hatten; sie war jetzt die meine. In Zukunft wollte ich vom Jagen lassen und mich mit meinen selbstgebauten Spielzeugen begnügen.

Eines Abends fragte mich meine Mutter: „Möchtest du zur Schule gehen?“ Das war 1947. Tag oder Monat weiß ich nicht mehr. Ich erinnere mich nur noch daran, dass es mir zunächst die Sprache verschlug. Aber die Frage und die Szenerie sind mir für immer ins Gedächtnis gebrannt.

Auch vor Kabaes Entlassung aus der Armee waren die meisten Söhne zur Schule gegangen, obwohl sie jünger waren als er, auch mein großer Bruder Wallace Mwangi, und die meisten waren nach ein oder zwei Jahren wieder abgegangen, weil das Schuldgeld zu hoch war. Die Mädchen, so gescheit sie auch sein mochten, waren noch schlechter dran und besuchten die Schule nicht mal ein Jahr lang; ein paar von ihnen lernten zu Hause allein weiter und brachten sich zumindest so viel bei, dass sie die Bibel lesen konnten. Schule war etwas weit außerhalb meiner Vorstellung, etwas für diejenigen, die älter waren als ich oder aus einer wohlhabenden Familie kamen. Die Schule als Möglichkeit für mich, daran dachte ich nie.

Deshalb hatte ich den Wunsch, etwas zu lernen, nur im Stillen gehegt. Auch wenn die Saat dafür durch das Ansehen gelegt worden war, das mein Halbbruder Kabae im Haus meines Vaters genoss, war das Wachstum dieses Samenkorns doch weniger von seinem Beispiel oder dem meines Bruders Wallace Mwangi beeinflusst worden, als vielmehr durch die Kinder von Lord Reverend Kahahu: durch seine Tochter Njambi und seinen Sohn Njimi, die beide ungefähr in meinem Alter waren. Während ich auf den Feldern ihres Vaters arbeitete und Chrysanthemen pflückte, hatte ich oft mit ihnen zu tun gehabt, doch war mir nie in den Sinn gekommen, dass ich einmal Zutritt zu ihrer Welt erhalten könnte. Was den Lebensstil anging, gehörten wir unterschiedlichen Welten an.

Das Anwesen der Kahahus mit seinen Autos, dem sonntäglichen Kirchgang, wirtschaftlicher Macht und Modernität war ein krasser Gegensatz zu unserem, einem Reservat schwerer Arbeit, Armut und Tradition, trotz der glorreichen Taten Kabaes, des Reichtums meines Vaters an Ziegen und Kühen und seiner Lippenbekenntnisse zu unseren Ahnen. Die Kleidung der Kahahu-Kinder imponierte mir: Die Mädchen hatten Kleider; meine Schwestern trugen zumeist weiße, manchmal auch blau gefärbte Baumwollwickeltücher über einem Rock, dessen Seitensaum von Sicherheitsnadeln und einem wollenen Strickgürtel zusammengehalten wurde. Die Hemden und die Khaki-Shorts mit Hosenträgern der Kahahu-Jungen standen im deutlichen Kontrast zu meinem einteiligen, rechteckigen Baumwolltuch, das unter der linken Achsel durchging und über der rechten Schulter zu einem Knoten geknüpft war.

Keine Shorts, keine Unterwäsche. Rannten mein kleiner Bruder und ich beim Spielen den Hang hinunter, verwandelte der Wind unsere Gewänder in Flügel, die hinter unseren nackten Körpern her wehten. Schule hieß für mich Khaki-Uniformen, Shorts, Hosenträger und Achselklappen. Und als Mutter nun vor meinen Augen mit der Schule lockte, kam auch die Schuluniform ins Blickfeld.

Es war das Angebot des Unerreichbaren, das mir die Worte nahm. Meine Mutter musste die Frage wiederholen.

„Ja, ja", antwortete ich schnell; nur für den Fall, dass sie es sich anders überlegte.

„Du weißt, dass wir arm sind."

„Ja."

„Und dass es passieren kann, dass du nicht immer ein Mittagessen bekommst?"

„Ja, Mutter."

„Versprich mir, dass du mir keine Schande machen wirst, indem du dich irgendwann aus Hunger oder wegen anderer Unannehmlichkeiten weigerst, in die Schule zu gehen."

„Ja, ja!"

„Und dass du dich immer anstrengen wirst?"

In diesem Augenblick hätte ich ihr alles Mögliche versprochen. Aber als ich sie ansah und ja sagte, wusste ich tief im Innern, dass sie und ich einen Pakt geschlossen hatten: Ich würde mir immer große Mühe geben, egal wie groß die Unannehmlichkeiten, egal wie hoch die Hürden waren.

„Du wirst in die Kamandũra-Schule gehen."

Warum meine Mutter die Kamandũra, die auch die Kinder des Grundbesitzers besuchten, anstelle der Manguo-Schule ausgewählt hatte, auf die mein Bruder Wallace Mwangi gegangen war, weiß ich nicht. Vielleicht waren die Unterschiede im Unterricht ausschlaggebend, vielleicht lag es daran, dass mein Onkel Gĩcini, der viel älter als ich war, auch auf die Kamandũra ging und sich um mich kümmern konnte. Ich vermute, dass meine Mutter Lord Reverend Kahahu wegen seiner Hilfe bei der Heilung meiner Augenkrankheit vertraute und auf seinen Rat hin handelte. Ich fand diese Wahl nicht schlecht, weil sie bedeutete, dass ich mit Sicherheit eine Schuluniform bekommen würde. Wie die Kinder des Grundbesitzers.

Mein Vater hatte in dieser Angelegenheit nichts mitzureden. Es war der Traum meiner Mutter und damit allein ihre Sache. Sie verkaufte ihre Waren auf dem Markt und sorgte für Schulgeld und Uniform. Und dann nahm sie mich eines Tages zu den indischen Läden mit. Ich war schon einmal dort gewesen, hatte aber nie das Gefühl, dass die Läden mich etwas angingen, abgesehen davon, dass in einigen große Klumpen unraffinierten Zuckers angeboten wurden – Gur oder Rohbraunzucker oder „cukuri wa nguru", wie wir ihn nannten –, den wir centweise kauften, unsere Bonbons. Jetzt aber sah ich die Läden, die auf großen Schildern mit „Shah Warenhaus" oder „Textilwaren" für sich Reklame machten, in anderem Licht: Sie boten die Erfüllung meiner Wünsche an. Schließlich gingen wir in einen Laden, der auf Schulkleidung spezialisiert war. An der Wand hing das Bild eines dünnen Inders mit Brille. Er schien in ein Baumwolltuch gekleidet, das ihm als Hose und zugleich als Hemd diente. Wie das, fragte ich mich und überlegte, ob ich mein Gewand auch so anlegen könnte, dass es meinen Körper ebenso bedeckte wie bei ihm. Meine Mutter kaufte mir ein Hemd und eine kurze Hose, die einfachsten Sachen, ohne Hosenträger oder Achselklappen. Aber dass diese Verzierungen fehlten, machte meine Freude nicht kleiner. Ich vergaß, meine Mutter zu fragen, wer der schmächtig wirkende Inder war und warum sein Bild an der Wand hing. Ich hatte nur noch Augen für meine neuen Besitztümer. Die einzige Enttäuschung war, dass ich noch warten musste, bis die Schule anfing, bevor ich sie anziehen konnte. Aber dann endlich doch!

An dem Tag, an dem ich meine Khaki-Uniform anziehen darf und die zwei Meilen zur Kamandũra laufe, betrete ich eine Traumwelt und treibe durch ihre sanften Schleier. Ich schwebe wie durch einen Nebel, als mir Njambi, die jüngste Tochter des Grundbesitzers, die mich an meinem ersten Tag zur Schule gebracht hat, Sub B, meine Anfängerklasse, zeigt, in der ihre große Schwester Joana unterrichtet. Die Lehrer sind Figuren in einem Traum. Isaac Kuria mit den großen Augen nimmt die neuen Schüler auf. Er fragt nach meinem Namen. Ich antworte Ngũgĩ wa Wanjikũ, weil man mich zu Hause noch immer nach meiner Mutter benennt. Als die Klasse zu kichern anfängt, bin ich verwirrt. Dann fragt er mich: Wie heißt dein Vater, und ich antworte Thiong'o. Also wird Ngũgĩ wa Thiong'o der Name, den ich während der gesamten Schulzeit tragen werde, aber ich habe keine Schwierigkeiten mit den beiden Arten, mich zu identifizieren.

Später bekomme ich heraus, dass Sub B und Sub A eine Art Vorstufe sind, ein wenig unter der ersten Klasse, oder Standard One, wie sie genannt wird. Ich bin im letzten Drittel in die Sub B gekommen, die anderen müssen also schon die ersten zwei Drittel absolviert haben. Njambi geht bereits in die erste Klasse, ist demnach zwei Stufen weiter, und kann mir deshalb nicht dabei helfen, mich in der Klasse zurechtzufinden. Wir sitzen auf Bänken ohne Pulte oder Tische. Die drei Klassen werden gleichzeitig ohne Abtrennungen in unterschiedlichen Winkeln einer Kirche mit Blechwänden und Wellblechdach unterrichtet. Ich kann alles sehen und hören, was in den anderen Klassen passiert, doch soll ich nur allzu bald lernen, dass es dem, der dabei erwischt wird, wie er sich Dingen widmet, die außerhalb seines Winkels vor sich gehen, gar nicht gut bekommt. Aber trotzdem ist es schwer, nicht hinzuschauen, weil der Großteil des Unterrichts in einer Art von Ruf und Antwort erfolgt; der Lehrer schreibt eine Zahl oder einen Buchstaben an die Tafel, liest sie laut vor und die Kinder sprechen ihm oder ihr im Singsang nach. Alle, die Lehrer wie die Schüler, sehen für mich ebenso seltsam wie großartig aus.

Abends kam ich, noch immer träumend, nach Hause und erwachte in der Wirklichkeit. Ich musste die Schuluniform ausziehen und mein gewöhnliches Gewand überstreifen. Das wurde zur Routine. Zu Anfang war das ganz in Ordnung, aber bald schon schlich sich zunehmend Verlegenheit in meine Wahrnehmung der Welt, vor allem, wenn ich anderen Kindern begegnete, die einfach normale Hemden und Shorts trugen. Doch hatte ich meiner Mutter versprochen, die Schulsachen zu schonen. Jedes Wochenende wusch sie meinen Satz aus Hemd und kurzer Hose, damit ich sie am Montag wieder anziehen konnte. Machte ich die Sachen unter der Woche schmutzig, wusch sie sie und trocknete sie über Nacht am Feuer.

Die Schule bleibt eine Welt, die von der meines Alltags völlig getrennt ist. In dieser Welt, zu der jeder andere ganz natürlich zu gehören scheint, komme ich mir wie ein Außenseiter vor. Vieles verstehe ich nicht. Vor allem ein Brauch der Kinder und Lehrer verwirrt mich. Bevor sie sich in die unterschiedlichen Winkel zurückziehen, versammeln sich alle Kinder, senken die Köpfe, schließen die Augen, und der Lehrer sagt so etwas wie Unser Vater, der du bist im Himmel, und die ganze Versammlung stimmt in den Rest ein. Ich mache die Augen nicht zu, ich will alles sehen. Und sogar nach dem Amen murmeln manche Kinder noch etwas mit geschlossenen Augen vor sich hin. Dieser Brauch verwirrt mich lange, und einmal stoße ich den Jungen neben mir mit dem Ellbogen an, um herauszufinden, ob er vielleicht die Augen aufmacht, aber er lässt sie zu. Bald bekomme ich heraus, dass die Kinder ein stilles Gebet murmeln. Bei mir zu Hause betete keiner still für sich. Als mein Vater noch im Gehöft wohnte, ging er morgens nach dem Aufstehen in den Hof, richtete das Gesicht zum Mount Kenya, brachte ein kleines Trankopfer und sprach einige Worte, die mit einer lauten Bitte um Frieden und den Segen für den gesamten Haushalt endeten. Etwas später lerne auch ich, die Augen zu schließen, aber ich habe nichts, was ich vor mich hin murmeln kann. Mit offenen Augen macht es einfach mehr Spaß, weil so vieles meine Aufmerksamkeit weckt.

Als Schreibutensilien habe ich mir eine schwarze Schiefertafel und weiße Kreide gekauft. Wir notieren auf unsere Schiefertafeln, was die Lehrerin vorne an die Tafel geschrieben hat. Anschließend geht sie durch die Reihen und bewertet das Geschriebene, macht ein X oder ein Häkchen neben jedes Wort oder jede Ziffer, zählt alles zusammen und zieht einen Kreis um die Gesamtzahl. Zuerst begreife ich gar nicht, dass ich abwarten muss, bis sie die Zahl in eine Ergebnisliste eingetragen hat. Sobald die Lehrerin meine Arbeit zensiert hat, wische ich sie ab, und wenn ich dann nach Hause komme und meine Mutter mich fragt, was ich gemacht und welche Zensur ich dafür bekommen habe, und ich ihr antworte, dass ich alles abgewischt habe, sagt sie: Dann tu das nicht und warte, bis dir die Lehrerin sagt, was du machen sollst. Auch die Lehrerin rügt mich und sagt, dass ich sonst weiterhin null Punkte bekommen werde. Als sie später 10/10 auf meine Schiefertafel schreibt, und meine Mutter wissen möchte, was für eine Zensur ich bekommen habe und ich ihr antworte, zehn von zehn, fragt sie nach, und das endet stets mit der Frage: Ist das das Beste, was du erreichen konntest? Diese Frage wird sie während meiner gesamten Schulzeit bei Übungen, Klassenarbeiten und Tests immer wieder stellen: Ist das das Beste, was du erreichen konntest? Sogar wenn ich ihr stolz erzähle, dass ich zehn von zehn bekommen habe, stellt sie die Frage auf andere Weise immer wieder, bis ich ihr antworte: Ja, ich habe mein Bestes gegeben. Komisch, sie scheint mehr am Weg interessiert als an den eigentlichen Ergebnissen.

Ich treibe durch die Vorschulklassen, verstehe nicht ganz, weshalb ich von Sub B nach Sub A und in die erste Klasse versetzt worden bin, noch dazu im selben Trimester, ein Überspringen von Klassen, das sich von Trimester zu Trimester wiederholt, sodass ich innerhalb eines Jahres in der zweiten Klasse lande, und immer noch fragt meine Mutter: Ist das das Beste, was du erreichen konntest?

Ich habe keine Ahnung, was das Beste ist, das ich erreichen kann; ich weiß nur, dass ich eines Tages allein in der Gĩkũyũ-Fibel lesen kann, die wir in der Schule benutzen und die den Titel „Muthomere wa Gĩkũyũ" trägt. Einige Sätze sind leicht, wie zum Beispiel der unter einer Zeichnung, die einen Mann zeigt, mit einer Axt vor sich auf dem Boden. Er hat das Gesicht vor Schmerz zu einer Grimasse verzogen und umfasst mit beiden Händen das linke Knie, von dem Blut heruntertropft. Das Bild ist interessanter als die Worte: „Kamau etemete. Etemete Kuguru. Etemete na ithanwa!" Kamau hat sich verletzt. Er hat sich am Bein verletzt. Er hat sich mit einer Axt verletzt. Ich beschäftige mich mit langen Abschnitten, die nicht illustriert sind. Einen Abschnitt lese ich immer wieder, und eines Tages höre ich plötzlich Musik in den Wörtern:

> Gott hat den Agĩkũyũ ein schönes Land geschenkt
> Mit Wasser und Nahrung im Überfluss und üppigem Busch
> Die Agĩkũyũ sollten dem Herrn ewig danken
> Weil er sie so großzügig bedacht hat

Selbst wenn ich es nicht lese, kann ich die Musik darin hören. Die Auswahl und Abfolge der Wörter, die Kadenz; ich kann nicht einen Grund benennen, warum es mir so wunderschön erscheint und so lange im Gedächtnis geblieben ist. Ich begreife, dass geschriebene Wörter die Musik transportieren können, die ich an den erzählten Geschichten so mochte, vor allem die chorische Melodie. Und doch ist dies keine Geschichte; es ist eine beschreibende Feststellung. Es ist nicht illustriert. Es ist selbst ein Bild und gleichzeitig mehr als Bild und Beschreibung. Es ist Musik. Geschriebene Wörter können auch singen.

Und dann gerate ich eines Tages an ein Exemplar des Alten Testaments. Es kann sein, dass es Kabae gehörte, und in dem

Augenblick, in dem ich herausfinde, dass ich in der Lage bin, es zu lesen, wird es zu meinem Zauberbuch, das die Fähigkeit besitzt, mir Geschichten zu erzählen, selbst wenn ich allein bin, tagsüber und nachts. Ich muss nicht mehr auf die Abende bei Wangarĩ warten, um eine Geschichte hören zu können. Ich lese das Alte Testament überall, zu jeder Tages- und Nachtzeit, nachdem ich meine Pflichten im Haushalt erledigt habe. Die Figuren der Bibel werden meine Gefährten. Einige Geschichten sind Furcht einflößend. Wie die von Kain, der seinen Bruder Abel tötet. Eines Abends bei Wangarĩ wird diese Geschichte zum Gegenstand hitziger Diskussionen. Sie entwickelt sich in dieser Fassung ein bisschen anders als in der, in der ich sie gelesen habe, aber sie ist nicht weniger Furcht einflößend. In dieser Version wird Kain dazu verdammt, für immer und ewig durch das Universum zu ziehen. Er trägt das Mal des Bösen auf seiner Stirn und ist in der Nacht unterwegs, eine groß gewachsene Gestalt, deren Kopf den Himmel berührt. Einige Erzähler behaupten, dass sie ihm eines Nachts begegnet und in Angst und Schrecken nach Hause gerannt seien.

Auf positive Art am lebendigsten ist die Geschichte Davids. Es geht um David, der vor einem launischen König Saul Harfe spielt. Das Wechselspiel von Liebe und Hass ist kaum zu ertragen. Jahre später sollte ich mich völlig mit der Textzeile des Spirituals identifizieren: „Little David play on your harp“. Doch David, der Harfenspieler, Dichter, Sänger, ist auch ein Krieger, der mit seiner Schleuder gegen Goliath antritt. Er, der Sieger über den Riesen, ist wie der listige Hase in den Geschichten, die bei Wangarĩ erzählt wurden, der noch immer die Stärkeren austricksen konnte. Als ich später lernte, wie man aus einem Gabelzweig eine Schleuder baut, dachte ich an David, auch wenn ich nie im Krieg meinem Goliath begegnet bin. David, der Krieger-Dichter, bleibt mir als Ideal im Gedächtnis.

Einige Handlungen und Szenen sind einfach Magie in der Magie: Jonas, der von einem Wal verschlungen und dann unverletzt an einem anderen Gestade ausgespien wird; Schadrach, Meschach und Abednego, die unter Leitung eines Engels unversehrt durch ein wütendes Feuer gehen; Daniel, der die Inschrift an der Wand richtig deuten konnte – MENE, TEKEL und PERES – was zur Folge hatte, dass ich nach Inschriften auf Wänden Ausschau hielt, damit ich sie interpretieren konnte; und Daniel in der Löwengrube, der unverletzt wieder herauskommt; oder Joschua, dessen Posaunen die Mauern von Jericho zum Einsturz bringen. Einige Bilder sind sehr mächtig und bleiben mir im Gedächtnis haften. Jetzt verstehe ich, warum die Christen in Kamandũra ihre Gebete immer damit beginnen, den Gott von Abraham und Isaak anzurufen.

Nachts bin ich frustriert, weil ich im Schein einer unzuverlässigen und schirmlosen Kerosinlaterne lesen muss. Paraffin heißt Geld, und es gibt Tage, an denen kein Öl für die Lampe da ist. Meistens verlasse ich mich auf das Licht des Feuers, auch wenn man nie sagen kann, wie lange es halten wird. Das Tageslicht ist immer gut. Es erlaubt dem Zauberbuch, mir ohne Unterbrechung Geschichten zu erzählen. Es sei denn, ich muss dieser oder jener Verpflichtung nachkommen. Diese Fähigkeit, in eine Welt der Magie zu fliehen, ist es allein schon wert, in die Schule gegangen zu sein. Danke, Mutter, danke. Die Schule hat mir die Augen geöffnet. Als ich später in der Kirche die Worte „War blind und kann nun sehen“ aus der Hymne „Amazing Grace“ höre, muss ich an die Kamandũra-Schule und den Tag denken, an dem ich lesen lernte.

Nur: Warum erinnert man sich an bestimmte Ereignisse und Personen lebhaft und an andere überhaupt nicht? Wodurch ist der Verstand in der Lage auszuwählen, was er tief im Gedächtnis begraben will und wem er gestattet, an der Oberfläche zu treiben? Einige Schüler an der Kamandũra sind mir noch lebhaft im Gedächtnis. Lizzi Nyambura zum Beispiel, Kĩhĩkas Tochter, die in die fünfte Klasse ging und im Ruf stand, schlauer als die Lehrer zu sein, und Jahre später die Allererste aus dieser Region sein sollte, die am Makerere University College zugelassen wurde, um Mathematik zu studieren. Ihr Bruder Burton Kĩhĩka war der schnellste Läufer der Schule. Noch Jahre später frönte er seiner Liebe zur Geschwindigkeit und brauste auf einem Motorrad trotz mehrerer Stürze und knapp vermiedener Unfälle über die Schnellstraßen! Dann war da Njambi Kahahu, meine erste Begleiterin, die später die Alliance Girls High School besuchte und anschließend in die USA ging, heiratete und bei der Niederkunft tragisch starb! Dann gab es einen Ndũng'ũ wa Livingstone mit Hosenträgern, von denen ihm einer immer von der Schulter rutschte und lose an seiner Seite baumelte, der die einzige linierte Schiefertafel besaß und dessen Schrift immer als beispielhaft gelobt wurde. Mũmbi wa Mbero fällt mir ein, die später die Allererste war, die mit einem Motorroller durch die Stadt fuhr. Und Mary, die später Mũmbis Bruder Kĩbũthũ geheiratet hat und große Jungs im Ringen besiegte. Ich hatte Angst vor ihr, die ganze Zeit, in der ich an der Kamandũra war, ging ihr aus dem Weg und glaube nicht, dass ich auch nur ein einziges Mal mit ihr sprach. Und schließlich Wamithi wa Umarĩ (Hamisi Omari, der Jahre später Wanja geheiratet hat, eine meiner Halbschwestern) und Juma, die aus muslimischen Familien kamen und eine christliche Schule besuchten, was jedoch weder sie noch irgendjemand anderen zu stören schien.

Kinder können aber auch sehr grausam sein; unbarmherzige Tyrannen, wie es zum Beispiel bei Igogo der Fall war. Er war sehr groß, größer und älter als die anderen Kinder. Sein Name Igogo bedeutete Krähe oder Drossel. Ein paar Kinder taten sich zusammen, und wenn sie in seiner Nähe waren, krähten sie wie ein Vogel. Das machte ihn jedes Mal wütend, doch wenn er aufgebracht auf sie zurannte, stoben sie einfach in verschiedene Richtungen auseinander. Manchmal war er völlig erschöpft davon, seine Peiniger zu verfolgen, bevor er endlich beschloss, nach Hause zu gehen, eine einsame Gestalt, der einige Kinder hinter Büschen und andere in sicherer Entfernung folgten und seinen Namen in verschiedenen Tonlagen des Hohns sangen. Von den Lehrern bekam er keine Hilfe: Wie sollten sie auch den Kindern verbieten, eine Drossel nachzuahmen? Zu guter Letzt kam er nicht mehr in die Schule, und auch wenn es noch andere Gründe dafür gegeben haben mag, so war wohl diese kollektive Grausamkeit ein Faktor, der dazu beigetragen hat.

Viele Lehrer der Kamandũra sind nur noch schattenhaft in meiner Erinnerung, doch erinnere ich mich noch an Isaac Kuria mit den großen Augen, der mich als Sohn meines Vaters und nicht als Sohn meiner Mutter registrierte. Nicht zu vergessen Paul Kahahu, der später das Schicksal meiner Großfamilie beeinflusste; seine Schwester Joana, die mir dabei geholfen hat, lesen zu lernen; und Rahabu Nyokabi Kĩambati, von der auch jüngere Kinder aus unserer Familie unterrichtet wurden. Es gab einen Lehrer, er hieß Benson Kamau und trug den Spitznamen Gĩthuri, „Alter Mann", der seine Lehrstunden sang, allerdings mit Texten, die keinen Sinn ergaben: „Kühe sind Besitz, Geld ist Besitz, Ziegen sind Besitz", und das wurde durch die monotone Wiederholung immer absurder – aber es blieb haften.

An ein Ereignis denke ich immer noch mit Kummer zurück. Ich war in der ersten Klasse, als mich die Lehrerin Joana für eine Aufführung auswählte, bei der eine Schülergruppe zur Jahresabschlussfeier die Seligpreisungen aus dem Matthäus-Evangelium und eine weitere Passage aus dem Markus-Evangelium aufsagen sollten. Ich lernte alles auswendig. Es war Poesie. Es war Musik. Ich freute mich darauf. Ich träumte davon. Doch am Tag der Aufführung verspätete ich mich zu Hause und kam gerade in dem Moment dort an, als die Gruppe deklamierte: „Und sie brachten Kinder zu ihm, damit er sie anrühre. Die Jünger aber fuhren sie an. Als es aber Jesus sah, wurde er unwillig und sprach zu ihnen: Lasst die Kinder zu mir kommen und wehret ihnen nicht; denn solchen gehört das Reich Gottes.“

Hier nicht dabei gewesen zu sein, hinterließ ein Loch in mir und den Wunsch nach einer zweiten Gelegenheit, um mich von mir selbst zu erlösen. Während meiner gesamten Zeit an dieser Schule hoffte ich darauf, eine solche Gelegenheit zu bekommen.

Sie kam nie. Eines Tages teilte mir mein großer Bruder Wallace Mwangi, offensichtlich mit dem Einverständnis meiner Mutter, mit, dass ich von der Kamandũra abgehen und die Manguo besuchen sollte. Das kam sehr plötzlich und unerwartet. Es war Ende 1948, und ich war nur zwei Jahre, genauer gesagt anderthalb Jahre, an der Kamandũra gewesen, weil ich erst im letzten Quartal 1947 dort aufgenommen worden war. Ich hatte viele Fragen, aber mir war klar, dass damit eine wichtige Zeit in meinem Leben zu Ende ging. Das Wechselspiel von Traum und Wirklichkeit während meiner Zeit an der Kamandũra war vorbei, doch sollte ich für immer die Erinnerung an den Zauber, lesen zu lernen, in mir tragen, und auch die Erinnerung an den Verlust. Vielleicht würde die unbekannte Manguo weiteren Zauber zu dem des Lesens hinzufügen und den Schmerz des Verlusts lindern, aber ich bezweifelte, dass sie die Lücke je füllen könnte.

Die Manguo war nicht weit entfernt. Die Schule stand auf dem Hang gegenüber von unserem Haus, dem Gehöft meines Vaters; man lief von unserem Hügel in ein enges Tal nahe der Manguo-Sümpfe hinab, und dann am Kĩeya-Hügel den nächsten Hang wieder hinauf zum Schulgelände. Die geringere Entfernung und die Nachricht, dass mein kleiner Bruder auch die Manguo besuchen würde, reichten, um mich aufzumuntern, und ich begann, mich über den Wechsel zu freuen.

Zu Njinjũ hatte ich ein besonderes Verhältnis, und das blieb auch so, nachdem ich erkannt hatte, dass meine Tränen nichts damit zu tun gehabt hatten, dass er auf die Welt gekommen war. Doch die geschwisterliche Rivalität um die Zuwendung unserer Mutter schuf ständig neue Unruhe. Wenn wir in ihrem Bett schliefen, rangelten wir darum, wer an Mutters Brust schlafen durfte. Anderseits wechselten die Augenblicke der Spannung immer wieder mit solchen ungeheurer Zuneigung, in denen wir alles miteinander teilten, eine Banane, eine Süßkartoffel, und abwechselnd von ihnen abbissen. Doch wenige Tage später hagelte es Anschuldigungen und Gegenvorwürfe, wer denn nun mehr abgebissen hatte oder wer gemein gewesen war; Mutter regelte das, indem sie uns immer wieder ermahnte, als Brüder lieb zueinander zu sein, und jedes Mal folgte ein Vortrag darüber, wie wichtig der Zusammenhalt einer Familie sei. Sie brauchte uns nicht zu überzeugen: Wir waren gleichzeitig Brüder und die besten Freunde.

Einmal, es war kurz nach dem Wechsel an die Manguo, sprang ich über einen niedrigen Stacheldrahtzaun, der die Schule umgab. Ein Stachel verfing sich am Spann meines linken Fußes und schnitt tief ins Fleisch. Etwas später schwoll er an und tat so weh, dass ich nicht mehr laufen konnte. Es gab keine Klinik in der Nähe und einen Arzt konnten wir nicht bezahlen. Meine Mutter wusch die Wunde einfach immer wieder mit Salzwasser aus. Mein Bruder karrte mich in der Schubkarre buchstäblich von einem Ort zum anderen. Irgendwie fing ich nach langen Wochen, in denen meine Mutter den Fuß gepflegt hatte, wieder zu laufen an. Bis heute habe ich dort eine fast drei Zentimeter lange Narbe. Und in mir große Dankbarkeit, weil ich Jahre später erfuhr, dass ein Kind wegen einer Blutvergiftung in einer ähnlichen Wunde gestorben war.

Diese Erinnerung und meine Zuneigung zu Njinjũ bekamen einen Anflug von Schuld, wenn ich an meine neue Kleidung dachte. Ich hatte mich daran gewöhnt, in der Schule Khaki-Shorts zu tragen, auch wenn ich zu Hause weiterhin mein traditionelles, frei fallendes Gewand anhatte, das an der rechten Schulter zusammengeknotet war, und wie Njinjũ nur selten Shorts darunter trug. Mein Bruder und ich waren inzwischen unzertrennlich. Ich versuchte ihm oft beizubringen, was ich in der Schule gelernt hatte, aber er wehrte sich dagegen, vor allem, weil er selbst bald in die Schule gehen und von richtigen Lehrern lernen sollte, wie ich vor ihm. Er wollte als Gleicher behandelt werden; ich wollte einen kleinen Bruder, der zu mir aufsah.

An einem Wochenende, als auf dem Gelände der Limuru Bata Shoe Company Sportwettkämpfe stattfanden, durfte ich meine Schuluniform anziehen. Mein Bruder, der noch nicht zur Schule ging und deshalb auch keine Schuluniform hatte, zog einfach Shorts an und verknotete sein Gewand. Sportveranstaltungen machten immer viel Spaß. Am meisten mochte ich die Wettrennen, vor allem über lange Strecken, über eine Meile oder mehr, weil mich die Tempo- und Taktikwechsel faszinierten. Mehrere Wettläufer starteten gleichzeitig. Dann setzten sich einige ab, und gegen Ende lösten sich zwei oder drei von den anderen und kämpften miteinander, wer als Erster das Zielband durchriss. Auf den langen Strecken wechselten die Führenden immer wieder, einige kamen von ganz weit hinten, überholten und überrundeten andere sogar. Meinem Bruder und mir machte es großen Spaß, um den Sportplatz herumzuschlendern und durch die Menge zu gehen. Plötzlich sah ich einige Mitschüler, die ich nicht sonderlich gut kannte, auf mich zukommen und erst jetzt wurde mir bewusst, dass mein Bruder sein traditionelles Gewand anhatte.

Die Verlegenheit, die langsam in meine Wahrnehmung der Welt um mich herum eingedrungen war, seit ich neue Kleider trug, wenn ich zur Schule ging, kam in mir hoch. Panik packte mich. Ich fragte meinen Bruder, ob wir nicht zwei unterschiedliche Wege um den Sportplatz nehmen wollten, und wer zuerst ankam, war Sieger. Wir machten oft solche freundschaftlichen Wettkämpfe, und er nahm die Herausforderung bereitwillig an. Ich ging an den anderen uniformierten Schülern vorbei. Sie sahen mich nicht ein einziges Mal an, beachteten mich gar nicht. Schließlich war ich neu an der Schule. Als mein Bruder und ich wieder zusammenkamen, tat es mir bereits leid, während er vor Freude glühte, weil er mich geschlagen hatte. Mein Verhalten verdarb mir den restlichen Tag. Vielleicht wäre es mir leichter gefallen, meine missliche Lage zu ertragen, wenn ich mit meinem Bruder darüber gesprochen hätte. Das tat ich aber nicht, und so blieb ich in ihr gefangen und kam nicht heraus. Das Problem waren, so wurde mir klar, nicht mein Bruder oder die anderen Jungs, sondern ich selbst. Es steckte in mir. Ich hatte das Gespür dafür verloren, wer ich war und woher ich kam. An sich selbst zu glauben, ist wichtiger als endlose Zweifel daran, was andere von dir halten. Achte dich selbst, und andere werden dich achten. Was von innen kommt, ist am besten. Wenn ich später Probleme hatte, half mir dieser Gedanke immer, meinem eigenen Willen und meinen Entschlüssen zu vertrauen, selbst wenn andere ihnen skeptisch gegenüberstanden. Und was wichtiger war, es machte mir klar, dass Bildung und Lebensweise das Urteilsvermögen negativ beeinflussen und Menschen voneinander trennen konnten.

Um es wieder gutzumachen, fühlte ich mich meinem kleinen Bruder noch näher und beschützte ihn noch mehr. Und ich freute mich auf den Tag, an dem er ebenfalls die Manguo besuchen würde. Ich wollte dafür sorgen, dass sich nie etwas zwischen uns stellte.

Wir hatten noch nicht einmal zwei Trimester an der neuen Schule hinter uns, als die Versuchung in Form eines Zuges meine Hingabe an das Lernen auf den Prüfstand stellte.

Eines Abends teilte meine Mutter meinem kleinen Bruder und mir mit, dass sie für einige Tage fort sein würde. Sie wollte nach Elburgon im Rift Valley reisen, das wir Warubaga nannten, um meine Großmutter Gathoni, ihren Onkel Daudi Gatune und ihre Schwester Auntie Wanjirũ zu besuchen. Die anderen Frauen würden sich um uns kümmern und wir sollten ihr versprechen, uns ordentlich zu benehmen, während sie fort war. Diese Entscheidung kam plötzlich, und meine Mutter schien die bevorstehende Reise mehr zu fürchten, als dass sie sich darauf freute.

Ich hatte schon gehört, dass meine Großmutter mütterlicherseits weit weg bei Auntie Wanjirũ wohnte. Für mich waren sie allerdings nichts weiter als Namen, weil ich ihnen noch nie leibhaftig begegnet war oder mich zumindest nicht daran erinnern konnte. In dem Augenblick aber, in dem meine Mutter hinzufügte, dass sie mit dem Zug reisen würde, veränderte sich die Lage dramatisch. Wir wollten beide mit. Du kannst uns hier nicht allein zurücklassen, quengelten wir. Wir waren aber mitten im Schuljahr, und mein kleiner Bruder war gerade erst in die Schule gekommen. Ja, aber Mutter, du kannst uns nicht allein lassen. Ich kann auf eure Tränen verzichten, sagte sie schließlich. Ihr habt die Wahl, ob ihr von der Schule abgehen und mitkommen wollt. Ihr habt drei Tage Zeit, es euch zu überlegen!

Die Eisenbahnlinie, mit der 1896 in Kilindini, Mombasa, begonnen worden war, und die, durch das kenianische Kernland führend, im Dezember 1901 Kisumu erreichte, hatte nicht nur die europäischen Siedler mitgebracht, sondern auch indische Arbeiter, von denen einige in den wichtigsten Baulagern, die später zu Städten an der Eisenbahnlinie aufblühen sollten, Läden eröffneten. Gleichzeitig machte die Eisenbahn aus dem afrikanischen Bauern, der sein Land verloren hatte, einen Arbeiter, der nur noch die Kraft seiner Hände besaß, die er dem weißen Siedler für einen Hungerlohn anbot, wenn dieser seine Arbeitskraft nicht ohnehin gewaltsam rekrutierte. Oder er vermietete sich an den indischen „dukawallah" oder Ladenbesitzer. Das Land, das einst den Afrikanern gehört hatte, wurde unterteilt in die den Europäern vorbehaltenen White Highlands, das Land der Krone, das vom Kolonialstaat im Namen des britischen Königs in Besitz genommen worden war, und in die Reservate für die Afrikaner. Die Inder, denen der Besitz von Land verboten war, wurden Kaufleute in den größeren und kleinen Städten entlang der Eisenbahnlinie zwischen Mombasa und Kisumu. Die Eisenbahnlinie war die Verbindung zwischen diesen beiden Städten, lange Zeit bevor die von den Bonos gebaute Straße zur Konkurrenz wurde. Es war dieselbe Eisenbahnlinie, die einst meinen Vater und seinen älteren Bruder in Angst und Schrecken versetzt hatte. Inzwischen aber war sie zu einem so alltäglichen Bestandteil der Landschaft geworden, dass meine Mutter beschloss, den Zug zu nehmen, während wir ein solches Theater machten, weil wir unbedingt mitfahren wollten.

Den Reiz, den dieser Sonntagszug von Mombasa nach Kisumu oder Kampala hatte, kann ich kaum beschreiben. Er hielt immer in Limuru, wo der Bahnhof am 10. November 1899 eröffnet worden war. Gewöhnlich kam der Zug mittags. Europäer und Inder versammelten sich, um Verwandte abzuholen und anderen Auf Wiedersehen zu sagen. Auch ein paar Afrikaner taten das. Doch die meisten Afrikaner kamen einfach, um den Zug ankommen und abfahren zu sehen; die Jugendlichen trafen sich und lungerten auf dem Bahnsteig herum. Das Pfeifen des Zuges war bis zu unserem Gehöft zu hören, und wenn man sich oben auf den Müllberg stellte, konnte man auch den Rauch sehen, wie er in den Himmel stieg. Jeden neuen Sonntag nach dem Aufstehen putzten sich meine älteren Brüder und Schwestern heraus. Nicht zum Kirchgang oder für irgendwelche Feste, sondern für den Zug. Einige saßen in kleinen Gruppen im riesigen Hof und fuhrwerkten einander in den Haaren herum, während andere sich in Schüsseln die Füße wuschen und die Nägel und Fersen mit Bimsstein schmirgelten. Das ganze Gehöft war ein Gewirr lärmender Aktivitäten, weil manchmal auch Freunde aus den umliegenden Dörfern vorbeischauten, um die anderen zur Parade auf dem Bahnsteig abzuholen.

Einen Sonntag werde ich nie vergessen. Meine Brüder und Schwestern waren wie immer frühzeitig mit ihren Waschungen und Vorbereitungen fertig. Sie hatten sich aber in der Zeit verschätzt. Plötzlich hörten sie den Zug pfeifen, der sich dem Bahnhof näherte. Wir werden den Zug verpassen!, tönte es laut kreischend durcheinander. In Sekundenschnelle waren alle auf den Beinen und rannten den Hang hinunter, als nähmen sie an einem Leichtathletikwettkampf teil. Meine Schwestern Gathoni, Kageci und Nyagaki mit ihren Freundinnen Wamaitha und Nyagiko; meine Halbbrüder Kangi, Mbici und Mwangi wa Gacoki, der Längste unter meinen Geschwistern, und noch andere rannten, als ginge es um ihr Leben. Mein kleiner Bruder, ich und die Geschwister in unserem Alter – Wanja, Wanjirũ wa Njeri, Gakuha, Gacungwa – standen auf dem Müllhaufen und hatten unsere Freude an diesem Wettrennen zum Bahnsteig des Bahnhofs von Limuru.

Als wir Minuten später den Zug aus dem Bahnhof fahren hörten, stimmten wir das Lied an, von dem wir glaubten, dass der Zug es sang: NACH U-GAN-DA, NACH U-GAN-DA, und der Zug schien unser Lied und unser Tänzchen mit einem besonders langen Pfiff und zusätzlichem Rauch zu belohnen, den er in den Himmel blies.

Ich war noch nie auf dem Bahnsteig gewesen und Zeuge der Verzauberung durch den Zug geworden, aber wir hatten natürlich verlockende Geschichten darüber gehört. Der Personenzug war in Sektionen unterteilt: die erste Klasse war nur für Europäer, die zweite Klasse nur für Inder und die dritte Klasse für Afrikaner. Ich wollte unbedingt dorthin, um alles mit eigenen Augen zu sehen. Und nun gab es endlich die Gelegenheit, nicht bloß auf dem Bahnsteig zu stehen und dem davonfahrenden Zug nachzustarren, sondern selbst Reisender zu werden. Warum sollte ich zulassen, dass sich die Schule und der Pakt mit meiner Mutter da hineindrängten?

Wie angekündigt stellte sie uns am dritten Tag erneut die Frage und wartete auf unsere Entscheidung. Mein kleiner Bruder antwortete unverzüglich. Er wollte mit dem Zug fahren und hinterher wieder in die Schule gehen. Jetzt war ich dran. Wollte ich meinem kleinen Bruder den Vortritt lassen, sodass er als Erster den Zauber des Zuges erlebte? Aber wie sollte ich andererseits von der Schule abgehen und damit leben? Ich wünschte mir, dass meine Mutter für mich entscheidet. Sie übte keinerlei Druck aus, weder in die eine noch in die andere Richtung. Die Wahl lag allein bei mir. Tränen liefen mir über das Gesicht. Ich konnte mich nicht überwinden, den Pakt mit meiner Mutter zu brechen. Ich konnte meine Träume nicht aufgeben. Der Zug würde ohne mich fahren müssen!

In dieser Phase meines Lebens lebte ich in einem sozialen Raum, der von Kahahus Anwesen, Baba Mũkũrũs Gehöft und dem Grundstück meines Vaters begrenzt wurde. Diese drei Haushalte grenzten aneinander, auch wenn sich Baba Mũkũrũs

Haus ein paar Meter jenseits der Grenzen von Kahahus Land befand. Und obwohl sie niemals unüberwindbare Mauern zwischen einander errichten konnten, standen diese drei Schaltstellen für drei verschiedene Modelle von Modernität und Tradition.

Die Modernität Lord Reverend Kahahus war in allem sichtbar. Er hatte eine umfassende Bildung durchlaufen, war zum Prediger ausgebildet worden, und alle seine Kinder gingen zur Schule, zwei von ihnen, Joana und Paul, wurden Lehrer. Er trug stets den weißen Kragen seines Berufsstandes als Prediger; die ganze Familie war immer in Kleider und Anzüge gekleidet. Er war der Erste, der Chrysanthemen anbaute und einen Hain mit Pflaumenbäumen anlegte, der Erste, der einen von Ochsen gezogenen Planwagen hatte und Karren, vor die Esel gespannt wurden. Er war auch der Erste, der mit Pflügen ackerte, die von Maultieren gezogen wurden, hinter denen ein Pflüger herging, und der Erste, der ein Auto und später auch einen Lastwagen besaß. Edward Matumbĩ, sein jüngerer Bruder, gründete die erste rein afrikanische Sägemühle in der Region. Lord Reverend Stanley Kahahu verkörperte Modernität durch und durch, persönlich und durch seine Familie.

Trotzdem blieb mir ihr Haus ein Geheimnis. Weiter als bis zu den äußeren Toren war ich nie gekommen. Ein dichter Pinienwald umgab das Anwesen, und ich konnte nur durch Lücken zwischen den Bäumen ab und zu einen flüchtigen Blick auf das Haus werfen. Das änderte sich jedoch, als seine Frau Lillian eines Tages die Kinder der Familien, die auf ihrem Land arbeiteten, zu einer Weihnachtsfeier einlud.

Wir feierten Weihnachten, ob wir Christen waren oder nicht. Am Weihnachtsabend zogen Kinder, junge Männer und Frauen, Paraffinlaternen mit Glasschirmen in den Händen, im Dunkeln von Haus zu Haus und sangen Weihnachtslieder. Am richtigen Weihnachtstag wartete man nicht etwa ab, bis man auf Tee und selbstgemachte Parathas zum Nachbarn eingeladen wurde. Alle Häuser standen vorüberkommenden Gästen offen, mit Ausnahme derer, die sich wie die Kahahus als modern betrachteten. In den meisten Häusern gab es ähnliche Gerichte: eine vegetarische Currybrühe mit Kartoffeln und Bohnen oder Erbsen. Oft hatte man keine Wahl. Wenn es sich eine Familie leisten konnte, reicherte sie den Curry mit Hühnchen, Rind oder Lamm an. Die meisten Familien konnten sich das Brot aus den indischen Läden nicht kaufen. Aber Parathas konnten sie selbst hervorragend backen. Ein paar Pfund Weizenmehl ergaben eine große Menge dieser flachen Brote. Wir stopften uns damit voll, und für mich hatte Weihnachten immer mit Parathas und Curry zu tun. Es war für alle eine festliche Zeit; da gab es keine besonderen Feiern für Kinder. Es war also etwas Neues in unserem Leben, zu einer Kinderweihnachtsfeier eingeladen zu werden, noch dazu in das geheimnisvolle Haus unseres Grundbesitzers. Wir gaben uns alle Mühe, so gut wie möglich auszusehen. Das geschah Jahre, bevor ich davon träumte, in die Schule zu gehen und Shorts und Hemd tragen zu können. Mein kleiner Bruder und ich liefen immer noch in unserem Tuchgewand herum, aber Mutter achtete darauf, dass wir sauber waren.

Wir warfen uns ständig verstohlene Blicke zu und sogen die fremden Eindrücke förmlich in uns auf. Alles war eine regelrechte Offenbarung. Dieses riesige Anwesen mit einem Rasen, der gemäht und getrimmt worden war, mit geraden Wegen dazwischen, die die verschiedenen Gebäude miteinander verbanden, war ganz anders als unser Hof aus Sand und Staub. Das Haupthaus war ein viereckiges Gebäude mit dicken Holzmauern und einem Wellblechdach; mit Dachrinnen, durch die das Wasser in Regentonnen an den Ecken floss. Abseits des Haupthauses stand die Küche, die ähnlich, nur kleiner gebaut war, und bei der das Wasser in einer kleineren Tonne aufgefangen wurde. Ich war ein wenig enttäuscht, dass die Feier in der Küche und nicht im großen Haus stattfand, auch wenn die

Küche sehr geräumig war, doch machte der Berg von Marmeladen-Sandwiches in großen Schalen die Nachteile des Ortes mehr als wett.

Ich glaubte, dass man uns nach der langen Einleitung zur Begrüßung und dem Vortrag über die Bedeutung des Weihnachtsfestes sofort den Tee und die schimmernden Weißbrotscheiben reichen würde. Stattdessen befahl man uns, die Augen zum Gebet zu schließen. Mein Bruder und ich hatten noch nie vorher gebetet, schon gar nicht vor dem Essen. Essen war zum Essen da, nicht um darüber Gebete zu sprechen. Und warum sollten wir die Augen zumachen? Lillian begann, was sich für mich wie ein endloser, an Gott gerichteter Monolog anhörte. Mittendrin machte ich die Augen auf und schielte zu dem Berg mit Broten hinüber. Ich sah, dass mein Bruder dasselbe tat. Schnell schloss ich meine wieder, riskierte aber nach einer Weile erneut einen Blick und erwischte meinen Bruder dabei, dass er dasselbe tat. Wir wussten beide genau, was der andere von dem endlosen Gebet hielt, das zwischen uns und dem Essen stand. Wir konnten nicht anders. Wir mussten kichern. Lillian fand das nicht lustig.

Ihr Blick war kalt, ihr Ton eisig, als sie meinem Bruder und mir jetzt einen strengen Vortrag über christliches Benehmen hielt. Ihre Kinder waren christlich erzogen und hätten niemals getan, was wir im Angesicht Gottes gemacht hatten, und wenn doch, dann hätte sie ihnen für mehrere Tage verboten, diese Brote oder irgendetwas anderes zu essen. Uns aber wollte sie vergeben, weil wir es nicht besser wussten, denn wir waren schließlich Heiden. Die Augen aller Kinder, einschließlich die von Njambi und Njimi, waren auf uns gerichtet. Die Lust auf die Brote verschwand. Gedemütigt stand ich auf und ging. Mein Bruder folgte mir, griff sich aber schnell noch einige Brote.

Auf Lillian wütend zu sein, verschaffte mir keine Erleichterung, weil ich mich tief im Innern für unser Benehmen schämte. Heiden oder nicht, was mein Bruder und ich getan hatten, war unschicklich gewesen. Außerdem erinnerte ich mich noch gut an Lord Kahahus großzügigen Beitrag zur Heilung meiner Augeninfektion. Meine Mutter war ähnlicher Ansicht. Während sie uns für unser Benehmen tadelte, stellte sie aber auch klar, dass es nichts damit zu tun hatte, dass wir keine Christen waren. Sie schien auch einen Unterschied zwischen Lillian und ihrem Mann zu machen und machte mir Mut, den beleidigenden Satz, „nicht christlich erzogen worden zu sein", einfach zu vergessen. Diese Worte wollten jedoch nicht verschwinden. Sie waren mir ins Gedächtnis geschrieben, und ich sollte sie nach einem Streit zwischen Kahahu und Baba Mũkũrũ ein weiteres Mal zu hören bekommen.

Baba Mũkũrũs Hausstand war das völlige Gegenteil von Kahahus. Er vertraute ebenso sehr auf seine Vorfahren wie Kahahu auf seine christlichen Ahnen. Die Tradition war ihm heilig. Er und seine Kinder befolgten alle Übergangsriten, und zwar nicht nur die Initiationen in einen neuen Lebensabschnitt, sondern auch alle Formen der gesellschaftlichen Erziehung. In seinem Haus erlebte ich einmal die Zeremonie einer Wiedergeburt.

Nyakanini, „die Kleine", wie man sie zärtlich nannte, war das letztgeborene Kind von Baba Mũkũrũ und seiner Zweitfrau Mbũthũ. Sie war wesentlich jünger als ich. Als sie ungefähr sechs war, legte man sie in fötaler Stellung zwischen die Beine ihrer Mutter. Unter dem Gesang aus dem Halbkreis eines Frauenchores wiederholte Mbũthũ nun Schwangerschaft und Geburt. Die Chormitglieder waren gleichzeitig teilnehmende Zeuginnen. Einige spielten Hebamme und halfen Nyakanini ein zweites Mal auf die Welt. Gĩtiro war eine poetische, opernhafte Mischung aus Improvisation, Ruf-und-Antwort, Forderung und Widerspruch, Erzählung über Konflikt und Versöhnung. Baba Mũkũrũ brachte ein Trankopfer für die Ahnengeister, damit sie den Lebenden und der gerade Wiedergeborenen beistanden. Nyakaninis Mutter Mbũthũ fütterte symbolisch das Neugeborene. Wieder erlebten wir in Gesang und Tanz, wie das Kind vom Babyalter bis zur Pubertät heranwuchs. In dieser Darstellung folgte Nyakanini ihrer Mutter buchstäblich auf die Felder, wo sie gemeinsam Gemüse pflückten und Kartoffeln lasen. Der Chor begleitete sie nicht, aber als Mutter und Tochter mit ihrer symbolischen Ernte zurückkehrten, wurden sie mit Jubel begrüßt. Obwohl das eigentliche Kochen schon getan war, wiederholten sie mit dem, was sie von den Feldern mitgebracht hatten, die Zubereitung. Nyakanini tat alles so, wie ihre Mutter es machte, und sie war es dann auch, die mit der Verteilung des bereits Gekochten begann. Sie gab ihrer Mutter und dem Chor ein wenig davon, womit sie andeutete, dass sie erfolgreich aus dem Babyalter in das jugendliche Alter übergewechselt war. Ein Junge wäre seinem Vater zu den Weideplätzen gefolgt und hätte etwas Milch heimgebracht. Am Ende des Rituals war Nyakanini ein Kind, das dem Erwachsenenalter entgegenging, und dann würde sie die Initiationsriten der Beschneidung durchlaufen. Zu guter Letzt wurde ein Fest gefeiert, für das junge Mädchen, das nach der Wiedergeburt aus ihr geworden war.

Baba Mũkũrũ fand diese Bildung ausreichend und erlaubte keinem seiner Kinder, die Missionsschule zu besuchen, von Gottesdiensten ganz zu schweigen, auch wenn die Ironie es so wollte, dass eine Tochter, die er mit seiner Erstfrau hatte, einen zum Islam konvertierten Mũgĩkũyũ heiratete, und er einen Sohn im Zweiten Weltkrieg, dem modernsten aller Kriege, verlor. Eine zweite Tochter mit dem Spitznamen Macani, „Teeblätter", die nicht zur Schule gegangen war, trug moderne Kleider im Stil westlicher Mode; sie gehörte zu den wenigen, die sich ihm offen widersetzen konnten, ohne schlimme Auswirkungen befürchten zu müssen. Zu der Zeit aber hatten sich ihre Mutter und Baba Mũkũrũ bereits getrennt.

Er wollte nie auch nur das Geringste mit den Kahahus zu tun haben, die für ihn Abkehr und Verrat von Traditionen verkörperten. Und wenn einige seiner Töchter, deren Schönheit bei den jungen Männern Thema war, auf Lord Reverend Kahahus Chrysanthemenfeldern arbeiteten, dann taten sie das heimlich. Er hätte ihnen eher gestattet, auf den Teeplantagen zu arbeiten, die den Europäern gehörten, als auf den Feldern eines Renegaten.

Zu seinem Unglück entspann sich zwischen seiner Tochter Wambũi und Kahahus ältestem Sohn Paul eine Romeo-und-Julia-Geschichte. Wie sein Vater vor ihm hatte Paul die Mambere besucht, eine Grundschule der Church of Scotland Mission in Thogoto, Kikuyu, und arbeitete als Lehrer an der Kamandũra. Wambũi und er hatten ein heimliches Verhältnis, das durch ihre Schwangerschaft ans Licht kam. Baba Mũkũrũ hielt sich an den Brauch und schickte eine Abordnung Ältester zu Kahahus Haus, um die Angelegenheit zu verhandeln. Die Kahahus ließen sie nicht ein: Unser Sohn ist christlich erzogen und würde so etwas niemals machen, zitierte man Lillian. Wieso, fragte Lillian mit beißendem Sarkasmus, seid ihr Leute nicht in der Lage, eure Kinder so aufzuziehen, wie wir unsere großgezogen haben? Baba Mũkũrũ war verletzt; er war wütend auf die Kahahu-Familie, weil sie ihren Sohn bei seiner Weigerung, Verantwortung zu übernehmen, unterstützten, und er schwor, die Angelegenheit weiterzuverfolgen, auch wenn das bedeutete, vor den Toren der Kirche zu protestieren, in der Reverend Kahahu sonntags predigte und der Sohn an Werktagen unterrichtete. Bevor aber Baba Mũkũrũ seine Drohungen wahr machen konnte, schickte die Kahahu-Familie Paul an eine Schule in Südafrika. Die Angelegenheit wurde nie geklärt, doch das Mädchen, das Wambũi zur Welt brachte, war Paul Kahahu wie aus dem Gesicht geschnitten. Dieses wunderbare kleine Mädchen, das die beiden Familien verband, wurde von beiden Oberhäuptern abgelehnt. Pauls Flucht nach Südafrika aber hatte die unbeabsichtigte Wirkung, dass Bildung im Ausland in unserer Region mit einem Mal als wünschenswert und als machbar angesehen wurde. Sie brachte uns Südafrika näher und förderte Kahahus Ruf, fortschrittlich zu sein.

Da mein Vater sich von den Ritualen der Tradition sowie des Christentums fernhielt und sich ebenfalls als modern bezeichnete, benahm er sich Baba Mũkũrũ und Lord Reverend Stanley gegenüber gleichermaßen arrogant. Seine Einstellung zu seinem Bruder mag darin begründet gewesen sein, dass er in der großen Stadt mit dem Weißen zu tun gehabt hatte, als dessen Diener er dort arbeitete. Kahahu gegenüber betrachtete sich mein Vater nach wie vor als rechtmäßiger Besitzer des Landes, das Kahahu sich erschlichen hatte, und sah folglich in den Predigten des Reverends nichts als Heuchelei. Selbst die Nachricht, dass Paul Kahahu nach Südafrika ging, ließ meinen Vater kalt, der, obwohl er Bildung nicht gerade aktiv unterstützte, immerhin einen Sohn vorweisen konnte, der im Ausland gewesen war und Bildung mitgebracht hatte.

Ich lernte von Lord Reverend Kahahu, den Fortschritt zu bewundern; von Baba Mũkũrũ erfuhr ich die Werte der Tradition; und von meinem Vater eine gesunde Skepsis beiden gegenüber. Aber die darstellerischen Aspekte von Christentum und Tradition sprachen mich immer an.

Mein Vater war in der ganzen Region für seinen ausgezeichneten „mũratina“ bekannt, einen selbst gemachten Wein, den er aus einer Mischung aus dem reinsten Zuckerrohr, das er anbaute, gehaltvollem Honig und der feinsten natürlichen Hefe herstellte und in Kalebassen lagerte, die herrlich geformt und mit Schnitzereien verziert waren. Er hatte eine erstaunliche Disziplin in der Einteilung seiner Zeit entwickelt. An Arbeitstagen trank er keinen Schluck. Und wer für das Wochenende eine Einladung zum Wein erhielt, musste gegenüber seinen Frauen und Kindern Respekt zeigen. Wer sich daneben benahm, den schickte er fort. Er war ein geachteter Patriarch und erlaubte zugleich, dass seine Frauen ihren eigenen Haushalten vorstanden.

Für mich stellte sich das Patriarchentum meines Vaters in zwei unterschiedlichen Phasen dar. Ich hatte aus früher Kindheit eine dunkle Erinnerung an seinen Kral, einen großen Platz, der von einem Holzzaun umgeben war, vor dem eine Hecke aus Dornenbüschen wuchs; das Bild, wie er abends nach Hause kam, seine große Rinderherde in den riesigen Kral trieb, manchmal mit Hilfe der älteren Söhne oder einer seiner Frauen, und anschließend, nachdem er die Herde sicher verwahrt hatte, zu seiner Thingira ging, die in gleicher Entfernung zu den Hütten seiner vier Frauen stand. Er achtete darauf, keinerlei Vorliebe für eine der Hütten zu zeigen. Wenn die Frauen ihm Essen brachten, lud er uns Kinder ein. Wir mochten dieses tägliche Festmahl. Er war kein großartiger Geschichtenerzähler, achtete aber darauf, uns gute Essmanieren beizubringen. So durfte man nicht mehr abbeißen, als man kauen konnte, und nicht schlucken, was nur hastig gekaut war. Lass dir Zeit, das Essen läuft nicht davon. Manchmal kamen andere Älteste zu Besuch, um sich mit ihm über wichtige Tagesangelegenheiten zu beraten. Mein Vater hatte ein wunderbares Lächeln; allerdings konnte sein Lachen auch ironisch sein, es klang manchmal sogar drohend, wenn er auf Dinge reagierte, mit denen er nicht einverstanden war.

Obwohl mir nie ganz klar wurde, wodurch die Veränderung zustande kam, folgte die zweite Phase, nachdem mein Vater von den Feldern um sein Gehöft herum vertrieben worden war. Seine Hütte blieb jetzt meist unbenutzt, und wir aßen auch nicht mehr mit ihm gemeinsam. Die Frauen brachten ihm zwar weiterhin sein Essen, gingen jetzt aber bis zum Rand des Gummibaum- und Eukalyptuswaldes meines Großvaters mütterlicherseits, ganz in der Nähe der Läden des afrikanischen Marktes von Limuru. Unmittelbar neben seinem Besitz wurde eine neue Thingira gebaut. Sie war ziemlich weit vom alten Gehöft entfernt. Er kam meist samstags oder sonntags nach Hause, wenn er Mũratina hatte, den er mit seinen Freunden teilen wollte. Wenn er über Nacht blieb, schlief er in der Hütte einer seiner Frauen.

Ich hatte mir immer gewünscht, beim Hüten helfen zu dürfen wie die älteren Jungen, aber er hat mich nie gefragt. Einmal, lange bevor ich mit der Schule anfing, habe ich einen der Hütejungen, meinen Halbbruder Njinjũ wa Njeri, zum neuen Wohnsitz meines Vaters begleitet. Inmitten der Gummi- und Eukalyptusbäume verbrannten die Inder ihre Toten. Meine Mutter sagte, dass man, wenn man sich bei uns zu Hause auf den Müllhaufen stellte, die indischen Geister mit einem Licht umhergehen sehen konnte. Hast du die Geister selbst gesehen? Ja, antwortete sie, und beschrieb, wie sie manchmal in der Nacht das winzige Licht gesehen hatte, das sich in der Finsternis hin und her bewegte. Wenn wir weitere Einzelheiten wissen wollten und fragten, ob sie wirklich die Leiber der Geister gesehen habe, brach sie die Unterhaltung ab und war ein wenig verwirrt darüber, dass wir den Wahrheitsgehalt der Erzählung eines Augenzeugen anzweifelten. Sie sprach im Brustton der Überzeugung, als beschriebe sie eine Begegnung auf dem Markt. Auch wenn ich ihr nicht ganz glaubte, fürchtete ich mich ein bisschen vor diesem Ort. Das Gelände war riesig; die Bäume hoch, das Unterholz an manchen Stellen dicht, und ich vermutete, dass der seltsame Geruch, der von den Bäumen und dem Unterholz ausging, tatsächlich vom verbrannten Fleisch der verstorbenen Inder kam. Die Rinder und Ziegen liefen überall frei herum, blieben meist aber am Waldrand, wo es breite Streifen baumfreien Geländes gab. War ein Markttag zu Ende, ließ mein Halbbruder die Herden über den afrikanischen Markt ziehen und manchmal sogar das hohe Gras hinter den Ständen fressen. Die Besitzer hatten nichts dagegen, weil es ihnen das Mähen ersparte. In der Nähe des neuen Krals meines Vaters führte ein Weg durch den Wald zum Bahnhof und zum Markt in Limuru. Mein Halbbruder hielt einige vorbeikommende Mädchen auf und machte sie an, indem er sie aufforderte, „es meinem Bruder zu geben". Er deutete auf mich und schwor, dass ich es sehr gut zu machen verstand. Die Mädchen lächelten und gingen weiter oder beschimpften ihn. Ich hatte keine Ahnung, was er mit seinen Worten meinte oder was die Erwiderungen der Mädchen bedeuteten. Was es auch war, es war ein gutes Gefühl, so herumzuhängen oder den Wald zu erkunden und sich keine besonderen Gedanken machen zu müssen, wo die Ziegen und Rinder waren, und sie erst abends zusammenzutreiben, sie zurück zum Kral zu bringen und einzusperren. Wenn ich groß wäre, überlegte ich mir, wollte ich meinen Vater bitten, sein ständiger Hilfshirte sein zu dürfen, damit ich lernte, die Kühe zu melken und wie mein Halbbruder die Mädchen anzusprechen.

Ich bekam aber nie Gelegenheit dazu. Nicht nur, weil ich in die Schule ging, sondern weil das Unglück zuschlug. Seine Ziegen und Kühe bekamen eine seltsame Krankheit. Ihre Bäuche schwollen an, dann bekamen sie Durchfall und starben. Traditionelles medizinisches Können konnte nichts dagegen ausrichten. Damals gab es auch keine tierärztliche Versorgung für afrikanische Bauern. Die Tiere starben eines nach dem anderen. Es gab Gerüchte, dass seine Ziegen und Rinder sich einmal hinter einem Teestand auf dem afrikanischen Markt herumgetrieben und einige Kleidungsstücke gefressen hatten, die zum Trocknen an der Leine hingen, und das saubere Wasser aus dem Tank getrunken hatten. Der wütende Besitzer der Kleider hätte später aus Rache Gras und Wasser vergiftet.

Was daran auch stimmte oder nicht, die Katastrophe, die meinen Vater heimsuchte, war immer wieder Thema in den Auseinandersetzungen zwischen den Befürwortern der Aufbewahrung von Geld in einer Bank und jenen, die behaupteten, Vieh sei der einzig wahre Maßstab für echten Wohlstand. In einem aber stimmten sie überein: Der Mann, der alles gehabt hatte, hatte alles verloren.

Der Verlust seines Wohlstands brach meinen Vater. Der stolze, zurückhaltende Patriarch, der es immer seinen Frauen überlassen hatte, ihr jeweiliges Heim so zu führen, wie sie es für richtig hielten, versuchte nun, das gesamte Gehöft zu regieren. Er hinterfragte sogar das Tun und Lassen seiner Töchter, wobei er laut hinausposaunte, dass er es nicht zulassen werde, dass eine von ihnen den Weg von Baba Mũkũrũs Tochter gehen würde. Seine Einmischungen wurden noch besorgniserregender, nachdem er seine Thingira neben dem leeren Kral aufgegeben hatte und in die Hütte seiner jüngsten Frau Njeri gezogen war, zugleich aber darauf bestand, dass die anderen Frauen ihm sein Essen dorthin lieferten. Das brachte das empfindliche Machtgefüge, das die Frauen untereinander ausgehandelt hatten, aus dem Lot. Als er versuchte, die daraus entstandenen Spannungen zu entschärfen, machte er alles nur noch schlimmer.

Obwohl wir unseren Vater alle fürchteten, hatte ich doch nie erlebt, dass er ein Kind schlug. Er war sehr streng gegen Frauen, die Kinder schlugen; er lehnte es ab, und das war damals eine sehr ungewöhnliche Einstellung. Ungewöhnlich war auch, dass er selbst seine Frauen nur selten einmal geschlagen hatte, obwohl er ihren Respekt verlangte und sein Wort Gesetz war. Nun aber übte er häusliche Gewalt aus, vor allem gegen meine Mutter. Njeri war die Einzige, die er nicht anrührte. Sie war stark gebaut, mit kräftigen Gliedern, und man erzählt sich, dass er einmal betrunken versuchte, sie im Haus zu disziplinieren. Sie jedoch verriegelte die Hütte, um Augenzeugen auszusperren, und verprügelte ihn, während sie lauthals schrie, er wolle sie umbringen, damit es alle hören konnten. Das war nur eine von vielen Geschichten, die jetzt im Umlauf waren und deutlich machten, wie tief er gesunken war.

Der stolze Patriarch, der nie, ohne eingeladen zu sein, zu jemand anderem gegangen war, um Schnaps zu trinken, der Mann, der niemals werktags trank, trank jetzt täglich und zog, da er nicht mehr selbst braute, wegen des Mũratina zu anderen. Mein Vater verabscheute Ehemänner, die ihren Frauen auf dem Heimweg vom Markt auflauerten und ihnen einen Teil des Geldes abnahmen, das sie mit ihren Verkäufen verdient hatten. Jetzt aber tat er genau das. Es war schmerzlich zu sehen, wie er auf das Wochenende wartete, um von seinen Töchtern, meinen Schwestern, den Lohn zu verlangen, den sie auf den Chrysanthemenfeldern von Lord Stanley Kahahu oder auf den Teeplantagen in den White Highlands verdient hatten. Sie bemühten sich, ihm auszuweichen, manche, indem sie sich in die Ehe flüchteten.

Er versuchte sich im Ackerbau, da er aber kein eigenes Land besaß, war er noch immer abhängig davon, dass ihm sein Schwiegervater, mein Großvater mütterlicherseits, das Recht darauf übertrug. Bevor er alles verlor, hatte er, mehr aus Liebhaberei denn zum Selbsterhalt, auf einem Ackerstück in der Nähe der indischen Läden Kartoffeln, Pfeilwurz, Zuckerrohr und Yam angebaut. Er war sehr stolz auf die Qualität seiner Produkte. Er hatte einen Mustergarten. Jetzt aber ging es um den Selbsterhalt. Unter dem Kampf, den er führte, dem Boden einen Lebensunterhalt abzuringen, litten sein Selbstwertgefühl und sein öffentliches Ansehen.

So gut er auch darin war, mit seiner Hände Arbeit den Boden zu bestellen, er stand im Wettbewerb mit seinen Frauen, vor allem mit meiner Mutter. Sein Stück Land lag gleich neben ihrem, und es war, als ob aus dem Spielerischen seines damaligen Werbens um sie nun ein bitterer Machtkampf zwischen ihnen geworden war. Aber wenn es darum ging, das Land zum Tragen zu bringen, konnten weder mein Vater noch die anderen Frauen mit meiner Mutter mithalten. Sie umhüllte die Pflanzen mit Mulch. Sogar bei den Ziegen stach meine Mutter meinen Vater nun aus. Er hatte keine; sie aber besaß zwei Böcke, die sie in einem Verschlag in ihrer Hütte mästete. Drei weitere, die sie ebenfalls in der Hütte fütterte, folgten ihr tagsüber überall hin, ohne wegzulaufen.

In dem Jahr, in dem sie von ihrem Kurzbesuch mit meinem kleinen Bruder in Elburgon zurückkehrte, verzauberte sie das Land regelrecht. Während die Feldfrüchte anderer Leute unter der Sonne zu welken schienen, gingen ihre auf. Manchmal blieben die Leute an der Straße stehen, um die Erbsen, die Bohnen und den Mais auf den verschiedenen Feldabschnitten zu bewundern. Zur Erntezeit brachte meine Mutter die wahrscheinlich besten Erbsen und Bohnen der ganzen Region ein. Das galt auch für den Mais. Die anderen Frauen boten ihr an, beim Ernten und Schälen zu helfen und füllten zehn Säcke mit Erbsen, vier mit Bohnen und ihren Speicher mit Mais. Das war ein Meisterstück, das Neugierige aus der Umgebung anzog.

Mein Vater entschied, dass es ihm zustand, die Ernte zu veräußern, doch meine Mutter, die an die Unabhängigkeit ihres Haushalts gewöhnt war, lehnte entschieden ab. Eines Tages kam er nach Hause, brach einen Streit vom Zaun und verprügelte sie, sogar mit einer Krücke meiner Halbschwester Wabia, bis diese schließlich in Stücke brach. Mein Bruder und ich flehten ihn weinend an aufzuhören. Mutter schrie vor Schmerzen. Obwohl sie Angst hatten, versuchten die anderen Frauen, ihn zurückzuhalten, bettelten und kreischten solidarisch mit, damit es die ganze Welt hören konnte, dass ihr Ehemann verrückt geworden war. Als er wütend auf sie losging, gelang es meiner Mutter, nur mit den Kleidern am Leib hinauszuschlüpfen und zum Haus ihres Vaters, meines Großvaters, zu fliehen. Die Ziegen und ihre Ernte ließ sie zurück.

Tagelang waren die Prügel Gesprächsthema in der gesamten Familie, und einige behaupteten sogar, dass selbst die Ziegen protestierend gemeckert hatten. Niemand konnte sich die Wut zu erklären, die mein Vater gezeigt hatte. Hier und da aber gab es leises Gerede, dass seine jüngste Frau Njeri der Grund dafür war. Sie war die Einzige, die auf den Teepflanzungen arbeitete, die den Europäern gehörten. Dort hatte sie eine Affäre mit einem der Aufseher. Die Frauen vermuteten nun, dass es meinem Vater irgendwie in den Kopf geschossen sein musste, dass meine Mutter die Schuld trug. Weil Njeri sich ihm früher schon widersetzt hatte, musste er seine Wut und Frustration jetzt an einem schwächeren Opfer auslassen.

Seit dem Weggang meiner Mutter kümmerten sich die anderen Frauen, vor allem Gacoki und Wangarĩ, um meinen Bruder und mich. Wir warteten darauf, dass sie zurückkam, oder dass mein Vater zu seinen Schwiegereltern ging und bei ihnen darum bat, sie möge wieder nach Hause kommen. So war das übliche Verfahren: Die Gespräche endeten mit großer Sicherheit mit Verwarnungen, Bußen und Versöhnung. Jeder wusste, das war einfach eine Frage der Zeit. Aber mein kleiner Bruder und ich vermissten sie schrecklich, und dieser gemeinsame Verlust brachte uns einander noch näher.

Mein kleiner Bruder erzählte oft von seiner Zugreise. Besonders gern zählte er die Stationen auf, durch die sie gefahren waren, zumindest die, an die er sich erinnern konnte: Naivasha, Gilgil, Nakuru, Molo. Er behauptete sogar, dass Kisumu und Kampala gar nicht weit von Elburgon entfernt waren, und dass er noch einmal hinfahren würde, wenn das Leben in Elburgon nicht so anstrengend wäre, weil er immer mit Großmutter und

Auntie Wanjirũ und ihrer Tochter Beatrice, unserer Cousine, spielen musste. Von ihm erfuhr ich, dass Auntie Wanjirũ, eine Marktfrau, keinen Mann hatte. Er erzählte mir von Großmutters Zärtlichkeit, allerdings ohne Einzelheiten. Ich war nicht sonderlich scharf auf seine Erzählungen und konterte seinen Triumph mit Berichten über meine herrlichen Tage in der Schule, was er auch nicht so gerne hörte. Unser unausgesprochener Streit wuchs zu einem nicht erklärten Duell; er übertrieb seine Erlebnisse in Elburgon und ich meine Bildungsabenteuer in der Schule. Doch er gewann immer die Oberhand, weil er mich daran erinnerte, dass Mutter ihm versprochen hatte, einen Teil ihrer Ernte zu verkaufen und das Schulgeld zu bezahlen, damit er am Anfang eines neuen Trimesters wieder in die Schule gehen konnte. Und damit hatte er dann Bildung und die Erfahrung einer Zugfahrt. Obwohl ich ihm seine Reise neidete, war ich glücklich darüber, dass er irgendwann mit mir zusammen zur Schule gehen würde. Doch die Tage kamen und gingen, und uns wurde wegen Mutters Heimkehr langsam bang, und diese wachsende Sorge wurde nur durch den Alltag des Familienlebens auf dem Hof unseres Vaters gemildert.

Eines Tages spielten mein Bruder und ich zusammen mit unseren Geschwistern mit einem Lumpenball, der mit einem Strick verzurrt war, auf einem freien Feld zwischen Kahahus und Baba Mũkũrũs Land. Sogar die Mädchen machten mit. Plötzlich tauchte mein Vater auf. Er blieb in einiger Entfernung stehen und winkte meinen Bruder und mich zu sich. Mein Vater hatte mich noch nie zu sich gerufen, geschweige denn, dass er den ganzen Weg bis zu einem Feld außerhalb unseres Hofs auf sich genommen hatte, um mich zu rufen. Wir rannten zu ihm, weil wir davon überzeugt waren, dass er uns Nachricht von der Heimkehr unserer Mutter brachte.

„Ich will nicht, dass ihr weiter mit meinen Kindern spielt. Geht dahin, wo eure Mutter ist“, sagte er und zeigte in die Richtung, in der mein Großvater wohnte.

Wir hatten keine Gelegenheit, uns von den anderen Kindern zu verabschieden und ihnen zu sagen, dass man uns ihre Gesellschaft verboten hatte und wir von dem Ort, der bis zu diesem Augenblick unser Leben bestimmt hatte, verbannt worden waren. Doch bevor ich mein Zuhause verließ, schaffte ich es noch, in die Hütte meiner Mutter zu eilen und meine Schulsachen zu holen, unter denen sich auch mein geliebtes, zerfleddertes Exemplar mit den Geschichten aus dem Alten Testament befand.

Es war die Vertreibung, wenn nicht aus dem Paradies, dann von dem einzigen Ort, den ich bislang kannte. Ich war eher verblüfft, als dass es mir wehtat. Meine Mutter war immer der Vorstand unseres Haushalts gewesen, und damit war Zuhause immer da, wo sie war, und in diesem Sinne ging es für mich nach Hause zu Mutter. Trotzdem ist es nicht gut, wenn dich der eigene Vater als sein Kind verstößt. Das vertiefte in mir das Gefühl, Außenseiter zu sein, ein Gefühl, das ich in mir trug, seit ich erfahren hatte, dass das Land, auf dem unser Hof stand, uns gar nicht richtig gehörte. Ich war an der Kamandũra Außenseiter gewesen, weil es mir dort so vorkam, dass andere eher dorthin gehörten als ich, und an der Manguo, weil ich dorthin wechseln musste. Nun gehörte ich nicht mehr in das Haus meines Vaters. Dennoch werden Einzelheiten des alten Zuhauses immer mit mir sein: die Abende mit den Geschichten, das tägliche Zusammensein mit den anderen Kindern, bei dem von Zeit zu Zeit die Bündnisse wechselten; Kämpfe und sogar Tränen. Einige Szenen schossen mir durch den Kopf: die Spiele, die wir spielten, die Lieder, die wir sangen, und die Tänze im Hof, mit denen wir den Regen begrüßten, weil der Regen Segen bedeutete und die Kinder wachsen ließ. Beim ersten Regentropfen stürmten wir in den Hof und bildeten einen Kreis:

> Regen komme runter
> Ich bringe dir ein Opfer
> Einen jungen Bullen mit Glocken
> Die machen klingeling

Einmal spielte eine ganze Horde Kinder, meine Halbschwestern und Halbbrüder – Wanja, Gacokis Tochter, Gacungwa, Wangarĩs Tochter, und Gakuha und Wanjirũ, der Sohn und die Tochter von Njeri – und ich Fangen. Ich rannte um alle vier Hütten und die anderen waren hinter mir her, als ich plötzlich über etwas stolperte und hinfiel. Der Sand scheuerte mir die Haut von der linken Schulter. Die Narbe blieb; sie wird immer da sein, eine Erinnerung. Da mich mein Vater jetzt aus meiner Großfamilie ausgestoßen hatte, war ich froh, meinen kleinen Bruder und mein Geschichtenbuch als Gefährten und den Trost zu haben, wieder mit meiner Mutter zusammen zu sein, dort, wo ihr Vater wohnte, am Ort ihrer Geburt.

Ich war meinem Großvater mütterlicherseits schon begegnet, wenn auch nur kurz. Angesichts der Tatsache, dass ihre Mutter nicht bei ihm sondern in Elburgon wohnte, während ihr Vater mit Mũkami, seiner jüngsten Frau, in Limuru lebte, hatte meine Mutter vielleicht nicht das Bedürfnis gehabt, häufig Besuche zu machen. Wir Kinder hatten uns immer mit der Familie meines Vaters und nicht mit der seiner Schwiegereltern identifiziert, obwohl man seinen Namen nach einem Verwandten auf Mutters Seite hatte. Ich hieß Ngũgĩ nach meinem Großvater mütterlicherseits. Meine Mutter aber rief mich Njogu, „Elefant", oder Mũkũgĩ in der Verkleinerungsform, „kleiner Papa". Andere Frauen, vor allem ihre Mit-Ehefrauen, bezeichneten sie immer als „Ngũgĩs Tochter".

Mein Großvater war eine beeindruckende Gestalt. Er trug stets ein weißes Untergewand, die eine Seite unter dem linken Arm, die Enden über der rechten Schulter zu einer Art einärmeliger Tunika zusammengesteckt, und ein ebenso langes Übergewand, eine Art Laken, das unter dem rechten Arm durchgeführt und über seiner linken Schulter zusammengebunden war. Weil es im Juli in Limuru oft kalt und nieselig war, zog er manchmal über beidem einen langen Mantel an. Er hatte selbst großen Landbesitz und besaß, als Oberhaupt und Treuhänder seines gesamten Kamami-Subclans, den Zugriff auf die Nutzungsrechte des riesigen Clan-Erbes. Im Gegensatz zu meinem Vater, dessen Vorfahren nicht in Limuru verwurzelt waren, stammten mein Großvater, seine Großfamilie und der gesamte Subclan von hier, sie besaßen und kontrollierten das bebaute wie das unbebaute Land. Nach dem Tod eines Cousins hatte er zwei Witwen geerbt und war damit auch das nominelle Oberhaupt der Ndũng'ũ-Familie. Ndũng'ũs Kinder, einschließlich Kĩmũchũs, des Ältesten, akzeptierten das und schauten zu ihm als dem Oberhaupt der Großfamilie auf. Mit Njango, der jüngeren der beiden Witwen, hatte er einen Sohn gezeugt: Onkel Gĩcini. Das weit verzweigte Netz der familiären Querverbindungen war reichlich kompliziert, und ich bin mir nicht sicher, ob ich alle Nuancen tatsächlich richtig verstand. Die Familie wohnte in drei verschiedenen Gehöften im gleichen Gebiet.

Da er sich von seiner Erstfrau Großmutter Gathoni getrennt hatte, mag sich Großvater Ngũgĩ gefragt haben, ob sie den Trennungsvirus vielleicht auf ihre Tochter übertragen hatten, und vielleicht wusste er nicht, was er tun sollte, nachdem Mutter meinen Vater verlassen hatte. Der Brauch verlangte, dass er abwartete, bis der Ehemann vorsprach, um darum zu bitten, dass seine Frau zurückkehrte, was den Raum für Verhandlungen öffnete. Meine Mutter war in Njangos Hütte untergekommen, und alle nahmen an, dass es nur vorübergehend wäre. Als nun mein Bruder und ich auftauchten, wurde die Angelegenheit noch schwieriger.

Mein Vater mag geglaubt haben, dass unsere Anwesenheit Druck auf sie ausüben würde, sodass sie zurückkehrte und zu seinen Bedingungen um Frieden bettelte, aber unser Auftauchen hat es ihr vielleicht sogar leichter gemacht, an ihrer Entscheidung festzuhalten, nicht in die häusliche Gewalt zurückzukehren. Ohne uns wäre es ihr schwergefallen fortzubleiben. Nun aber wünschte sie sich, dass ihr Vater ihr erlaubte, auf seinem Land eine eigene Hütte zu bauen. Er reagierte zurückhaltend. Er kannte sich mit dem Gewohnheitsrecht und seiner Praxis aus und wollte abwarten, bis mein Vater eine Abordnung für förmliche Gespräche schickte. Sie war schließlich nach Gesetz verheiratet worden; mein Vater hatte den Brautpreis gezahlt, und eine Scheidung würde bedeuten, dass mein Großvater den Brautpreis, die Ziegen, zurückgeben musste. Außerdem gab es in der Gemeinschaft keine Verfahrensweise für die Scheidung eines Paares mit erwachsenen Kindern wie meinen älteren Brüdern und Schwestern. Scheidung war keine Option, nur die Trennung. Also hing meine Mutter in der Luft, lebte getrennt von ihrem Mann und wurde bei ihrem Vater nicht richtig aufgenommen. Sie, die sich immer ihrer Unabhängigkeit erfreut hatte, kam sich jetzt wie ein Tier in der Falle vor. Sie war gezwungen, in einer überfüllten Hütte zu wohnen, mit anderen die Kochstelle zu teilen, hatte keine eigenen Küchengeräte und kein eigenes Essen, weil ihr die Ernte weggenommen worden war.

Ich versuche mir vorzustellen, wie ich ihr helfen kann, mache mir aber eigentlich um meine Schulbildung größere Sorgen. Ich entwickle einen Plan zum Handel mit Schulsachen: Stifte, Tafeln und Übungshefte. Mein kleiner Bruder hält mich für ein Genie. Ich spreche mit Onkel Gĩcini. Gĩcini ist nur ein paar Jahre älter als ich, und ich sage auch nicht Onkel zu ihm. Meine anderen Onkel Gĩkonyo und Mũthoga sind älter, haben

Familie, und ich habe immer angenommen, dass „Onkel" ein Begriff ist, den Kinder verwenden, um die zu ehren, die älter als sie selbst sind. Gĩcini und ich aber hatten mit der Kamandũra dieselbe Schule besucht, und auch wenn er mir ein paar Klassen voraus war, sehe ich ihn doch eher als Gleichen denn als Onkel. Er ist begeistert von der Idee, die jetzt zum gemeinsamen Traum wird: Wir wollen in den indischen Läden Stifte und Radiergummis kaufen und sie dann zu einem höheren Preis an Schulkinder verkaufen. Schon berechnen wir den Gewinn, den wir machen werden, wenn wir beständig in neue Waren investieren. Bald sind wir reich, glauben wir, und das spornt uns an, unseren Plan in die Tat umzusetzen. Im Wald meines Großvaters schlagen wir Bäume, um daraus vier Eckpfosten zu machen, und dünne Äste für die Querstreben. Anfangs ist es ein Geheimnis, von dem nur Gĩcini und mein kleiner Bruder Njinjũ wissen. Doch kennt unsere Begeisterung keine Grenzen, und wir machen Gĩcinis Bruder gegenüber Andeutungen über unseren Reichtum. Er lacht nicht über diese Idee. Stattdessen erzählt er uns eine Geschichte über einen Mann, dessen Henne zwei Eier legte. Der Mann hatte Hunger, beherrschte sich aber, legte die Eier in eine Schale, setzte sich davor auf einen Stuhl und schloss die Augen, um zu überlegen, was er mit ihnen machen wollte. Er wollte mit ihnen auf den Markt gehen, dachte er sich, während er, die Schale vor sich auf dem Boden, noch immer zurückgelehnt auf dem Stuhl saß. Von dem Geld wollte er weitere Eier kaufen und sie mit Gewinn verkaufen, und wieder neue kaufen, bis er einen ganzen Berg Eier besaß. Er wollte das gesamte Geld in den Kauf und Verkauf anderer Waren stecken und immer etwas daran verdienen. In seiner Fantasie besaß er kurz darauf bereits ein Haus und konnte heiraten. Er lebte glücklich mit seiner Frau, bis sie sich eines Tages wegen einer Kleinigkeit stritten und seine Frau sich ihm widersetzte. Er regte sich so über ihre vermeintliche Undankbarkeit auf, dass er nach ihr trat. Dabei traf er die Schale und die Eier waren nur noch Dotter, Eiweiß und zerbrochene Schalen. Hört mit der Tagträumerei auf. Wie viele Stifte werdet ihr wohl verkaufen? Wie viele Kinder gehen hier in der Gegend in die Schule? Warum sollte jemand nicht billig im indischen Laden kaufen und stattdessen den ganzen Weg zu einem gottverlassenen Ort auf sich nehmen, um dort die gleichen Sachen teurer einzukaufen? Er hat unsere Träume vom schnellen Reichtum platzen lassen. Das Gerüst aus vier Pfosten und ein paar Querstreben steht noch monatelang da, das traurige Denkmal eines Traums.

Onkel Gĩcini fühlt sich wegen des geplatzten Traums schuldig. Er versucht mich zu besänftigen und schlägt vor, mir beizubringen, wie man Maulwürfe fängt. Maulwürfe sind eine Geißel für die Bauern. Sie fressen die Wurzeln der Pflanzen, und nach einer Weile kann man die Hügel sehen, die sie aufhäufeln, und die Verwüstung, die sie anrichten. Der Maulwurf ist ein unsichtbarer Feind, weil er unterirdisch unterwegs ist. Wie soll man so ein Wesen fangen? Ganz einfach, erklärt er mir. Eine Falle: ein Stück Holz, das innen hohl ist, drei Stricke, zwei davon sind Schlingen an beiden Enden, der in der Mitte, der den Köder trägt, ist fest fixiert. Heb eine Furche aus und stell die Falle dem Maulwurf in den Weg, bedecke sie mit Erde und befestige die Stricke dann an einem gebogenen, elastischen Stock, den du oben in die Erde steckst. Wenn der Maulwurf durch die Schlinge geht, um an den Köder in der Mitte heranzukommen, schnellt der Stock hoch, und die Schlinge zieht sich um den Maulwurf zusammen. Ich glaube ihm kein Wort, aber wir versuchen es trotzdem. Wir bauen zwei Fallen, eine für mich. Seine versagt. Meine fängt gleich beim ersten Versuch einen Maulwurf. Die Nachricht von meinem Können macht die Runde. Ich werde professioneller Maulwurffänger, verlange dafür ein Honorar und ernte die Dankbarkeit der Bauern. Vielleicht werde ich sogar ein Held, ganz wie der Rattenfänger aus der Legende.

Während wir auf dem Hof meines Vaters wohnten, gab es eine Zeit, als große, fette Ratten, die fast so groß wie Katzen waren, in das Dorf einfielen. Es hieß, dass sie Krankheiten übertrugen, und sobald eine Ratte gesichtet wurde, gingen Frauen, Männer und Kinder mit Stöcken auf sie los. Manchmal zog der Lärm die Feldarbeiter an, die sich, mit allem, was sie gerade an Werkzeug in der Hand hielten, an der Jagd beteiligten. Waren die Ratten gefangen, ließ man die Wut an ihnen aus. Einige aber entkamen. Eine vor allem schaffte es, die Jäger, die Fallen und alles andere auszutricksen. Sogar die Katzen schienen sich vor ihr zu fürchten. Sie verschwand in einem Haus oder in einem Gebüsch, nur um in anderer Umgebung wieder aufzutauchen, als wollte sie die Menschen verhöhnen. Vielleicht waren es aber auch mehrere Ratten, die einander ähnlich sahen. Man redete über Hexen, die im Leib der Ratten wohnten.

Eines Tages tauchte, wie aus dem Nichts, ein Mann mit einer Kiste aus Maschendraht auf, die eine Falltür hatte. Er hatte von der geheimnisvollen Ratte gehört. Er stellte ein paar Fragen, ansonsten redete er nicht viel. Er hängte etwas in die Kiste, stellte sie in einem der befallenen Häuser auf und, siehe da, als er am nächsten Tag zurückkam, war eine große Ratte in der Kiste gefangen. Das ganze Dorf folgte dem Rattenfänger, der so geheimnisvoll verschwand, wie er aufgetaucht war. Er verlangte keinen Lohn. Er kam nie wieder; und Ratten dieser Größe tauchten auch nicht wieder auf. Zumindest behaupteten die Leute das. Trotzdem blieben Meinungsverschiedenheiten: War es wirklich nur diese eine Ratte gewesen oder waren es mehrere? Der Rattenfänger wurde zur Legende.

Ich hoffe, dass ich als Maulwurffänger ebenso berühmt werde und ein dankbares Dorf mir folgt. Nur ist ein Maulwurffänger keine so schillernde Persönlichkeit wie ein Rattenfänger, und außer meinem kleinen Bruder folgt mir niemand. Maulwürfe sind schwer zu fassen. Ein Maulwurffänger braucht Können, Geduld und Glück. Das Warten ist anstrengend, der Lohn mager und macht unsere Not nicht kleiner.

Vor allem beschäftigt mich die Frage der Schulbildung. Mein Bruder und ich machen, was wir immer getan haben: wir suchen uns Arbeit auf Lord Stanley Kahahus Farm, jetzt aber für das Schulgeld und nicht wegen eines Schubkarrenrads. Kahahus Besitz und der meines Großvaters sind durch eine Hecke voneinander getrennt. Riesige Chrysanthemenfelder liegen zwischen unserem jetzigen und unserem früheren Zuhause. Es kommt mir eigenartig vor, wenn ich mich auf diesen Feldern zu meinen Geschwistern geselle, weil ich jetzt vom Hof meines Großvaters komme. Doch die Wiedervereinigung mit meinen Geschwistern, auch wenn sie nur bei der Arbeit auf Kahahus Feldern erfolgt, läuft gut, abgesehen von einer traurigen Verlegenheit am Abend, wenn wir uns trennen und verschiedene Wege gehen müssen. Verdient haben wir nicht viel. Abgesehen davon dauert die Arbeit nur so lange, wie es Blumen zu pflücken gibt, und das heißt, ungefähr eine Woche.

Manchmal begleite ich meine Mutter, wenn sie zu den Läden der Inder geht, um Arbeit zu suchen. Vielleicht kann ich auch etwas finden, das mehr abwirft als das Chrysanthemenpflücken und Maulwürfe fangen. Dort ist es irgendwie anders als das letzte Mal, als wir beide da waren, um mir die Schuluniform zu kaufen. Damals war ich voll und ganz auf die Kleiderläden fixiert. Nun bleibe ich bei den Gemüsehändlern stehen: Säcke voller Bohnen, Erbsen, Zucker und Salz sowie Kisten, in denen Packungen mit Mehl, grünem, gelbem und rotem Paprika, Knoblauch, Zwiebeln, Chillis, Portulak und Obst, Papayas, Mangos und Datteln ausgestellt sind. Das Bild des zerbrechlichen Inders mit der Brille, der weiße Hosen trägt und ein Umschlagtuch über die Schulter geworfen hat, fällt mir wieder auf. Es ist dasselbe, das ich damals gesehen hatte. Jetzt frage ich Mutter, wer dieser Mann ist und warum sein Bild in vielen Läden an der Wand hängt. Das ist ein indischer Gott, antwortet sie, ohne weiter auf das Bild zu achten. Sie hat nur im Sinn, Arbeit zu finden, jede mögliche Arbeit, die sich lohnt. In einem Laden hat Govji Arbeit für sie: Kartoffeln sortieren. Die guten, fleckenlosen werden in Säcke gefüllt, die kleinen gesammelt und als Saatgut verkauft. Faule werden weggeworfen. Ich helfe meiner Mutter. Es ist das Ödeste, das ich je getan habe, in der stetigen Wiederholung noch langweiliger als Tee oder Chrysanthemen pflücken. Maulwürfe oder Ratten fangen oder einen Laden bauen, das sind Abenteuer, auch wenn sie nichts einbringen. Im Lauf der Tage nimmt meine Begeisterung deutlich ab. Aber sie braucht das Geld, um Essen kaufen zu können, das sie eigentlich nicht kaufen müsste, und auch für meine Schulbildung. Manchmal darf sie ein paar angestoßene Kartoffeln als eine Art Bezahlung mitnehmen.

Es gab einen indischen Ladenbesitzer, der Manubhai hieß, den aber alle nur Manu nannten. Er sprach fließend Gĩkũyũ, auch wenn er es manchmal mit dem Swahili durcheinanderbrachte. Er hatte eine Bäckerei aufgemacht, die Manubhai Limuru Bakery. Auch sein Brot hieß Manu, im Gegensatz zu dem, das in Elliot's Bakery in Nairobi gebacken wurde und einfach Elliot hieß. Manu und Elliot wetteiferten miteinander. Die Manu-Bäckerei buk mehr Brote, als es Kunden gab, und manchmal musste er bergeweise nicht verkauftes Brot in den unterschiedlichsten Stadien der Gärung und Fäulnis wegwerfen. Wenn dies geschah, dann sprach sich das schnell wie ein Lauffeuer herum und viele Leute, Erwachsene, Kinder, Männer und Frauen, fielen über die Brotberge her, und im Handumdrehen war das letzte Stückchen Brot verschwunden. Einmal fiel das mit unserer Arbeitssuche zusammen. Ich fand mich inmitten einer Menschentraube wieder, die nach weggeworfenem Brot grabschte, und brachte etwas davon im Triumph nach Hause. Zu schade, dass Manubhai das nicht jeden Tag machte, zumal man nicht vorhersehen konnte, wann er es wieder tun würde.

Langsam komme ich meinem Großvater näher als ich meinem Vater gewesen bin. Ich bin sprachlos, als er mich eines Tages bittet, in sein Haus zu kommen. Er sitzt auf einem kunstvoll geschnitzten dreibeinigen Hocker. Ich setze mich auf einen anderen, kleineren. Mũkami verwöhnt mich mit einem Glas frischer Milch. Dann bittet er sie, „die Kiste" zu holen. Er nimmt einen Beutel aus der Schachtel, greift hinein und zieht ein Bündel Briefe hervor. Lies den vor, sagt er. Und das tue ich. Nein, nein, nicht den, wehrt er ab, und ich nehme den nächsten, und so weiter, bis ich den richtigen erwischt habe. Ja, lies den ganz vor, sagt er. Während ich vorlese, nickt er immer wieder. Hey! Hey!, ruft er freudig zustimmend. Ich bin stolz darauf, dass meine Lesefertigkeiten anerkannt werden. Bring ihm noch etwas Tee, ruft er seiner Frau nach draußen zu. Als Nächstes gibt er mir Papier und einen Federhalter mit Tinte. Wort für Wort diktiert er die Antwort, Zeile für Zeile, Absatz für Absatz, und bittet mich, noch einmal vorzulesen, was ich geschrieben habe, bis der Brief in dem Tonfall auf dem Papier steht, den er im Sinn hat. Hey! Hey!, sagte er. Und er lacht leise, bewundernd und zustimmend. „Der kann wirklich einen Füller halten!" Er hebt die Stimme, damit seine Frau ihn hört, die mit dem Tee hereinkommt. Er scheint ehrlich beeindruckt von meinen Fähigkeiten. So werde ich sein Schreiber. Er ruft mich oft in sein Haus, damit ich ihm beim Schreiben eines Briefes helfe, noch öfter aber bittet er mich, ihm alte Briefe vorzulesen und ihm zu helfen, seine Unterlagen zu sichten, einschließlich der Rechnungen. Als ehemaliger Dorfvorsteher hat er eine Vorliebe für regierungsamtliche Dokumente entwickelt. Er schätzt aber grundsätzlich alles Schriftliche und besitzt Säcke davon, die er in hübschen Kisten aufbewahrt. Er stellt mir Fragen zu diesem oder jenem Schriftstück und seinem Inhalt; dann weist er mich an, wie ich sie zu ordnen habe. Ich bin sein Vertrauter geworden, auch wenn er mich nie um meine Meinung zum Inhalt fragt. Ich bin einfach sein persönlicher

Schreiber. Wenn wir beschäftigt sind, bekomme ich immer etwas Schönes zu essen und trinke Tee mit viel Milch. Mein Großvater besitzt viele Kühe. Meine Mutter findet das gut, weil es bedeutet, einen Schnabel weniger stopfen zu müssen. Ich habe aber den Eindruck, dass sich die Frau meines Großvaters und sie nicht besonders mögen.

Mein Großvater liebt seine junge Frau Mũkami, die immer westliche Kleider trägt, aufrichtig. Sie hat sich voll und ganz seinem Wohlergehen verschrieben. Obwohl sie weder hochmütig und mit Sicherheit nicht darauf aus ist, mit den Nachbarn zu streiten, hat sie eine Zurückhaltung an sich, die andere Frauen, auch meine Mutter, auf Distanz hält. Niemand würde wagen, ihr Haus zu betreten, ohne einigermaßen sicher zu sein, auch willkommen zu sein. Manchmal frage ich mich, ob es vielleicht Mũkami gewesen ist, die Großmutter Gathoni vertrieben hat.

Eines Abends fängt mich Mũkami vor Njangos Hütte ab. Ich soll am Morgen als Erstes zu Großvater. Ich nehme an, dass ich ihm einen Brief vorlesen oder schreiben soll. Nur warum so früh am Morgen? Ich gehe hin, Mũkami öffnet mir und sagt, dass ich mich setzen soll. Dann kommt mein Großvater fertig angezogen ins Wohnzimmer. Wir trinken zusammen Tee und essen Süßkartoffeln. Ich warte auf meine Aufgabe. Danach steht mein Großvater auf, verabschiedet sich in den Tag und geht, um sich draußen um etwas zu kümmern. Mũkami bedankt sich bei mir und ich gehe auch, ziemlich durcheinander, aber mit vollem Bauch. Später, am Abend, sagt Mũkami, dass ich am nächsten Morgen wiederkommen soll.

Es wird mir zur täglichen Routine, dass ich meinen Großvater aufsuche, bevor ein Besucher an seine Tür klopft. Ich sehe darin eine Art Privileg und genieße die Ehre. Ich fühle mich ihm dadurch noch näher. Erst später erfahre ich, dass ich lediglich Gĩcini als ersten Besucher des Tages ersetzt habe. Mein Großvater glaubt, dass ihm kleine Jungen Glück bringen. Deshalb möchte er als Erstes einen Jungen sehen, bevor eine Frau, irgendeine Frau, ja selbst ein Mädchen, seinen Weg kreuzt. Jetzt bin ich der neue Glücksbringer. Offensichtlich widerfährt ihm Gutes, nachdem ich ihn im Morgengrauen besucht habe.

Es muss Großvater gerührt haben, dass Njangos Hütte so unerträglich voll war, was natürlich zu Spannungen führen musste. Vielleicht steht aber auch erst jetzt endgültig fest, dass mein Vater nicht kommen und bitten wird, dass seine Frau und die Kinder zurückkehren. Er weist meiner Mutter ein ein Hektar großes Stück Land zu, damit sie dort eine Hütte bauen kann. Ironischerweises liegt es an der Grenze zu Lord Kahahus Land.

Mein Bruder Wallace Mwangi hat gerade eine Zimmermannslehre angefangen und organisiert den Bau einer grasgedeckten Rundhütte mit Lehmwänden, fast der genaue Nachbau des Hauses, das wir auf dem Anwesen meines Vaters zurückgelassen haben. Später baut er sein eigenes Haus, ein viereckiges mit zwei Zimmern, das auf Pfählen ruht. Meine Schwester Njoki, deren Ehe schiefgegangen ist, zieht bei uns ein. In der Regenzeit beschließen mein kleiner Bruder, meine Schwester und ich, die Zweige eines Busches rund um unser Grundstück in die Erde zu pflanzen, damit sie wurzeln und eine Hecke wächst. Die Trockenzeit kommt. Meine Mutter kommt mit dem kleinen Zweig eines Baumes nach Hause und pflanzt ihn unmittelbar vor unseren Hof. Das ist ein Birnbaum, sagt sie, und wir lachen sie aus. Mutter, du machst alles auf deine Weise; du pflanzt nicht während des Regens; du machst das lieber, wenn der Regen fort ist. Sie rechtfertigt sich nicht. Sie lächelt nur. Aber sie gießt, und am Ende der Trockenzeit ist unsere Hecke verdorrt und der Birnbaum lebt. Mit der Hecke müssen wir wieder von vorn anfangen.

Und so fängt ein neues Leben an: Aus einer polygamen Gemeinschaft ist die Kleinfamilie einer Alleinerziehenden geworden. Ich spiele für Großvater weiter meine Rolle als Schreiber und Glücksbringer. Und ich werde jetzt zur Manguo gehen und wieder zurück. Von meinem neuen Zuhause aus, vor dem ein einsamer Birnbaum steht.

Die Schule war zwar ungefähr zwei Meilen von meinem neuen Zuhause entfernt, aber das war schon eine Verbesserung im Vergleich zu der Entfernung, die ich zurücklegen musste, als ich noch auf die Kamandũra ging. Es war Mitte der dritten Klasse, als ich von der Kamandũra an die Manguo wechselte. Ich glaubte, dass ich nur den Rat meines Bruders befolgte, und war überrascht, als ich entdeckte, dass ich Teil eines regelrechten Exodus als Reaktion auf ein und denselben Druck war. Es war nicht ganz klar, warum ich tatsächlich wechselte, aber ich erfuhr von anderen Kindern, dass das mit zwei geheimnisvollen Begriffen zusammenhing: „Kĩrore" und „Karĩng'a". Niemand erklärte, was sie bedeuteten oder woher sie kamen. Dennoch hatten sie eine Geschichte.

Nachdem Kenia 1895 aus dem Besitz eines britischen Unternehmens zum Kolonialstaat geworden war, hatte der Staat die Bildung zum großen Teil den protestantischen und katholischen Missionen überlassen, zu denen auch die 1799 gegründete Church Missionary Society gehörte. Andere, wie die 1898 gegründete Gospel Missionary Society, zogen nach. In meiner Region war die Church of Scotland Mission am wichtigsten, die 1891 gegründet worden war, und deren Zentrum sich in Thogoto befand, das ungefähr zwölf Meilen von Limuru entfernt lag. Dort wurde unter Dr. J. W. Arthur eine Schule eingerichtet, die gemeinhin nur Mambere, die „Moderne" oder die „Fortschrittliche" hieß. Die Mission errichtete später noch weitere Schulen, so auch die Kamandũra, tiefer im Landesinnern. Auch wenn diese Zentren von der Moderne, „kĩĩrĩu", beeinflusst waren und außerdem eine dringend benötigte medizinische Versorgung zur Verfügung stellten sowie neben einer begrenzten Schulbildung sogar nützliche Fertigkeiten für die Holzverarbeitung und die Landwirtschaft lehrten, so waren sie doch hauptsächlich vor Ort, um zu bekehren. Eine erfolgreiche Bekehrung wurde daran gemessen, wie schnell, tiefgreifend und ernsthaft man von seiner Kultur abließ und neue Praktiken und Werte übernahm. So sahen die Gĩkũyũ zum Beispiel in der Beschneidung einen Ritus, der den Übergang von der Jugend, einer Phase, in der man rechtlich noch nicht haftbar gemacht werden konnte, zum Erwachsensein mit voller Verantwortung markierte.

1929 setzten eine Reihe Missionsgesellschaften in der Central Province – die Church of Scotland Mission unter Leitung von Dr. Arthur, die Gospel Missionary Society und die African Inland Mission – ihre Kampagne gegen diese Praxis fort und verkündeten, dass all ihre afrikanischen Lehrer und Agenten eine Erklärung unterschreiben müssten, in der sie feierlich schworen, niemals Mädchen zu beschneiden; niemals Mitglied der Kikiyu Central Association zu werden, der führenden politischen Organisation der Afrikaner jener Zeit; niemals Anhänger von *Jomo Kenyatta* zu werden, des Generalsekretärs der KCA, der damals als Abgeordneter der Organisation in England war; niemals einer politischen Partei beizutreten, sofern sie nicht von der Regierung oder Missionaren ins Leben gerufen wurde. Diese Deklaration forderte die mit den Schulen verbundenen Christen auf, sich gegen die Praxis und Politik des Widerstands zu erheben, die trotz des Verbots von Harry Thukus East Africa Association 1922, seiner Verbannung ins Exil und seiner Haft sowie des Massakers an dreiundzwanzig Kenianern vor der Central Police Station in Nairobi unter der Führung der KCA weitergegangen und sogar intensiviert worden war. Ein Interessenkonflikt. Von früh an waren die Missionare die kolonial akzeptierten Sprecher der Afrikaner gewesen. Dr. Arthur hatte sogar einen Sitz als Sprecher der afrikanischen Interessen in der kolonialen Legislative inne, in die Europäer und Asiaten ihre direkten Vertreter entsandten. Dadurch wurde der Kampf um die weibliche Beschneidung zum Stellvertreterkrieg über Wirtschaft und Politik und Kultur sowie über die Frage, wer und welche Organisation das Recht hatte, für Kenias Afrikaner zu sprechen.

„Kidole", das Swahili-Wort für „Daumenabdruck", wurde zu „kĩrore" im Gĩkũyũ und anschließend zum abwertenden Begriff für alle, die die Deklaration unterschrieben oder ihr zustimmten. Diejenigen, die nicht unterschrieben, die „aregi gũtheca kĩrore", schieden aus den Einrichtungen der Missionen aus und schlossen sich, meist gefolgt von ihren Schülern, der entstehenden Bewegung für unabhängige afrikanische Schulen an. Eine der frühesten unabhängigen Schulen in Kenia wurde um 1910 von John Owalo in Nyanza gegründet. In der Central Province dauerte es jedoch bis 1925, bevor Musa Ndirangũ, ein erfolgreicher Händler, und Wilson Gathuru, ihr erster Lehrer, der auch das Land zur Verfügung stellte, auf dem sie errichtet wurde, in Gĩthũngũri eine unabhängige Grundschule gründeten. Ursprünglich Landarbeiter auf einer weißen Farm, besuchte Musa Ndirangũ zwischen 1911 und 1913 die Gospel Missionary Society School im Kreis Kambũi, aus dem auch Harry Thuku stammte. Mit dem Schulbesuch am Abend nach der Arbeit wollte er seine persönliche Unabhängigkeit erlangen, die er schließlich als sein eigener Chef im Handel fand. Diese Haltung stimmte mit der Politik Harry Thukus überein und war zum Teil von dessen Bindung an Marcus Garvey beeinflusst, dessen Slogan „Afrika den Afrikanern" die Vision des Vertrauens in die eigene Kraft verkörperte. Marcus Garvey hatte die Unabhängigkeit im Geschäftlichen gesucht. Ndirangũ verwandte sein Vertrauen in die eigene Kraft auf die Gründung einer

Grundschule, die von den Afrikanern selbst geführt wurde. Nach der Deklaration von 1929 gründeten Komitees aus Ältesten und Lehrern viele weitere Schulen. Es entstanden zwei Organisationen, die die Entwicklung der neuen Schulen überwachen sollten. Nicht weit von Kamandũra in Lironi wurde 1933 die Kikuyu Karĩng'a Education Association (KKEA) gegründet, die Kikuyu Independent Schools Association (KISA) 1934 in Gĩtuamba, Mũrang'a.

Beide Organisationen hatten religiöse Bindungen: die African Independent Pentecostal Church bei der KISA und die African Orthodox Church bei der KKEA. Letztere hatte Wurzeln, die durch Bischof William Daniel Alexander, der zwischen 1935 und 1937 sechzehn Monate in Kenia weilte, über Südafrika zur American African Orthodox Church reichten. Gegründet wurde die American African Orthodox Church von einem anderen Alexander, Bischof George Alexander McGuire, der vorher Kaplan in Marcus Garveys Universal Negro Improvement Association gewesen war. „Karĩng'a" war der selbst gewählte Begriff für die Orthodoxie sowohl in Tradition als auch in Religion. Der christliche Glaube sollte von der westlichen Vormacht und die Tradition von negativen Tendenzen befreit werden, der Afrikaner selbst sollte Form und Richtung des Wandels bestimmen. Die weibliche Beschneidung war erlaubt, aber keine Notwendigkeit.

Die Begriffe „Kĩrore" und „Karĩng'a" dienten von jetzt an der Charakterisierung der Schulen. Kĩrore bezeichnete, auf Missionsschulen angewendet, Schulen, die den Afrikanern absichtlich Wissen vorenthielten und sie lieber die Unterstützung des Kolonialstaates lehrten, der anfangs die Bildung der Afrikaner auf Zimmerei, Landwirtschaft und grundlegende Lese- und Schreibfähigkeiten beschränkt hatte. Die Beherrschung des Englischen wurde als unnötig betrachtet. Die weiße Siedlergemeinde wollte nur „fähige" afrikanische Arbeitskräfte, keine gebildeten afrikanischen Köpfe. Dagegen bemühten sich die

Karĩng'a- und KISA-Schulen, die Grenzen des Wissens zu erweitern. Auch die englische Sprache, in der man den Schlüssel zur Modernität sah, wurde unterschiedlich gelehrt. In den regierungseigenen und in den Missionsschulen begann der Englischunterricht in der vierten Klasse oder noch später, in den Karĩng'a- und den KISA-Schulen in der dritten Klasse, manchmal sogar früher.

Da die Kamandũra an den Traditionen festhielt, die vom Bildungskrieg der damaligen Zeit begründet worden waren, sah man in ihr eine Einrichtung, die jene Bildung verweigerte, die die Menschen an die moderne Zeit heranführte. Im Gegensatz dazu schien die Manguo einen besseren Lehrplan zu haben, der eine schnelle Aneignung des Englischen verlangte, als Eintritt in die Moderne.

Ich überquerte also durch meinen Wechsel von der Kamandũra, einer Kĩrore-Schule, an die Manguo, eine Karĩng'a-Schule, eine historische Trennlinie, die gezogen worden war, als ich noch nicht auf der Welt war, und die ich, Jahre später, mit meinem ersten Roman „The River Between" immer noch zu begreifen suchte. Damals aber versuchte ich nicht, Geschichte zu verstehen oder sie gar durchzuspielen; ich wollte einfach meinen Traum von Bildung Wirklichkeit werden lassen, ganz im Einklang mit dem Pakt, den ich mit meiner Mutter geschlossen hatte.

Die englische Sprache mag als Hauptgrund für den Auszug aus der Kamandũra angegeben worden sein, aber ich bezweifle, dass der Unterschied im Sprachunterricht besonders groß war. Fast alle Lehrer kamen aus den Missions- und Regierungsschulen und konnten nur das vermitteln, was sie selbst wussten. Fred Mbũgua und Stephen Thiro, meine beiden Lehrer für Englisch und Geschichte an der Manguo, waren Absolventen der Schule der Church of Scotland Mission in Thogoto im Kikuyu-Land, dem Missionsreich von Dr. Arthur.

Der Unterschied lag im Nicht-Greifbaren. Wenn ich an die Kamandũra zurückdenke, dann kommen mir als Erstes Bilder von der Kirche, von stillen Gebeten und von individuellen Leistungen in den Sinn; in der Manguo sind es Bilder von Darbietung, öffentlichem Schauspiel und Gemeinschaftssinn. Der Sonntagsgottesdienst an der Kamandũra lief nach festem Muster ab: ein Text aus dem Neuen Testament, in dem das Thema der Predigt des Tages angesprochen wurde; Gebete und Hymnen, die Übersetzungen ins Gĩkũyũ waren und Interpretationen von Texten und Melodien aus dem Liederbuch der Church of Scotland. Ohne instrumentale Begleitung klangen die Melodien klagend, fast müde, und langsam. Die Texte, die Hymnen und die Predigt riefen die älteren Zuhörer zur Innenschau auf, während sie die jüngeren ungeduldig machten. Der Sonntag in der Manguo war anders.

Die Manguo, 1928 auf Land begründet, das die Kĩeya-Familie zur Verfügung gestellt hatte, mit Morris Kĩhang'ũ als erstem Schulleiter, der später zunächst durch Fred Mbũgua und dann durch Stephen Thiro abgelöst wurde, hatte keine eigene Kirche. Sonntags wurde die Aula zum geheiligten Ort, die gewöhnlichen Tische wurden in einen farbenfroh geschmückten Altar verwandelt und die normalen Bänke in Kirchengestühl. Als ich das erste Mal am Gottesdienst teilnahm, predigte Morris Kĩhang'ũ, der werktags ganz normaler Lehrer an dieser Schule war, und nicht gerade der beliebteste, weil er gern zum Stock griff, um Disziplin und Aufmerksamkeit in der Klasse durchzusetzen.

Was ich an jenem Sonntag meines ersten Gottesdienstes sah, hatte ich nie zuvor erlebt. Die Hymnen, meistens von

Trommeln und Zimbeln begleitet, hatten mehr Rhythmus und Schwung. Einige waren neue Kompositionen, die über die biblische Bildwelt an zeitgenössische Ereignisse und Erfahrungen erinnerten. Überhaupt bezogen sich viele Texte auf biblische Ereignisse. „In Zeiten der Not, O Herr, wende dich nicht ab. Als Daniel in der Löwengrube saß, Herr, hast du deinen Engel geschickt" … und so weiter. „Als Kain seinen Bruder Abel mit einem Messer erstach" … und so weiter. „Samson und Delilah. David und Goliath." Was Gott damals getan hatte, konnte er jetzt wieder tun: den Niedergedrückten Kraft geben und ihre Gegner in alle Winde zerstreuen.

Textzeilen und Bilder in den verschiedenen Hymnen waren mir vertraut: Ich hatte sie in meinem Buch mit der Auswahl aus dem Alten Testament gelesen, aber von den Lippen dieser gläubigen Menge ging von ihnen die Ahnung einer sublimen Kraft aus. Die Solisten wechselten; jedes Mitglied der Gemeinde durfte einstimmen, manchmal übernahmen zwei den Text der folgenden Strophe oder wiederholten eine vorhergehende. Vieles an diesem Ruf-und-Antwort-Gesang war triadisch: Stimmen im Gleichklang, die sich in Gegenstimmen verzweigten, bevor sie sich zur triumphalen Versöhnung wieder vereinigten.

Und dann kam die Predigt; auch sie beruhte auf einem Text aus dem Alten Testament. Der Prediger begann langsam, gesetzt, erst allmählich hob er die Stimme. Dramatische Veränderungen in Stimme und Gestik folgten, wenn er sang, schmeichelte, bettelte, verfluchte, versprach. Er riss sich das Hemd herunter, entblößte seine Brust und schlug sich dagegen, spielte seine Erniedrigung und beschwor seinen Gott, den Gott von Abraham und Isaak, für das anwesende Volk das zu tun, was er vor Jahren und Zeiten für die Kinder Israels getan hatte, sie von Unterdrückung zu befreien, sie durch heiße Wüsten, durch tosendes Meer aus der Sklaverei zu führen und die Verfolger mit Blindheit zu schlagen. Es war, als wäre er beim Auszug aus

Ägypten dabei gewesen. Dann nahm er Gottes Stimme an und sagte seinen Anhängern: Zerreißt euch die Herzen und nicht die Kleider, und kommt zu mir, denn ich bin Jehova, euer Gott! Da stöhnten und ächzten die Zuhörer schon zustimmend und stachelten ihren Prediger weiter an. Mitten in der Predigt, während einer angemessenen Pause oder in Erwiderung auf eine unausgesprochene Frage, antwortete ein Gemeindemitglied mit einer Liedzeile, veranlasste Prediger und Gemeinde einzustimmen, und anschließend nahm der Prediger seinen Vortrag wieder auf, als wäre die Erwiderung ein wichtiger Bestandteil der Predigt gewesen. Übergangslos haben sich sein Körper und seine Stimme gewandelt; Kĩhang'ũ ist nicht mehr der Lehrer, den ich kenne. Er ist gleichzeitig Dirigent und Musiker in einem riesigen Orchester. Und wenn ich Lehrer Kĩhang'ũ am Montag wiedersehe, dann sieht er ganz gewöhnlich aus, schwach geradezu. Wo sind die Stimme und die Ausstrahlung geblieben, die den Boden zum Schwingen gebracht haben, wie ich es erlebt habe?

Auch wenn es nicht jedes Mal zu solcher Intensität anstieg, das theatralische Moment durchzog alles an der Manguo, war Ausdruck einer gemeinsamen Erfahrung und der Hoffnung auf kollektive Erlösung. Erfolg und Misserfolg waren nicht einfach Sache des Einzelnen: Sie schlossen andere mit ein. Wir wetteiferten nicht nur untereinander, sondern rangen auch mit anderen Kräften, einschließlich der Zeit. Es hieß immer einer für alle, alle für einen.

Am deutlichsten wurde das im Sport. Die Manguo hatte keinen richtigen Sportplatz oder besondere Anlagen, machte aber aus dem wenigen das Beste. Den größten Nervenkitzel hatte ich, als ich zum ersten Mal an einem Sportfest auf dem Teil des Manguo-Sumpfs teilnahm, der während der heißen Jahreszeit trocken und fest war.

Das Fest begann mit einer Blaskapelle auf der Straße, was etwas Neues für mich war. Der Tambourmajor trug einen schottischen Kilt und dirigierte die Band mit einem Taktstock, der an beiden Enden mit grünem Garn geschmückt war, das in losen Büscheln und Quasten endete. Manchmal warf er den Taktstock so hoch in die Luft, dass ich aus Angst, er könnte ihn nicht wieder auffangen, den Atem anhielt, aber er schaffte es immer ganz geschickt, ohne aus dem Rhythmus zu kommen. Die Trommeln, die Hörner und Trompeten schienen sich in schönen, wortlosen Klängen miteinander zu unterhalten.

Während die Band sich über den Markt und durch die Einkaufszentren schlängelte, rannten wir Kinder – und sogar ein paar Erwachsene – nebenher oder versuchten, bis zum Eingang des Behelfsstadions mitzumarschieren, durch den jedoch nur diejenigen kamen, die Eintrittskarten besaßen. Der Platz war von einer dichten Wand aus hohem Gras und trockenem Mais umgeben, die übermütige Versuche vereiteln sollten, Beobachtungslöcher zu schaffen, Versuche, die ständig von den wachsamen Blicken der Offiziellen – meist Jugendlichen in Pfadfinderuniformen – zunichte gemacht wurden. Die Organisatoren konnten aber wenig gegen die unternehmen, die etwas weiter entfernt auf der Anhöhe saßen oder auf Bäume kletterten.

Auf dem Platz gab es Nebenveranstaltungen, unter anderem die Zurschaustellung einer kleinen Gestalt, deren Worte und Verrenkungen hinterher Gegenstand heftiger Diskussionen waren. Doch die Hauptattraktionen waren Synchronliegestütze, Bockspringen oder Hampelmannübungen sowie lebende Bilder, die mir zum Teil, auch wenn sie ungefährlich aussehen sollten, ziemlich riskant vorkamen. Eierlauf, Dreibein- und Schubkarrenrennen lösten beim Publikum laute Anfeuerungen aus, nichts aber konnte die Begeisterung übertreffen, die von den Wettläufen der Sportler hervorgerufen wurde, vor allem der Läufe, die über mehr als eine Meile gingen. Die Sieger und Siegerinnen wurden Helden in ihren Dörfern. Bei den Ehrenrunden schlossen sich ihnen immer ein paar Zuschauer an.

Und wenn alles vorbei war, begleitete eine noch größere Menschenmenge die Helden triumphierend den ganzen Weg bis nach Hause. Manchmal trug die Menge sie auf den Schultern, und die Helden oder ihre Helfer reckten die gewonnenen Pokale in die Höhe, egal ob es Schüsseln, Hacken, Macheten oder Äxte waren, denn damals waren die Preise immer Werkzeuge, nicht Geld.

Das Sportfest war ein alljährlicher Wettbewerb, der zwischen den Karĩng'a- und den KISA-Schulen ausgetragen wurde, die abwechselnd Gastgeber waren, sodass die Veranstaltung von Ort zu Ort und von Region zu Region wechselte. Diese Ereignisse schufen ein Zusammengehörigkeitsgefühl zwischen KISA und Karĩng'a und stärkten gleichzeitig das Band zwischen den Schulen und den Gemeinden. Die Tatsache, dass diese Spektakel ohne jede Hilfe seitens der Regierung oder der Missionen organisiert wurden, stärkte den kollektiven Stolz der Gemeinden.

Auch im Klassenzimmer war das Gefühl des gemeinschaftlichen Sieges oder der gemeinschaftlicher Niederlage spürbar, vor allem, wenn am Ende des Jahres die Prüfungsergebnisse bekannt gegeben wurden. Eltern, Vormunde, Verwandte und Nachbarn kamen in die Schule, um an dieser Feier von herausragenden Leistungen teilzunehmen. Es war eine formale Veranstaltung, bei der auch die Gründungsväter der Schule anwesend waren, unter ihnen Mzee Kĩeya, der das Land gestiftet hatte und dessen Sohn Stephen Thiro dort lehrte. Wer immer die begehrten ersten drei Plätze, Erster, Zweiter oder Dritter, errang, war der ganze Stolz seiner Familie und seiner Gemeinde. Die, wie es damals hieß, am Schwanzende brachten Schande über ihre Familie. Jede Feier akademischer Tugenden wurde von Lachen und Tränen, gemeinsamer Freude und Trauer begleitet. Der Druck, gut abzuschneiden, muss die große Toleranz gegenüber Gemeinschaftsstrafen begründet haben, die an der Manguo stark verbreitet waren und manchmal an

Missbrauch grenzten. Die geschädigten Kinder erfuhren keinerlei Mitgefühl von ihren Eltern. Der Lehrer hatte immer Recht; denn schließlich war er das wachsame Auge der Gemeinde im Klassenzimmer.

Obwohl sich die Dinge in den nachfolgenden Jahren ändern sollten, tat ich mich in meinem ersten Jahr an der Manguo in keinem Fach besonders hervor, nicht einmal in Sport oder Körperertüchtigung. Aber ich tat etwas, das Fred Mbũguas Aufmerksamkeit erregte. Ich hatte einen Klassenessay in Gĩkũyũ geschrieben, einen Bericht über das Treffen eines fiktiven Ältestenrates. Er schien beeindruckt zu sein, wie es mir gelungen war, durch meine Wortwahl, die Bilder und Sprichwörter, die Bedeutung der Reden der Ältesten einzufangen. Der Text wurde in der Schulversammlung vorgelesen. Ich kann mich nicht mehr daran erinnern, ob mein großer Bruder dabei war. Meine Mutter war es mit Sicherheit nicht. Doch als ich später nach Hause kam, wusste Mutter bereits Bescheid. Dass man mich gebeten hatte, aufzustehen und mich zu verbeugen, war für sie die Bestätigung, dass ich mein Bestes gegeben hatte.

Meine Mutter muss sehr zufrieden gewesen sein, denn sie erlaubte mir kurz darauf, auf ihren geliebten Birnbaum zu klettern und ein paar Birnen herunterzuschütteln. Sie bewachte ihn eifersüchtig, mit Liebe und Sorgfalt, und der Baum, als wollte er ihr die Wohltaten vergelten, trug oft eine große Anzahl von Früchten.

Ich war froh, dass meine Anstrengungen in der Schule sie glücklich gemacht und meiner neuen Gemeinschaft Ehre und Stolz gebracht hatten.

Ich konnte nicht vorhersehen, dass ich bald zum fahrenden Sänger werden würde. An der Kamandũra diente Musik der Begleitung religiöser Zeremonien, meist von Gebeten; an der Manguo wurde alles, das Weltliche wie das Religiöse, von Musik eingerahmt. Sogar beim Sportfest traten, als Alternative zu den Blaskapellen, Chöre auf, die die Pausen füllten. Darbietungen, die Tanz und Musik einschlossen, gehörten zu den Jahresabschluss-Veranstaltungen der Schule. Einige dieser Vorführungen waren einfache Sketche und Parodien.

Zwei von ihnen haben mich lange beeindruckt. Die eine, sie hieß „Ein Fahrrad für zwei“, handelte von einer Dreiecksgeschichte, in der zwei Freunde einander austricksen wollen, um die Liebe eines Mädchens zu gewinnen. Sie gehen schließlich aufeinander los und geben dem Mädchen Gelegenheit zu verschwinden. So verlieren beide. Die andere hatte etwas mit Gerechtigkeit zu tun oder mit der Art und Weise, Fehler ungerecht zu korrigieren. Eine Mutter hat ihren beiden Kindern zwei Bananen dagelassen, die sie sich teilen sollen. Die Brüder geraten wegen der Bananen in heftigen Streit; beide wollen die größere. Ein alter Mann, der von Kopf bis Fuß wie ein wohlmeinender Erwachsener aussieht, kommt vorbei, erkennt das Problem und bietet an zu helfen, indem er die beiden Bananen auf die gleiche Größe bringt. Er nimmt die beiden Früchte in die Hand, vergleicht sie und beißt ein Stück von der größeren ab, schafft damit aber nur neue Ungleichheit, die er erneut auf die selbe Weise zu korrigieren versucht. Zu guter Letzt hat er die zwei Bananen verspeist und die beiden Brüder dürfen über die Gleichheit des Verlusts nachdenken. Zu spät schließen sich die Brüder gegen den Alten zusammen, der von der Bühne rennt, als hätten ihm die Bananen neue Jugend geschenkt. Die Parodien waren allesamt Pantomimen, und doch waren sie so aussagekräftig, dass sie Applaus, Gelächter und verstehendes Nicken auslösten.

Die Darbietung von Liedern, die meist Bildungsthemen zum Inhalt hatten, schuf eine andere Stimmung und brachte so einige in der versammelten Menge zum Weinen.

Korwo nĩ Ndemi na Mathathi
Baba ndagwĩtia kĩrugũ
Njoke ngwĩtie itimũ na ng'ombe
Riu baba, ngũgwĩtia gĩthomo

Ndegwa rĩu gũtitũire
Thenge rĩu no iranyihahanyiha
Ndirĩ kĩrugũ ngũgwĩtia
Riu baba, ngũgwĩtia gĩthomo

Wär dies die Zeit unserer Ahnen Ndemi und
Mathathi
Mein Vater, ich würd dich um das Fest zur
Initiation bitten
Dann würd ich dich bitten, mich mit Speer und
Schild zu rüsten
Heute aber, Vater, bitte ich dich nur um Bildung

Unsere Bullenherde gibt es nicht mehr
Unsere Ziegenböcke sind nicht mehr
Ich bitte dich nicht um ein Gastmahl
Mein Vater, ich bitte dich nur um Bildung.

Es gab Varianten, in denen die Sänger anstelle von Speer und Schild um Schreibutensilien, Stift und Schiefertafel baten. Ich nahm Text und Melodie persönlich: ich hatte das Gefühl, als drückten sie das Schicksal der Herden meines Vaters aus.

Allmählich wurden die neuen Lieder über die Schule hinaus populär und fanden durch einen bei jungen Männern und Frauen aufkommenden Trend Verbreitung. Sonntagnachmittags organisierten sie gemeinschaftliche Treffen bei sich zu Hause oder im Freien und unterhielten sich oder sangen. Der Bahnhof war nicht mehr das wichtigste gesellschaftliche Zentrum. Bei einer dieser Zusammenkünfte sang ich zum ersten Mal das Ndemi-Mathathi-Lied, unter dem scherzhaften Drängen der jungen Männer und Frauen im Haus meines Bruders Wallace. Das Gefühl, das ich in meinen Gesang legte, kam aus einem Herzen, das wegen des jüngst erlittenen Verlusts überlief: die Auslöschung der Herde meines Vaters, meine Vertreibung von Zuhause. Das gemeinschaftliche Gefühl des Verlusts mischte sich mit dem privaten. Die Menge stimmte ein. Meine Darbietung hatte die Stimmung der Stunde auf eine Weise erfasst, die ich nicht erwartet hatte.

Mein Bruder Wallace entschied, dass ich Sänger war. Wo immer es jetzt eine Zusammenkunft junger Männer und Frauen gab, fand er eine Möglichkeit, dass ich mein Talent zum Besten geben konnte. Weil ich für mein Alter klein war, rief mein Erscheinen immer Neugier hervor. Das Ergebnis war immer dasselbe: Betroffenheit bei den Erwachsenen, Schmeicheleien hinterher. Der Junge ist klug. Der Junge, der den Aufsatz geschrieben hat, den Mwalimu oder Fred Mbũgua vor der Versammlung verlesen hat, ist auch Sänger.

Ich war im zweiten Jahr an der Manguo. Ich hatte bereits das Competitive Entrance Exam der vierten Klasse geschrieben und gut bestanden. Es war die abschließende Prüfung, eine wirkliche Hürde im schulischen Wettkampf. Später wurde diese Prüfung abgeschafft: es fielen so viele Kinder durch und damit war ihre schulische Ausbildung zu Ende; sie wurden Arbeiter auf den Tee- und Kaffeeplantagen. Dass ich die Prüfung bestand, erhöhte mein Ansehen bei den Freunden meines Bruders Wallace.

Eines Morgens kam ich früher als sonst in die Schule und entdeckte eine Gruppe Schüler, die sangen anstatt zu spielen, wie das normalerweise vor dem Morgenappell üblich war. Ich stand wie gebannt. Ich kannte die Melodie: Wo hatte ich sie gehört?

Dann fiel es mir ein. Eines Tages, ich wohnte noch im Haus meines Vaters, war ich zum Manguo-Sumpf hinuntergegangen. Der Sumpf war während der Regenzeit natürlich durchweicht, und die Feuchtigkeit hielt sich mehrere Monate, manchmal sogar bis zur nächsten Regenzeit. Schilf wuchs. Vögel flogen über den Sumpf; einige bauten ihre Nester in Gras und Schilf und brüteten. Es gab eine sandige Piste, die Limuru mit der Nairobi-Nakuru Road verband, die die italienischen Kriegsgefangenen gebaut hatten. Einige Weiße kamen öfter hierher zur Vogeljagd; ihre Hunde stürzten sich ins Wasser, um das abgeschossene Wild heranzuschleppen. Ich war noch nicht über die Straße gegangen, als ich an der Stelle, die wir Kĩmunya's Corner nannten, einen Lastwagenkonvoi mit Männern und Frauen sah, die auf den Ladeflächen zusammengepfercht waren.

Jeder Lastwagenkonvoi auf dieser Straße weckte natürlich die Erinnerung an den Unfall im Lateritbruch, bei dem während des Zweiten Weltkriegs Soldaten ums Leben gekommen und andere verwundet worden waren. In meinem Magen grummelte es; der Konvoi, den ich erblickte, rief dieselben Befürchtungen hervor. Es war zwar nichts passiert, doch die Leute sangen, als hätten sie einen Unfall mit angesehen oder erwarteten einen.

Ich bekam nicht den ganzen Text mit, aber die Melodie und die Art, in der sie voller Überzeugung dieses Lied sangen, rührten mich mit ihrem Trotz und der unendlichen Traurigkeit. Gern hätte ich den Text gekannt.

Und jetzt sangen diese Schüler den Text!

Wendani ndonire kuo
Wa ciana na atumia
Mboco yagwa thĩ tũkenyũrana
Hoyai ma, thai thai Ma
Amu Ngai no ũrĩa wa tene

Große Liebe sah ich da
Bei Frauen und den Kindern
Eine Krume vom Boden gepickt
Unter uns allen geteilt
Bete mit Inbrunst
Flehe mit Inbrunst
Er ist der Ewige Gott

Dieselben Worte, dieselbe Melodie, als ob die Schüler zum Konvoi der Zusammengepferchten gehört hätten. Ich lernte die Verse und den Refrain auswendig und fügte das Lied meinem Repertoire hinzu. Ich brauchte nur zu singen anfangen, schon fielen die Erwachsenen ein.

Mein Gesang brachte einige Freunde meines Bruders dazu, mit mir zu reden, als wäre ich selbst schon erwachsen, wenn sie ihn – wie oft – in seinem neuen Zweizimmerhaus besuchten. Sie gaben mir den Spitznamen Mzee, Ältester, eine Respektsbezeichnung. Ich sprach sie meinerseits ebenfalls mit Mzee an. Sie waren Erwachsene, meinem großen Bruder ebenbürtig, aber Mzee wurde zum Spitznamen bei uns. Ngandi Njũgũna war der Gebildetste und Kenntnisreichste in dieser Gruppe Erwachsener.

„Das ist das Lied über Ole Ngurueni“, erklärte mir Ngandi, als ich ihn fragte, warum das Lied so populär sei.

„Ole Ngurueni?“, fragte ich verwirrt.

„Seit 1902, seit uns die Europäer das Land gestohlen haben, haben sie aus vielen der ursprünglichen Besitzer mit Gewalt oder Betrug oder beidem Squatter gemacht. Verstehst du, um das Geld für die Steuern aufzutreiben, musste man gegen Bezahlung arbeiten, irgendwo. Nach dem Ersten Weltkrieg wurde dann noch mehr Afrikanern ihr Land weggenommen, um Platz für die Ansiedlung ehemaliger Soldaten zu schaffen. Manche zogen ins Rift Valley und die Squatter-Bevölkerung wuchs. 1941 dann, als unsere Männer im großen Krieg für sie kämpften, begannen die europäischen Siedler, die Squatter zum zweiten Mal von ihrem Farmland zu vertreiben. Ole Ngurueni liegt in der Nähe von Nakuru und war Siedlungsgebiet für einen Teil der Vertriebenen. Dann aber, drei Jahre nach der Heimkehr unserer Soldaten aus dem Zweiten Weltkrieg, entschied die Kolonialregierung, die Bewohner von Ole Ngurueni ein weiteres, ein drittes Mal, zu vertreiben. Doch die Menschen von Ole Ngurueni sagten: Nein, sie würden nicht wegziehen; sie würden sich nicht ein weiteres Mal umsiedeln lassen. Ihre Stärke? Solidarität. Sie schworen zusammenzuhalten und standzuhalten. Die Familie eines ihrer Anführer, Koina, stammt aus Limuru. Was aber tat die Regierung? Sie verfrachtete die Menschen wie Vieh auf Lastwagen und schaffte sie nach Yatta in Ostkenia. Sie verarbeiteten die Geschichte ihrer gewaltsamen Umsiedlung von Ole Ngurueni nach Yatta, eine Region, die sie das Land der schwarzen Felsen nannten, in einem Lied."

Ich hörte das Lied zum ersten Mal 1948. Ich konnte nicht ahnen, dass ich es zwei oder drei Jahre später in Manguo wieder hören oder dass ich es einer sehr aufgeschlossenen Menschenmenge vorsingen würde, von denen einige vielleicht mit den Opfern verwandt waren.

Ngandi zufolge war Ole Ngurueni, die Erfahrung von Vertreibung, Exil und Verlust, wirklich eine Geschichte Kenias; der Widerstand des Volkes war ein Vorbote dessen, was kommen sollte.

Ngandi hatte seine Ausbildung am Kenya Teachers' College in Gĩthũngũri erhalten. Voller Stolz sprach er über seine Alma Mater: Sie bot die beste Bildung der Welt.

Das College verdankte seine Entstehung dem Wettstreit zwischen der Allianz aus KISA und KKEA einerseits und den Kĩrore und Thirikari, dem Staat und den Missionsprogrammen auf der anderen Seite. Selbst nachdem die unabhängigen afrikanischen Schulen ab 1929 stärker wuchsen, blieben Regierung und Missionszentren Mittelpunkt der Lehrerausbildung und ließen Kandidaten, die direkt von den beiden unabhängigen Organisationen KISA und KKEA kamen, nur sehr widerwillig zu. Die unabhängigen Schulen warben weiterhin in den Missionszentren Lehrer ab und ergänzten Engpässe mit Lehrern ohne Ausbildung. Trotzdem rühmten sich sowohl die KISA als auch die Karĩng'a, nicht unter der Kontrolle von Regierung oder Missionen zu stehen. Das Streben nach Eigenständigkeit hinsichtlich des Lehrpersonals führte zur Konzeption eines Kenya Teachers' College in Gĩthũngũri, jenem Ort, in dem die erste unabhängige Grundschule stand, die Musa Ndirangũ gegründet hatte. Der Ort symbolisierte Kontinuität.

Hinter der Konzeption und Umsetzung dieses Lehrerbildungsinstituts stand *Mbiyũ Koinange*, der älteste Sohn des legendären Senior Chiefs Koinange. Nach seiner Zeit an der Alliance High School in Kikuyu ging Mbiyũ 1927 für seine Oberschulbildung an das Hampton Institute in Virginia, an dieselbe Schule, an der 1875 *Booker T. Washington*, ein berühmter afroamerikanischer Lehrer und Erzieher seinen Abschluss gemacht hatte und unterrichtete, bis er 1881, auf Empfehlung von General Armstrong, dem Leiter des Hampton Institutes, in Alabama das Tuskegee Institute gründete. Mbiyũ muss sich gut gemacht haben, denn die Mitschüler gaben ihm beim Abschluss im Hampton anerkennende Worte mit: Ein edler Mensch geht seinen Weg, sich seines Adels bewusst, sagten sie über ihn.

Mbiyũ wechselte vom Hampton Institute ans Ohio Wesleyan College und schloss 1935 mit einem B. A. ab. Sein Abschluss in Ohio zog die Aufmerksamkeit der „Time“ auf sich, die in ihrer Ausgabe vom 4. Juni 1935 Spirituals zu seinen Interessen zählte. Man beschrieb ihn als Sohn einer Tänzerin und hob seinen dringenden Wunsch hervor, nach Hause zurückzukehren und in seiner Gemeinde das „Streben nach Bildung“ zu fördern, deren Mitglieder ansonsten das „vordringliche Ziel“ hätten, so die Herausgeber, „sich die Ohrläppchen so sehr zu dehnen, dass sie die Schultern berühren“. Die „Time“ hatte offensichtlich noch nie etwas von Harry Thuku und seiner antikolonialen Arbeiterbewegung der 1920er-Jahre gehört, noch vom Ringen um Bildung, das von eben diesen Ältesten mit den gedehnten Ohrläppchen angeführt wurde. Mbiyũ besuchte anschließend die Columbia University, machte dort sein Pädagogikdiplom und war damit der erste Kenianer, der einen Hochschulabschluss erlangte. Bei seiner Heimkehr nach Kenia im Jahre 1938 und nach Beratung mit seinem Vater präsentierte er seine Lösung: ein von Afrikanern geführtes College im Besitz der Gemeinde und mit ihm als Direktor, das sich an Hampton und Tuskegee ausrichten sollte. Mit Hilfe anderer, die ebenfalls darauf hofften, dass es sich langfristig zur Kenya University entwickelte, sollte das College zum größten und anspruchsvollsten Bildungsprojekt werden, das jemals im kolonialen Kenia in Angriff genommen worden war. Indem es sich an den Vorbildern von Hampton und Tuskegee orientierte, stellte das College auch die Verbindung zum Garvey'schen Konzept der Eigenständigkeit wieder her, das – über Harry Thuku und die „Negro World“ – die unabhängigen Schulen ins Leben gerufen hatte. Als Garvey 1914 aus Jamaika in die USA kam, war es unter anderem das Tuskegee-Modell gewesen, das seine Aufmerksamkeit erregt hatte, doch kam er zu spät, um Washington noch zu begegnen, der 1915 starb.

Die kenianischen Träumer suchten in ihrer kulturellen Tradition nach Anregungen zur Lösung des Finanzierungsproblems und fanden sie – ironischerweise – in der umstrittenen Beschneidungspraxis. Jeder Erwachsene der Gĩkũyũ gehörte, egal ob Mann oder Frau, einer Altersgruppe an, deren Zusammensetzung sich an dem Jahr orientierte, in dem die Mitglieder initiiert wurden. Über diese Altersgruppen, die untereinander wetteiferten, welche das meiste aufbringen konnte, sollte das Geld beschafft werden. Darüber hinaus gab es individuelle Initiativen und Erneuerungen.

Man erzählt die Geschichte der Analphabetin und Bauersfrau Njeri, die sich auf den Weg machte, um sich das berühmte College mit eigenen Augen anzusehen. Sie war außer sich, als sie entdeckte, dass die Mädchen in einer Hütte mit Lehmwänden und Grasdach schliefen, während die Jungen in Räumen wohnten, die aus Steinen gebaut waren. Sie kehrte in ihr Dorf zurück und organisierte die Frauen, die allesamt gaben, was sie konnten, damit Steine und Aluminium für den Schlafsaal der Mädchen gekauft werden konnten. Ihre Initiative entwickelte sich zu einer Frauenbewegung, die weit über die Grenzen ihres Dorfes hinausreichte.

Das Bemühen, Geld zu beschaffen, mobilisierte die gesamte Gĩkũyũ-Gesellschaft, und das Kenya Teachers' College in Gĩthũngũri wurde Bestandteil des kollektiven Stolzes, der sich damals in vielen Liedern niederschlug:

Kommst du nach Gĩthũngũri
Entdeckst du das College des afrikanischen Volkes
Ein vierstöckiges Gebäude

Die Erbauer sind Kenianer
Der Direktor ist Kenianer
Die Kommission besteht aus Kenianern.

In dem College, das zugleich Sekundarbildung übernahm, sah man das Gegengewicht zum kolonialen und missionarischen Schulprojekt, das immer von der Beschränktheit des afrikanischen Geistes ausging. Das Kenya Teachers' College in Gĩthũngũri stand allen Kenianern offen und war eine Einrichtung, die sich der Ausbildung von Lehrern verschrieben hatte, die den afrikanischen Kindern uneingeschränktes, unvoreingenommenes Wissen vermitteln und sie befähigen sollten, mit dem Besten mitzuhalten, das die Regierungs- und Missionsschulen zu bieten hatten. Das College brachte Intellektuelle hervor, die organisch aus der Gemeinschaft erwuchsen und für das Volk zu fahrenden Botschaftern in der Welt wurden.

Ngandi Njũgũna stand in dieser Tradition und war von ihr beseelt. Der Tag, an dem das College formal eröffnet wurde, es war am 7. Januar 1939, blieb für ihn immer ein großer Tag für Kenia. Obwohl es während des Krieges eröffnet wurde, überstand es die Härten der Zeit. Er behauptete, dass sogar viele Europäer und Asiaten das College besuchten, um diese Initiative in Augenschein zu nehmen. Schwarze amerikanische Soldaten, die in Nairobi stationiert waren, besuchten das College und sangen vor der Gemeinde Spirituals. Ngandi konnte nie lange über etwas reden, ohne irgendwie das Kenya Teachers' College ins Gespräch zu bringen.

Er hob sich erstmals von der Menge um mich herum ab und wurde wichtig für mich, als er mir ein Buch lieh, das, nach meinem zerschlissenen Exemplar des Alten Testaments, bald zu meinem Lieblingsbuch wurde. Es hieß „Mwendwo nĩ Irĩ na Irirĩ" („Geliebter des Volkes") und stammte von Justus Itotia, einem Lehrer an der 1925 für die Entwicklung der Dorfgemeinschaft gegründeten Jeans School in Kabete in der Nähe von Nairobi. Das Buch war eine Sammlung von Aufsätzen, Rätseln und Geschichten, die allesamt das Ideal eines guten Menschen propagierten, dessen Charakter nach den Werten der Höflichkeit, Verantwortung und gegenseitigen Verlässlichkeit geformt war, die, obwohl in der alten Kultur bereits angelegt, die christlichen Ideale einer modernen Welt vorwegnahmen und in ihnen Erfüllung fanden. Zwei Erzählungen waren exemplarisch: eine Parabel und eine nüchterne Reisebeschreibung.

Ein Mann bittet seinen Freund, einen Hirten, kurz vor der Abreise in ein anderes Land, in dem er Handel treiben will, sich während seiner Abwesenheit um seine schwarzgrau gefleckte Kuh zu kümmern. Die Kuh bringt ungefähr zur selben Zeit wie die braune Kuh des Hirten ein Kalb zur Welt. Da die Gefleckte dafür bekannt ist, viel Milch zu geben, tauscht der Hirte einfach die Kälber aus; er gibt das gefleckte der braunen Mutterkuh zu säugen, und das braune der gefleckten Mutterkuh. Als der Mann heimkehrt und seine Kuh und ihre Nachkommenschaft einfordert, findet er ein ausgemergeltes geflecktes Kalb, das von der braunen Kuh umsorgt wird, und das braune Kalb, das von der gefleckten Mutterkuh gestillt wird. Er begreift, was sich abgespielt hat und bringt die Angelegenheit vor den Ältestenrat. Obwohl die Ältesten wegen der Farbe der Kälber die Wahrheit ahnen, können sie keine Einigung finden, weil das Wort des einen gegen das des anderen steht. Aus Mitleid mit dem Ältestenrat und weil sich die Sache schon über Jahre hinzieht, die Kälber bereits eigene Junge haben, die wiederum andere zur Welt brachten und säugten, bietet ein Junge an, den Fall zu schlichten. Die Ältesten sind skeptisch, aber weil sie mit ihrer Weisheit am Ende sind, erlauben sie ihm, es zu versuchen. Sie befolgen seine Anweisungen. Am Abend vor der nächsten Sitzung stecken sie ihn heimlich in ein Erdloch, das ihm genug Luft zum Atmen lässt, und bedecken es mit einem Stein, der ihre vereinten Kräfte erfordert, um ihn zum Loch zu rollen. Als der Mann und der Hirte zur Anhörung kommen, bitten die Ältesten, die weit entfernt vom Stein sitzen, den Hirten, ihnen den Stein zu bringen. Da er es trotz Schweiß und Mühen nicht schafft und erkennt, dass er verlassen ist, meint er bei sich: Warum, um alles in der Welt, habe ich die Kälber ausgetauscht, anstatt an dem festzuhalten, das mir gehört? Er kehrt wieder zu den Ältesten zurück. Der andere Kläger erhält die gleiche Anweisung. Als es ihm nicht gelingt, den Fels auch nur einen Zentimeter zu bewegen, sagt er zu sich: Wie schwer die Aufgabe auch ist, ich werde nie aufgeben, was rechtmäßig mir gehört. Nun zieht das Gericht um und setzt sich um den Felsbrocken wie um ein Orakel. Die Stimme aus dem Felsen sagt ihnen, was die beiden Männer gesprochen haben, der Fall ist geschlichtet und die Gerechtigkeit wiederhergestellt. In der Gestalt des erfundenen Jungen, der zum größten Weisen seiner Zeit heranwächst, finden sich Andeutungen auf eine frühreife Jesus- oder Salomonfigur.

Bei der zweiten Erzählung handelt es sich um die Beschreibung eines Schulausflugs zum Ondirĩ-Sumpf in Kikuyu. Eigentlich geschieht gar nichts: Die Schüler versammeln sich auf dem Schulhof, sie gehen los, sie kommen an und essen und sie gehen wieder zurück. Aber wir erfahren etwas über die Werte, die geschätzt werden: Sauberkeit, Pünktlichkeit, Zusammenarbeit, gutes Benehmen, Aspekte des neuen afrikanischen und christlichen Stadtlebens.

Wo der Ondirĩ-Sumpf war, wusste ich nicht, aber ich stellte ihn mir gern als magischen Ort vor. Warum sonst sollte man einem Ausflug Seiten widmen, bei dem eigentlich gar nichts geschieht, bei dem es keine Wendungen und Verwicklungen gibt? Obwohl dieses Buch mich nicht zu denselben Höhenflügen anspornte wie das Alte Testament, hatte es doch den Reiz, von Dingen zu erzählen, die mich umgaben. Das Buch lehrte mich, dass man über das Alltägliche schreiben und es gleichzeitig interessant aussehen lassen konnte.

Ngandi war eine riesige Fundgrube des Wissens. Er trug immer eine Zeitung bei sich, meistens die „Mũmenyereri", die beliebte Gĩkũyũ-Wochenzeitung, die von *Henry Muoria* herausgegeben wurde und die er säuberlich gefaltet in der Außentasche seines Sakkos verstaute. Manchmal las er seinen Zuhörern Absätze daraus vor, wenn er etwas hervorheben wollte, meistens aber bezog er sich lediglich auf sie. Er war eine Art Wanderlehrer, der das Buch seines riesigen Wissens aufschlug, wo immer er zwei oder drei versammelt sah.

Sein Wissen umfasste auch Lieder, und durch ihn erweiterte ich mein Repertoire. Sein Lieblingslied war „Komm, mein Freund, lass uns vernünftig reden. Um unserer Kinder Zukunft willen. Damit in unserem Land die Finsternis ein Ende hat." Er sang es mit bebender Stimme, die ich nicht nachmachen konnte, mit traurigem Unterton, schien aber stolz zu sein, wenn sein Schüler vortrug, was er ihm beigebracht hatte, egal wie gut oder schlecht der Gesang war. Ich war seine Entdeckung. Er stellte mich bei Zusammenkünften vor und wies besonders gern darauf hin, dass ich außer singen auch noch fließend die Bibel, „Mũmenyereri" und „Mwendwo nĩ Irĩ na Iriri" lesen konnte.

Ich weiß nicht mehr, wann und wo es geschah, aber ich erkannte, dass die Erwachsenen die Dauer der Lieder verlängerten, die ich anstimmte, indem sie viele Strophen hinzufügten. Immer wieder sangen sie dasselbe Lied und gingen dann nahtlos zu anderen über. Ich war lediglich der Auslöser. Im Laufe der Zeit schlichen sich andere als die bildungspolitischen Themen in die Lieder, und Namen wie *Waiyaki wa Hinga*, Mbiyũ Koinange und Jomo Kenyatta kamen hinzu.

Njamba ĩrĩa nene Kenyatta
Riu nĩ oimire Rũraya
Jomo nĩ oimĩte na thome
Ningĩ Jomo mũthigani witũ

Kenyatta unser großer Held
Ist nun aus Europa zurück
Durchs große Tor (Mombasa) kehrt er zurück
Jomo hat für uns gesehen.

Ngandi fügte oft Hintergrundinformationen über historische Gestalten und Ereignisse hinzu und sprach über sie, als würde er sie persönlich kennen oder wäre selbst dabei gewesen, wenn sich bestimmte Dinge in Afrika, Europa und Amerika ereigneten. Er erzählte auch über Menschen, die bereits im Grab lagen, wie Waiyaki zum Beispiel. Waiyaki wa Hinga war Führer der Gĩkũyũ im südlichen Kĩambu, als die Europäer 1887 Dagoretti erreichten. 1890 begrüßte er Captain Lugard in Dagoretti und schwor mit ihm einen feierlichen Eid auf die Bruderschaft der beiden Völker. Lugards Nachfolger brachen den Eid, errichteten Fort Smith und machten mit ihren feindseligen Aktionen klar, dass sie gekommen waren, um zu erobern. Waiyaki stellte sich an die Spitze des Aufstands der Speere gegen die Gewehre, den die Gewehre gewannen; er wurde gefangen genommen und in Kibwezi lebendig begraben. Wenn man Ngandi über Waiyakis Schicksal erzählen hörte, glaubte man, dass er tatsächlich vor Ort gewesen war und Waiyakis letzte trotzige Ankündigung gehört hatte, dass er im Geist seines Volkes wiederkehren und die Weißen heimsuchen würde, bis sie Kenia verließen. Waiyakis letzter Wille aus dem Jahr 1891, der Ruf zu den Waffen, um das Land zu verteidigen, war Ngandis wichtigster Punkt seiner politischen und rechtlichen Überzeugung. Der zweite war die *Deklaration von Devonshire* aus dem Jahr 1923, in der es hieß, dass Kenia das Land eines afrikanischen Volkes sei und damit die Interessen der afrikanischen Eingeborenen über allen anderen Interessen stünden. Diese Deklaration war die Anerkennung der Richtigkeit von Waiyakis letzten Worten, erklärte Ngandi und meinte damit, dass Waiyaki ein Prophet war. Ngandi besaß die Gabe, Debatten und

Auseinandersetzungen zu Themen zu entzünden und einzuführen, die von der Landfrage über die Bildung bis zu Religion und den Persönlichkeiten von Mbiyũ Koinange und Jomo Kenyatta reichten. Oft entdeckte er die Hand des Schicksals in Zahlen, Zufällen und sogar Daten: So war für ihn die Tatsache, dass beide im Abstand von reichlich einem Jahr ins Ausland gingen, Mbiyũ 1927 nach Amerika, Kenyatta 1929 nach England, ein klares Zeichen dafür, dass sich ihre Wege bald kreuzen würden.

Jomo Kenyatta war als Sprecher der Kikuyu Central Association ins Ausland gegangen, bevor ich geboren wurde. Die KCA konnte sich, obwohl sie die Nachfolgeorganisation von Harry Thukus East African Association war, nur noch als regionale Vereinigung eintragen, weil der Kolonialstaat landesweite afrikanische Organisationen nicht mehr zuließ. Kenyatta war kurz zurückgekommen, bevor er 1931 wieder nach England ging, wo er fünfzehn Jahre lang der Repräsentant der KCA blieb, obwohl sie 1941 während seiner Abwesenheit verboten wurde. In dieser Zeit wurde er Nationalist und Panafrikanist. Er sagte den Briten in ihrem eigenen Land: Kenia ist das Land eines afrikanischen Volkes, das uns von unseren Vorfahren vererbt worden ist, und niemand kann es uns wegnehmen. Als er 1946 in Mombasa von Bord des Schiffes ging, bückte er sich und presste eine Handvoll kenianischer Erde an sein Herz; das war Stoff für viele Legenden. Er hatte ein Buch geschrieben. „Facing Mount Kenya", und ein weiteres „Kenya: The Land of Conflict".

Und soweit es Mbiyũ betraf, war er nicht nur gebildet; er war, wie einige meinten, der gebildetste Mensch auf der ganzen Welt. Die Leute behaupteten, dass, wenn er Englisch sprach, sogar die Herren dieser Sprache zum Wörterbuch greifen mussten. Die beiden gebildeten Giganten waren Rivalen. Nein, die beiden Giganten waren enge Freunde: Kenyatta hatte sogar Mbiyũs Schwester geheiratet. Aber hatte nicht Kenyatta in England auch eine Engländerin geheiratet? So viele Geschichten, so viele Mythen.

Ngandi, der für sich in Anspruch nahm, „Kenya: The Land of Conflict“ gelesen zu haben, versuchte all das für seinen Kreis an Bewunderern sinnvoll zusammenzuführen. Doch selbst er schien unentschieden, wer von beiden der Größere war. Kenyatta hatte seine Weisheit in die Wiege gelegt bekommen; Mbiyũ hatte das Wissen aus Büchern. Weisheit war eine Gabe Gottes und das Lernen eine Gabe des Menschen; und deshalb beugte sich Mbiyũ immer Kenyatta. Verstanden? Mbiyũ ist der Gründer des Kenya Teachers' College, aber als Kenyatta 1946 aus England zurückkehrt, was macht Mbiyũ da? Er ernennt Kenyatta zum Direktor. Die Sache mit der Eigenständigkeit, das ist Mbiyũ. Er hat den Verstand, das Geschick, aber nicht die Stimme. Jomo hat den Verstand, die Stimme, aber nicht das Geschick. Ein großer Kampf wird immer von einem Paar angeführt: Gandhi und Nehru; Mao und Chou En-Lai, Moses und Aaron. Das Geschick eines Genies und die Stimme eines Genies. Ohne das eine gibt es auch das andere nicht. Mbiyũ und Kenyatta hatten den Zweiten Weltkrieg überlebt, und es steckte ein Grund dahinter. Das Schicksal hatte es so eingerichtet, dass beide ins Land zurückkehrten, der eine unmittelbar vor Beginn des Krieges, der andere kurz nach dem Krieg. Und der Grund war, dass sie Kenia aus der Sklaverei ins Gelobte Land führen sollten. Der Weg dahin war nicht leicht; er war voller Versuchungen und Drangsal, Tränen und sogar Blut!

Das Leid in Ole Ngurueni war Teil eines Musters. Es war Ngandi, der durch seine Erzählungen über den Widerstand der Squatter und andere Geschichten, egal ob sie erfunden waren oder er sie aus der Zeitung hatte, in mir das Gefühl weckte und verstärkte, dass im Land etwas Ungewöhnliches brodelte, etwas von biblischen Ausmaßen. Man konnte es außerdem in den geflüsterten Berichten über Ereignisse, in den Andeutungen über andere Dinge spüren, und Nairobi stand immer im Mittelpunkt. In schneller Folge schufen Tatsachen und Gerüchte neue Tatsachen und Gerüchte. Am spannendsten war das Gerücht, dass sich alle Arbeiter in Kenia unter dem Schirm des *East African Trade Union Congress* vereinigt hatten; dass sie einen Generalstreik ausgerufen hatten, um sich gegen die Verleihung einer Royal Charter an Nairobi zur Wehr zu setzen, mit der 1950 ihr Status von dem einer selbstverwalteten Stadt zu einer Großstadt des Königreichs verändert wurde. Das Wort „Großstadt" klang mit einem Mal unheilvoll, böse, bedrohlich. Wie würde sich die Großstadt Nairobi von jenem Nairobi unterscheiden, aus dem mein Vater einst geflohen war; dem Nairobi, aus dem ein Armeelaster gekommen und in das Haus meiner Mutter gekracht war; dem Nairobi, durch das meine Mutter und ich gegangen waren, nachdem meine Augen im King George Hospital geheilt worden waren?

Die Royal Charter bedeutete, dass man Afrikaner aus der Stadt und den umliegenden Gebieten entfernen würde, wie das den schwarzen Menschen in Südafrika geschehen war, erklärte Ngandi kühl. Erinnert euch, dass die Kenia-Buren aus Südafrika hierhergekommen sind. Man hat die Bewohner von Ole Ngurueni 1948 vertrieben, zur selben Zeit, als die Buren in Südafrika den schwarzen Menschen dasselbe antaten. Die Weißen haben einen Generalplan und wollen sich Afrika vom Kap bis nach Kairo einverleiben. Es war *Cecil Rhodes*, jener Besitzer gestohlener Diamanten und gestohlenen Golds in Südafrika, der ursprünglich diesen üblen Plan ausheckte. Ngandi holte noch weiter aus. In den 1930er-Jahren gab es in Kenia einen weißen Geheimbund, der plante, alle schwarzen Babys bei der Geburt zu töten, mit Ausnahme einiger kräftig gebauter für die Arbeit, die aber schwach im Verstand sein sollten, damit sie sich nicht zum Widerstand zusammenrotteten. Er bezeichnete sie als *Eugenics Society* („Kĩama Kĩa Njini"), die sich in meine Vorstellung als Gesellschaft weißer Brandstifter und Menschen fressender Ungeheuer jener Art einschrieb, gegen die Kabae und andere in den Zweiten Weltkrieg gezogen waren. Und nun diese Royal Charter, um die Schwarzen aus der Stadt und dem Umland zu vertreiben; ein schreiender Widerspruch zu Ngandis geliebter Erklärung von Devonshire aus dem Jahr 1923! Die weiße Rasse war gegen die schwarze Rasse, auch wenn er, Ngandi, für Leute wie *Fenner Brockway*, ein britisches Parlamentsmitglied der Labour Party, Ausnahmen machte. Abgesehen davon zeichnete Ngandis Erzählung das Bild eines herankriechenden, reptilienartigen, weißen Ungeheuers, das uns alle zu verschlingen drohte. Im Schatten der Geschichte aber standen junge Männer, die gegen diesen weißen Generalplan kämpften, von denen einige bereits während des Krieges den Weißen entgegengetreten waren und sie besiegt hatten, wenn auch im Auftrag der Briten. Im Geiste Waiyakis hatten sie sich jetzt für Kenia und Afrika erhoben. Der Kampf gegen den weißen Generalplan war Bestandteil des Kampfes, der sich jetzt gegen die Royal Charter entfaltete. Bereits 1947 hatte es in Mombasa einen großen Streik gegeben, erklärte Ngandi, aber die gegenwärtige Schlacht in den Straßen Nairobis von 1950, die sich an den Streik der Arbeiter anschloss, erinnerte mehr an den Kampf des Jahres 1922, zu Zeiten Harry Thukus, der zur Devonshire-Erklärung geführt hatte, was bedeutete, dass jetzt vielleicht eine Erklärung noch größerer Tragweite herauskommen könnte. Damals, 1922, wie heute, 1950, versorgte die Landbevölkerung die Streikenden mit Lebensmitteln und nahm jene Arbeiter bei sich auf, die der Brutalität der Regierungstruppen entkommen waren.

Einige, die 1950 am Streik gegen die Royal Charter teilgenommen hatten, stammten aus Limuru und brachten bei ihrer Heimkehr neue Gerüchte über *Bildad Kaggia*, *Fred Kubai*, *Chege Kibachia*, *George Ndegwa*, *Achieng Oneko*, *Dedan Mugo*, *Paul Ngei* und andere mit. Diese Namen besetzten einen Ort zwischen dem Wirklichen und dem Unwirklichen, zwischen Geschichte und Geschichten, und ich fügte sie zu meinem Pantheon mythischer Helden hinzu. Die jungen Männer und Frauen aber, die von dem Aufruhr in Nairobis Straßen berichteten, waren aus Fleisch und Blut. In Worten und Verhalten schienen sie mir ernst und entschlossen. Bereitwillig lauschte ich ihren Erzählungen von Mutproben und knappem Entkommen, Erfolg und Niederlage, die von einem Willen sprachen, der durch Leid gehärtet worden war. Ja, Waiyaki lebte.

Ich fing an, die Ereignisse und Anekdoten in biblischen Begriffen zu erklären. Da gab es die Geschichte über den indischen Propheten, der nach Kenia zurückgekehrt und in der Kaloleni Hall vor einer riesigen Menge aufgetreten war und gesagt hatte, dass es an der Zeit wäre, dass die Weißen abzögen und es den Afrikanern überließen, über sich selbst zu bestimmen. Er wurde verhaftet und vor dem Richter sagte er dasselbe noch mal: Die Afrikaner können über sich selbst bestimmen. Worte, wie sie nie zuvor so unverblümt ausgesprochen worden waren. Er hieß *Makhan Singh.* Offenbar war das nicht das erste Mal, dass er sich in Kenia aufhielt; und jedes Mal, wenn er ins Land kam, lösten seine Worte große Ereignisse aus, meistens Streiks. Ngandi ging so weit zu behaupten, dass Singh bereits mit dreizehn Jahren Prophezeiungen ausgesprochen hatte, kurz nachdem er 1927 nach Nairobi gekommen war; im selben Jahr, in dem der junge Mbiyũ nach Amerika abreiste. Die Kolonialregierung verbannte Singh und deportierte ihn nach Indien, aber er schlüpfte immer wieder ins Land. Diesmal aber war sein Geburtsland auf geheimnisvolle Weise verschwunden, der eine Teil war Indien und der andere Pakistan geworden, und keines der beiden Länder wollte solch einen gefährlichen Propheten zu seiner Bevölkerung zählen. *Gouverneur Philip Mitchell* ließ ihn auf Befehl Londons aus dem Gerichtssaal bringen und verbannte ihn in die Wüste, wo man seine Stimme nicht hören konnte. Aber Singh würde mit Sicherheit wieder auftauchen, und dann würde sich etwas Großes ereignen, wie bereits zuvor die Streiks bewiesen hatten.

Es gab Gerüchte über eine Befreiungsbewegung auf dem Land, und die würde seine Prophezeiungen wahr machen. Und dann verkündete die Regierung im August 1950, dass eine Geheimbewegung namens *Mau Mau* verboten worden war.

In meiner Vorstellung, und weil ihre Namen in jedem Lied auftauchten, das wir sangen, verknüpfte ich das geniale Paar Koinange und Kenyatta mit allem, das sich im Land zutrug: die Prophezeiungen des Inders, vor allem, nachdem Ngandi auf den eigenartigen Zufall hingewiesen hatte, dass der kindliche Prophet 1927 ins Land kam und Mbiyũ in eben diesem Jahr nach Amerika abreiste; die Frauen aus Ole Ngurueni, die davon sangen, dass sie bei ihrer Ankunft in Yatta ein Telegramm von Kenyatta aus Gĩthũngũri erhalten hatten, in dem er sich erkundigte, ob sie sicher angekommen waren; die in vielen Landesteilen streikenden Arbeiter und jetzt diese geheime Bewegung. In meiner Fantasie wurden der Kenyatta und der Koinange aus den Liedern und Ngandis Erzählungen zu überlebensgroßen fiktionalen Gestalten. Ich stellte mir vor, wie eine Million kenianischer Augen zum Gesicht des Giganten Kenyatta aufschauten. Ich sehnte mich danach, beiden zu begegnen, so wie man darauf hofft, einer seiner fiktionalen Lieblingsfiguren im richtigen Leben zu begegnen, und doch genau weiß, dass so eine Begegnung nicht möglich ist.

Mit Mbiyũ hatte ich Glück. Meine älteste Schwester Gathoni war mit Kĩariĩ verheiratet, der 1947 nach dem Streik seine Arbeit in der Bata Schuhfabrik in Limuru verloren hatte. Sie wohnten in Kĩambaa, gleich neben dem Land, das dem legendären Senior Chief Koinange gehörte. Kĩariĩs Vater kümmerte sich um Koinanges riesigen Hain mit Pflaumen- und Birnbäumen. Mein kleiner Bruder und ich besuchten unsere Schwester ab und zu, um auf Wanjirũ, ihr erstes Kind, aufzupassen. Das Haus meiner Schwester stand außerdem gleich neben dem von Charles Karũga Koinange, Mbiyũs jüngerem Bruder. Karũgas Frau Nduta und meine Schwester Gathoni besuchten einander regelmäßig, und so lernte ich einmal Wilfred und Wanduga kennen, die Söhne von Charles Karũga Koinange. Wilfred und ich gingen in die gleiche Klasse, wenn auch an verschiedenen Schulen in unterschiedlichen Regionen. Er liebte die Schule ebenso wie ich. Wir hatten also vieles gemeinsam. Viel später, in den frühen 1960er-Jahren, traf ich ihn am Makerere University College in Kampala wieder, wo er Medizin studierte und ich Englische Sprache und Literatur. Doch trotz unserer aufkeimenden Freundschaft besaß er in unserer Jugend nicht, was ich mir wünschte: die Macht und die Brillanz, Mbiyũ aus dem Reich der Fiktion herbeizuzaubern.

Und dann bot sich eine Möglichkeit. Mein kleiner Bruder und ich waren bei meiner Schwester. Wir gingen einen schmalen Pfad entlang, der auf beiden Seiten von Hecken gesäumt war, hinter denen sich ein Dickicht aus grünem Mais ausdehnte, als wir zwei Frauen reden hörten und auf eine Gestalt zeigen sahen, die ein Stück vor uns in unserer Richtung lief. Das ist er, sagten sie. Der Sohn von Koinange, Mbiyũ persönlich. Vielleicht war er auf dem Heimweg von einem Besuch bei seinem Bruder Charles oder machte einen Spaziergang über den riesigen Besitz seines Vaters. Das ist unsere Chance, sagte ich zu meinem kleinen Bruder, der von dieser nachdenklichen Gestalt im grauen Anzug, die sich auf dem Feldweg von uns entfernte, nicht halb so begeistert war wie ich. Aber für ein Abenteuer war er immer zu haben. Kriegen wir's raus! Sagen wir ihm Guten Tag! Wir sprachen uns gegenseitig Mut zu, sprangen über eine Hecke und rannten durch das Maisfeld. Als wir sicher sein konnten, ihn überholt zu haben, kamen wir hinter der Hecke hervor und gingen ihm entgegen. Wie geht es Ihnen, Mbiyũ wa Koinange, riefen wir im Chor. Er schien zuerst ein wenig verblüfft, doch dann antwortete er: Danke, gut. Mehr warteten wir nicht ab. Wir rannten davon und riefen: Ja, er ist es! Ich aber war ein bisschen enttäuscht. Er kam mir weniger beeindruckend vor als der Mbiyũ in meiner Fantasie und Ngandis Beschreibung. Die Fantasie kann einem mitunter einen Streich spielen. Monate später, im Jahr 1951, hörte ich Lieder, die Mitglieder der Kenya African Union (KAU) in der Kaloleni Hall in Nairobi sangen, als sie Mbiyũ und Achieng Oneko nach England verabschiedeten, damit sie dort die Klagen der Kenianer vortrugen, und der Mbiyũ meiner Fantasie war wieder da, ganz anders als derjenige, den ich an jenem Tag gesehen hatte.

Vielleicht würde der wirkliche Kenyatta, wann und wo immer ich ihn träfe, dem Kenyatta der Legenden gerecht werden. Er aber wohnte weit von uns entfernt in Gatũndũ, und ich besaß keine Verwandten, die in diese Gegend geheiratet hatten. Es war unwahrscheinlich, dass ich ihn jemals erwischte, wie er in einem grauen Anzug allein spazieren ging, in Gedanken versunken, auf einem Feldweg durch grüne Maisfelder.

Dann erfuhr ich von Ngandi, der immer alles zu wissen schien, dass Jomo Kenyatta nach Limuru kommen würde. Er wusste weder den Tag noch die Woche oder den Monat. Aber über eines war ich mir sicher: Ich würde nicht zulassen, dass die Gelegenheit an mir vorüberging. Ich erzählte niemandem davon. Ich fing einfach an, mich öfter im Möbelgeschäft meines großen Bruders auf dem afrikanischen Markt in Limuru aufzuhalten.

Wallace Mwangi oder Good Wallace, wie er immer öfter genannt wurde, war die erste Glanzleistung meiner Mutter. Er kam 1930 auf die Welt und ging später, von 1945 an, ein paar Jahre zur Schule. Er hatte interessante Lerngewohnheiten, vor allem vor einer Klassenarbeit: Dann arbeitete er die ganze

Nacht hindurch im Schein einer offenen Paraffinlaterne, die Füße in einer Schüssel mit kaltem Wasser, um munter zu bleiben, aber ich befürchte, dass der fehlende Schlaf gute Ergebnisse nicht gerade förderte. Die Theorie und Praxis dieser Idee versuchte er jedem, der ihm zuhörte, zu verkaufen. Mich konnte er nicht davon überzeugen. Wegen der Geschichte mit meinen schlimmen Augen konnte ich mich nicht mit dem Gedanken anfreunden, nachts im Schein einer Öllampe mit den Füßen in kaltem Wasser zu lernen, aber er hörte nie auf, diese Idee an den Mann zu bringen. Meine Mutter, die sein Schulgeld bezahlte, mischte sich in seine Anstrengungen nicht ein, außer ein Mal, als er verkündete, Pfadfinder werden zu wollen. Im Gĩkũyũ hörte sich das Wort „Pfadfinder" wie „thikauti" oder „thika hiti" an, und irgendwer musste meiner Mutter ihre schlimmsten Befürchtungen bestätigt haben, dass er „Bestatter toter Hyänen" werden wollte. Sie flehte ihn an, sie drohte ihm und sie wollte keinerlei Erklärung hören. Sie konnte sich einfach nicht vorstellen, dass ihr Sohn professioneller Bestatter und Trauerredner von toten Hyänen werden wollte. Ich bezweifle, dass ein anderes Tier für sie akzeptabler gewesen wäre, obwohl die Hyäne in den Geschichten immer das Böse darstellte: Sie war gierig, schmutzig und sie ernährte sich von den sterblichen Überresten der Menschen. Nun weiß ich nicht, ob es deswegen war, weil er ihren Sorgen nachgab oder weil er kurz danach von der Schule abging, jedenfalls wurde er nie Pfadfinder.

Das mag in meinem Bruder eine Sehnsucht zurückgelassen haben, die er stellvertretend durch die Frau stillte, in die er sich verliebte und die er schließlich heiratete. Charity Wanjikũ kam 1935 im Dorf Kĩmuga in Kĩambaa auf die Welt, genau dort, wo meine Schwester Gathoni und Charles Koinange wohnten. Sie besuchte die Schule der Church Missionary Society in Kĩambaa und schloss sich dort den Pfadfinderinnen an. Auch wenn sie keine Uniform anhatte, trug Charity oft ein blaues Barett, mit dem sie allen jungen Männern in Limuru den Kopf verdrehte und sowohl Neid als auch Bewunderung hervorrief. Wallace hat sich eine Pfadfinderin geschnappt, flüsterte man untereinander oder sagte es laut. Sie bekam den Spitznamen Rendi ya Banana, „die Dame von Banana Hills", weil der Weiler Banana an der Schnellstraße zwischen Nairobi und Limuru besser bekannt war und esoterischer klang als Kĩmuga oder Kĩambaa, Namen, die sich wie Nachbardörfer anhörten. Das war natürlich erst Jahre später, 1954, und meine Mutter hatte nichts dagegen einzuwenden, eine Pfadfinderin zur Schwiegertochter zu haben, weil ihr Name nicht wie „Pfadfinder" klang.

Nun unterstützte meine Mutter, weil sie erleichtert und dankbar war, dass ihr Sohn ihre Sorgen ernst nahm, seine anderen Träume und verkaufte immer wieder einen Ziegenbock, den sie gemästet, oder Schwarzakazien, die sie auf einem ihrer Landstückchen angepflanzt hatte.

Nachdem er von der Schule abgegangen war, begann er als Schreibkraftlehrling in Kabaes Büro für Rechts- und Schreibdienstleistungen. Sein Englisch war nicht so gut, dass sich daraus eine Nachfrage nach seinen Fertigkeiten als Schreibkraft ergeben hätte, aber er machte aus allem, was er tat, etwas Besonderes. Er versuchte, eine Holzschreibmaschine zu bauen, von der er behauptete, sie sei leiser und schneller als Kabaes Remington. Dann ließ er beides und wurde Lehrling beim Zimmermann Joseph Njoroge, der ungefähr in seinem Alter war. Normalerweise dauerte eine solche Lehre mehrere Jahre, aber schon nach wenigen Monaten begann mein Bruder, nebenbei seine eigenen Dinge zu bauen. Hier kamen seine schöpferischen Fähigkeiten und seine Überredungskünste zusammen, und bald hatte er mehr Kunden als sein Meister. Er mietete sich im Hof eines indischen Ladens ein, der Govji, oder auf Gĩkũyũ Ngũnji, gehörte, und dort baute er Betten und Stühle und stellte sie im Wettstreit mit den erfahreneren indischen Handwerkern aus. Sein Geschäft wuchs, und er mietete einen größeren

Hof in der Mitte zwischen den indischen und den afrikanischen Läden. Der gehörte Karabu, der im Transportgeschäft tätig war und bei einem Verkehrsunfall ein Bein verloren hatte. Zu der Zeit stellte Good Wallace bereits hin und wieder seinen Zimmermannsmeister Joseph Njoroge an. Der Besitzer des Anwesens war auf den Erfolg meines Bruders neidisch und versuchte, ihn hinauszudrängen, indem er die Miete stark anhob. Zu guter Letzt gelang ihm das, weil er behauptete, er brauche den Platz zur eigenen Verwendung. So mietete mein Bruder schließlich ein Haus auf dem Markt von Limuru, in dem er seine Werkstatt und das Möbelgeschäft einrichtete.

Zu seinen Lehrlingen gehörte Kahanya wa Njue, einer seiner engsten Freunde. Sein älterer Bruder, Karanja der Fahrer, auch bekannt als Ndereba, hatte meine Halbschwester Nyagaki geheiratet, Gacokis Drittgeborene. Kahanya hatte auch die Manguo besucht, musste aber runter, nachdem er den Lehrer Wahinya verprügelt hatte, der viel jünger war als er und versucht hatte, ihn zur Ordnung zu rufen. Im Gegensatz zu anderen Lehrlingen, die für ihre Ausbildung zahlten, bekam Kahanya Lohn. Er und mein Bruder Wallace waren enge Freunde, geradezu unzertrennlich. Sie zogen gemeinsam um, und Kahanya wurde schließlich sein Geselle, obwohl er nicht annähernd so gut war wie der Zimmermannsmeister Njoroge.

Als sich die Werkstatt meines Bruders noch in der Nähe der indischen Läden und Karabus Geschäft befand, hatte ich ihn oft besucht, aber nicht so regelmäßig wie jetzt, da ich nach einer Möglichkeit Ausschau hielt, Kenyatta zu treffen. Die Manguo lag in der Nähe des Marktes, und so rannte ich in der Mittagspause hinüber und war dann rechtzeitig zum Nachmittagsunterricht zurück. Auf dem Markt wimmelte es von Handwerkern aller Art: Schuhmachern, Fahrradschlossern und Automechanikern; Herstellern von Aluminiumgeschirr, Holzkohleöfen und anderen Haushaltsgegenständen; sowie Schneidern mit lauten Singer-Nähmaschinen.

Wie die Arbeiter der Bata Schuhfabrik, die oft zu uns nach Hause kamen, um ein Auge auf die Mädchen zu werfen, so machten es auch die Lehrlinge der Handwerkerklasse. Mit ihrem unabhängigen, selbstständigen Gewerbe lagen sie als geeignete Anwärter sozial eine Winzigkeit über der Arbeiterklasse. Auf diese Weise hat auch der humorvolle Schuhmacher und prächtige Tänzer Gatanjeru, der Sohn von Mariu, das Herz meiner Halbschwester Minneh Wanjirũ wa Gacoki erobert; Mr. Washerman Wanjohi das der schönen Mũmbi, der Tochter Baba Mũkũrũs; und der gläubige Schneider Willie Ng'ang'a das einer anderen Halbschwester und der ebenso denggläubigen Wambũkũ wa Njeri, indem er eine große Zahl Mitbewerber ausstach. Aber die Arbeiter, einschließlich derer, die in den Restaurants und Fleischereien auf dem Markt angestellt waren, bekamen trotzdem ihren gehörigen Anteil flatternder Herzen.

In einem Winkel des Markts befand sich Kĩmũchũs Laden und Restaurant. Onkel Kĩmũchũ war der älteste Sohn einer Frau, die mein Großvater nach dem Tod seines Verwandten Ndũng'ũ geerbt hatte. Onkel Gĩcini, der inzwischen von der Kamandũra abgegangen war, arbeitete dort.

Ab und zu schenkte mir Good Wallace ein paar Cents. Dann rannte ich hinüber zu Onkel Kĩmũchũs Restaurant und kaufte mir „mandazi" oder, wie wir es nannten, „matumbuya", eine Art von scharf gebratenem Teig, der oft frisch aus dem Öl kam. Kĩmũchũs Restaurant war sehr beliebt. Dort lag immer ein Stapel der „Mũmenyereri", obwohl kein Zeitungsverkäufer zu sehen war. Die Leute nahmen sich einfach ihr Exemplar und legten das Geld passend hin oder nahmen sich ihr Wechselgeld. Kĩmũchũ, fettleibig und hellhäutig, stand fast immer nebenan hinter der Theke seines Ladens, und ich hatte den Eindruck, dass er gar nicht wusste, wer ich war, denn er zeigte nie, dass er mich kannte.

Ich genoss die Tage des Wartens auf Kenyatta in der Werkstatt meines Bruders. Im Lauf der Zeit lernte ich den Geruch von unbehandeltem oder behandeltem Holz lieben. Ich schlurfte gern durch die Hobel- und Sägespäne auf dem Fußboden. Und ich lernte, die Anforderungen anzuerkennen, die die Arbeit mit Holz an Muskelkraft und Fantasie stellte. Mir fiel auf, wie peinlich genau mein Bruder in allem war: vom Entwurf bis zum Polieren. Er arbeitete an etwas, und immer, wenn ich glaubte, jetzt wäre er fertig, machte er sich wieder und wieder darüber her, bis das Stück die Güte hatte, die er sich vorstellte. Und was immer er baute, es war einzigartig. Er versuchte, den Angestellten seine Arbeitsethik einzuimpfen, auch seinem Freund und Gesellen Kahanya, aber sie hatten nicht so viel Geduld wie er. Er blieb hartnäckig, machte ihnen klar, wie wichtig es war, die Kunden zufriedenzustellen, ihr Wohlwollen zu gewinnen und sie zu Botschaftern der Werkstatt zu machen. Er ging mit gutem Beispiel voran.

Ich wollte Zimmermann werden, vor allem, weil es mit dem Benutzen von Säge, Hobel, Schlegel, Hammer und Nagel verbunden war. Aber mein Bruder erlaubte mir nicht, mit seinem Werkzeug zu spielen. Ich fand es unfair, dass er meinem kleinen Bruder viel mehr Freiheit damit ließ. Es war, als wollte er ganz bewusst mein Interesse vom Zimmermannsberuf ablenken. Wenn ich hartnäckig blieb, gab er mir Sandpapier, damit ich irgendwelche Stühle oder einen Tisch abschliff, eine ziemlich langweilige, eintönige Aufgabe. Der erforderliche Standard, so schien mir, wurde vom jeweiligen Prüfer festgelegt, und mein Bruder war ein sehr gestrenger Richter. Er hatte es am liebsten, wenn ich ein Buch oder eine Zeitung in der Hand hatte. Dann nämlich lenkte er die Aufmerksamkeit seiner Freunde auf das, was ich gerade tat.

Mir machte das nichts aus. Ich hatte meine eigenen Pläne. Ich wartete auf Kenyatta. In dieser Zeit ergab sich für mich auch die Gelegenheit, zum ersten Mal im Leben Fahrrad zu fahren. Die meisten Jugendlichen, die es lernen wollten, egal ob Jungen oder Mädchen, mussten warten, bis zufällig mal ein

Verwandter zu Besuch kam, der ein Fahrrad besaß. Während die Gäste fürstlich bewirtet wurden, „borgten" sie sich heimlich das Fahrrad und machten eine Ausfahrt, während bewundernde Brüder und Schwestern hinterherrannten und darauf warteten, dass sie selbst an die Reihe kamen. Unfälle waren die Folge, die Prügel nach sich zogen, wenn die Verletzungen und der Schaden am Rad den Übeltäter zur Beichte zwangen. Doch hielt das niemanden davon ab.

Ich hatte immer den Wunsch, einmal mit einem Fahrrad zu fahren, doch kannte ich niemanden, der eins besaß. Und dann mietete mein Halbbruder, der Schneider Mwangi wa Gacoki, das Haus neben dem Möbelgeschäft meines Bruders und machte einen Gemüseladen auf. Nun war er ständig zwischen seiner Schneiderei und dem Gemüseladen unterwegs, was ziemlich anstrengend war. Auf seine Bitte hin ging ich immer, wenn ich nicht in der Schule war, zum Gemüseladen und half, was mir einen weiteren Grund lieferte, mich auf dem Markt aufzuhalten. Mwangi war mit Elizabeth verheiratet, der Schwester von Patrick Mũrage Cege, der mit mir auf die Manguo ging und mit dem ich befreundet war.

Ich weiß nicht, wie Mũrage zu so einem Fahrrad gekommen war, wie wir es bisher nur bei den indischen Kindern gesehen hatten. Er beschloss, das Rad für festgelegte Entfernungen zu vermieten und damit Geld zu verdienen, jede Fahrt kostete einige Cents. Das nötige Geld hatte ich nicht und deshalb bettelte ich jedes Mal, wenn er in den Laden seines Schwagers kam, dass er mich umsonst fahren ließ. Er ließ aber nicht zu, dass die Freundschaft dem Geschäft ins Gehege kam. Einmal schenkte ich ihm ein paar Süßigkeiten aus dem Laden. Ich sah darin keinen Diebstahl, weil in dem großen Glasbehälter so viele Bonbons lagen und ich außerdem für meine Arbeit nicht bezahlt wurde, und der Laden, wie ich mir einredete, sowieso zum Teil seiner war, weil er seinem Schwager gehörte. Ich gab ihm die Bonbons und er ließ mich mit seinem Fahrrad fahren.

Nachdem er mir gezeigt hatte, wie man den Lenker halten musste, und mir versichert hatte, dass es so einfach war, die Pedale zu treten wie Wasser aus einer Kalebasse zu trinken, hielt er das Fahrrad und ich setzte mich drauf. Dann ließ er los, ohne es mir vorher zu sagen. Sobald ich in die Pedale trat, bekam ich Panik. Ich schaute zurück, und innerhalb von Sekunden war das Fahrrad von der Straße vor Mwangis Laden abgekommen und schoss den Hang hinunter auf die Gebäude auf der anderen Seite zu. Ich hatte keine Ahnung, wie ich lenken sollte. Meine Füße rutschten von den Pedalen. Ich war wie gelähmt vor Angst. Ich hielt mich am Lenker fest, die Beine hatte ich weit gespreizt in die Luft gestreckt. Das Fahrrad wurde immer schneller. Mir war klar, dass ich in irgendeine Wand krachen würde, und dann, bumms, fuhr ich zwei Passanten um. Sie fielen hin, ich fiel hin, und das Fahrrad lag ein paar Meter von uns entfernt, die Räder drehten sich leer in der Luft. Meine Opfer standen auf, klopften sich den Staub ab und konnten sich gerade noch beherrschen, mir keine Tracht Prügel zu verpassen. Sie hatten sich zum Glück nicht verletzt. Meine eigenen Schrammen kümmerten mich weniger, weil ich einem weit schlimmeren Schicksal entgangen war. Doch tief in mir war ich davon überzeugt, dass der Unfall meine Strafe für die gestohlenen Bonbons war.

Ich verschwendete nicht viel Zeit an meine Wunden oder den verletzten Stolz; bald schon geschah etwas anderes, das meine Aufmerksamkeit fesselte. In einem Teeladen namens Green Hotel, ein paar Meter weiter auf derselben Seite wie die Werkstatt und der Gemüseladen gelegen, gab es ein Radio mit Lautsprecher, das einzige in der Stadt. Bisher hatten sich die Leute auf die Leser von Muorias „Mũmenyereri“ wie meinen Freund Ngandi verlassen, wenn Nachrichten schnell an eine kleine Menschenmenge gebracht werden sollten, die sich dann durch Weitersagen immer weiter verbreiteten. Jetzt drängten sich die Leute im und vor dem Teeladen, um zuzuhören, wenn der Nachrichtensprecher Mbũrũ Matemo mit steigender und fallender Stimme die Nachrichten verlas. Der dramatischen Wirkung wegen flüsterte oder schrie er. Tagtäglich wurde die Zuhörerschaft größer, weil der unsichtbare Mbũrũ Matemo pünktlich zur Mittagszeit da war, wenn alle Arbeit auf dem Markt zum Erliegen kam.

Aus dem Radio erfuhren wir Anfang Oktober 1952, dass Senior Chief Warũhiũ bei einem, wie Mbũrũ Matemu es ausdrückte, Mord im Chicagoer Gangsterstil ums Leben gekommen war: Ein Auto, das dem Wagen des Chiefs gefolgt war, hatte zu ihm aufgeschlossen, als Polizisten verkleidete Leute hatten den Chief höflich aufgefordert, sich auszuweisen, und ihn dann mit Kugeln vollgepumpt, bevor sie davongerast waren, und das alles bei hellem Tageslicht. Einige Tage später hörten wir, dass Kenyatta in Kĩambu vor einer riesigen Menschenmenge gesprochen und die Mau Mau mit den Worten gebrandmarkt hatte: Lasst sie unter den Wurzeln der Mikongoe Bäumen verschwinden („Mau Mau irothii na miri ya mikongoe"). Vielleicht arbeitete sich Kenyatta endlich nach Limuru vor. Und dann, am 20. Oktober 1952, kam der Schock: Jomo Kenyatta, Bildad Kaggia, Fred Kubai, Paul Ngei, Achieng Oneko, *Kũng'ũ Karumba* und andere Führer waren im Rahmen der Operation Jock Scott verhaftet worden. Kenyatta war aus Gatũndũ nach Lokitaung in Turkana gebracht worden, weit weg von Nairobi. *Gouverneur Evelyn Baring,* der vor kurzem den bisherigen Gouverneur Philip Mitchell abgelöst hatte, hatte den Ausnahmezustand ausgerufen. Die Dinge schienen sich zuzuspitzen.

Jeder Kolonialgouverneur von Eliot 1902 bis Mitchell 1944 hatte irgendein Verbrechen gegen uns begangen, klagte Ngandi, aber das war das erste Mal, dass ein Gouverneur dem kenianischen Volk schon wenige Tage nach seiner Ankunft den Krieg erklärte. Natürlich bekam Gouverneur Baring seine Anweisungen von seinem Chef in London, Churchill höchstpersönlich, der schließlich Premierminister war. Erkennst du die Ironie? Unsere Leute helfen ihm im Kampf gegen Hitler und womit vergütet er uns das?

Ngandi hatte nicht im Zweiten Weltkrieg gekämpft, mein Halbbruder Kabae hingegen schon. Ich musste daran denken, dass er gesagt hatte, dass die Welt nie erfahren würde, wie viel der Kriegslasten die afrikanischen Völker getragen hatten. Seit ich nicht mehr im Haus meines Vaters wohnte, hatte ich ihn nicht mehr oft gesehen und fragte mich, was er wohl zu dieser, wie Ngandi es nannte, Kriegserklärung gegen uns sagen würde. Und ob die Soldaten, die in jener lang vergangenen Nacht mit ihm zu uns nach Hause gekommen waren, die Situation genauso beurteilten wie Ngandi?

Das war ein weiterer Bruch von Ngandis geliebter Devonshire-Deklaration. Jetzt würde alles erst einmal schlimmer und schlimmer werden, bevor es wieder besser werden konnte. Ngandi versuchte, den Ernst der Lage zu erklären, indem er sich über die Aussetzung der Gesetze und bürgerlichen Freiheiten ausließ – nicht, dass es viele waren, die den Afrikanern gewährt wurden, aber selbst die wenigen, die es gab, würden nun durch das Kriegsrecht aufgehoben werden. Er berichtete sogar von Orten, an denen der Ausnahmezustand ausgerufen worden war. Die Briten hatten das 1939 in Irland getan und 1948 in Malaysia. Am unheilvollsten war, so erklärte er, dass Adolf Hitler es 1933 in Deutschland getan hatte. Und was war die Folge? Krieg. Konzentrationslager.

Als sollte Ngandis Verdacht bestätigt werden, berichtete das Radio bald darauf von der Landung britischer Truppen, der Lancashire Fusiliers, in Nairobi, oder mit Ngandis Worten: Ein „Konvoi“ britischer Militärflugzeuge war in Eastleigh gelandet, um die bestehenden kolonialen Streitkräfte zu verstärken. Einige Leute behaupteten, sie hätten die Neuankömmlinge tatsächlich in Furcht einflößender Ausrüstung durch Nairobis Straßen patrouillieren sehen. Die Kriegsmaschine, die einst gegen Hitler vorgegangen war, rollt nun auf uns zu, lamentierte Ngandi.

Die Verhaftung Jomo Kenyattas mag für die Öffentlichkeit ein Schlag gewesen sein, für mich aber war es etwas Persönliches. Sie hatte mir die raison d'être geraubt, so dienstbeflissen zum Markt zu gehen. Von meinen zerschlagenen Hoffnungen abgesehen, waren die Ereignisse, selbst die Landung der britischen Bataillone, etwas ziemlich Abstraktes, das sich in einem weit entfernten, nebulösen Land abspielte, wie eine Geschichte aus einer fernen Gegend, zwischen Traum und Alptraum schwebend. Ngandis Aufzählung von Ausnahmezuständen in anderen Ländern, von Krieg und Konzentrationslagern und seine Furcht einflößende Beschreibung der britischen Soldaten und der großflächigen Verhaftungen in den Straßen unserer Hauptstadt brachten die Geschichte nicht näher oder ließen sie wirklicher erscheinen. Nicht einmal, als er von Männern erzählte, die, getrieben von Waiyakis Geist, in die Wälder von Nyandarwa und am Mount Kenya gingen.

Und dann kamen die Einschläge doch näher. Mau-Mau-Lieder und alle Anspielungen auf Waiyaki, Kenyatta oder Mbiyũ wurden als verbrecherisch eingestuft. Damit fand mein Leben als Troubadour ein plötzliches Ende. Schlimmer noch, das Kenya Teachers' College in Gĩthũngũri sowie alle KISA- und Karĩng'a-Schulen wurden verboten. Ein Schlag gegen meinen Traum von Bildung.

Ich durchlebte eine Zeit der Ungewissheit, die durch widersprüchliche Tatsachen und Gerüchte noch verstärkt wurde. Ich hielt mich einige Zeit vom Markt in Limuru und dem Radio im Green Hotel fern und beschränkte mich auf Ngandis Vorträge. Ich hatte mich aber zu sehr an die Werkstatt meines Bruders und sein Möbelgeschäft gewöhnt, um ihnen zu lange fernzubleiben. Außerdem ging ich gerade nicht in die Schule.

Eines Tages ging ich zu eben diesem Markt in Limuru und entdeckte Männer, Frauen und Kinder, die Gepäck schleppten, sich in Gruppen eng aneinanderdrängten und verlassen und verloren aussahen. Der ganze Markt und das angrenzende Gebiet waren von Menschen übersät, die man entwurzelt hatte. Sie waren von Lastwagen und aus Zügen heruntergeworfen worden. Das war anders als die Vertreibung von Ole Ngurueni 1948. Damals hatte man sich auf Squatter beschränkt. Jetzt wurden alle Gĩkũyũ, Embu und Meru aus dem Rift Valley vertrieben. In vielen anderen städtischen Knotenpunkten in ganz Zentralkenia spielten sich solche Szenen ab. Wie die Deportierten von Ole Ngurueni, hatten die meisten Menschen dieser neuerlichen Welle alle Bindung an ihre Ursprünge verloren, waren sie doch die Nachfahren derer, die sich das Rift Valley schon vor langer Zeit zur Heimat gemacht hatten. Diese Vertreibung im Innern dauerte mehrere Wochen.

Was ich damals nicht wusste, war, dass auch meine Großmutter aus ihrem Heim in Elburgon vertrieben worden war.

Ich wuchs auf umgeben von Kindern, die Großmütter hatten, die sie besuchen konnten und die sie manchmal mit Gaben wie reifen Bananen und Süßkartoffeln besuchen kamen und ihnen vor allem Zuwendung und Spiel schenkten. Natürlich hatte ich jede Menge Stiefgroßmütter oder Großmütter nach dem Großfamiliensystem der Gĩkũyũ, demzufolge jede Frau aus der Altersgruppe deiner Großmutter ebenfalls deine Großmutter ist. Aber zu denen konnte ich nicht so einfach hingehen, mit ihnen spielen, etwas von ihnen verlangen oder ihre Umarmungen und Liebkosungen als mein natürliches Recht einfordern. Wenn andere Kinder von ihren Großmüttern erzählten, dann wurde das Gefühl des Verlusts mit Blick auf meine Großeltern väterlicherseits oder meine abwesende Großmutter mütterlicherseits nur noch stechender. Als ich die Chance gehabt hatte, in den Zug zu steigen und sie zu besuchen, war das mit meinen Träumen von der Schule in Konflikt geraten, und ich hatte danach nur die Erzählungen meines kleinen Bruders über die wunderbare Zeit bei meiner Großmutter Gathoni. Doch obwohl mir die Wolke über dem Rift Valley Angst machte, sah und erkannte ich sehr wohl ihren silbrigen Schein: Meine Großmutter war nach Hause gekommen.

Was auch immer zur Trennung meiner Großeltern geführt hatte, es musste nach wie vor ziemlich gegenwärtig sein, denn meine Großmutter blieb, nachdem sie Elburgon verlassen hatte, nicht lange bei meinem Großvater. Dann zog sie zu uns, in unser neues Zuhause, und ich konnte sie aus der Nähe beobachten und kennenlernen.

Ihr Gesicht wirkte vergrämt, doch sobald sie lächelte, verschwanden die Falten, und eine Zeitlang war es schön, sich einfach an sie zu kuscheln. Aber ich musste vorsichtig sein. Ihr linker Arm hing taub herunter, war tot und gefühllos bis in die Fingerspitzen. Wenn sie saß, hielt sie die linke Hand meist in der rechten und streichelte deren Finger. Was ist da passiert, Großmutter?

Sie wurde nie müde, die Geschichte zu erzählen. Früher war sie ganz gesund gewesen; auch noch, nachdem sie nach Elburgon gezogen war, um bei ihrem Bruder Daudi Gatune und ihrer Tochter Auntie Wanjirũ zu wohnen, der einzigen Schwester meiner Mutter, die inzwischen gestorben war und eine erwachsene Tochter, Beatrice, und ihren kleinen Sohn hinterlassen hatte, der wie ich Ngũgĩ hieß. Und dann geschah es plötzlich. Sie konnte die Hand nicht mehr heben. Sie spürte, wie das Leben aus ihrer linken Seite wich; sie konnte förmlich fühlen, wie das Leben aus ihren Adern floss. Man brachte sie ins Krankenhaus, aber die Ärzte konnten die Funktionen ihres Arms nur zum Teil wiederherstellen. An die Wurzel des

Übels kamen sie nicht heran. Hätte sie sich allein auf das Krankenhaus verlassen, wäre sie gestorben. Aber zum Glück gelang es einem traditionellen Heiler, das Übel direkt an der Wurzel zu packen. Ein böser Mensch hatte ihr mehrere Glasscherben in den Leib gepflanzt. Der Heiler holte sie heraus. Ich hab es mit eigenen Augen gesehen, sagte sie, und fast versagte ihr bei der Erinnerung daran die Stimme. Ein Haufen Glasscherben. So hoch, sagte sie und hob leicht die rechte Hand, um die Höhe des Haufens anzudeuten. Scherben von einer zerbrochenen Flasche, kannst du dir das vorstellen? Aber Großmutter, Glasscherben in deinem Leib? Ja, Scherben mit scharfen Kanten; er holte sie nacheinander heraus. Jedes Mal, wenn ich wieder zu ihm kam, entdeckte er ein paar neue, die in diesem Körper versteckt waren. Oh, meine Kinder, erzählte sie weiter, es wollte mich umbringen, das Böse. Und wenn sie in meinen Reaktionen Zweifel entdeckte, konnte sie richtig wütend werden.

Heute glaube ich, dass sie einen leichten Schlaganfall gehabt haben muss, aber damals hatten wir noch keinen Namen dafür, und wir hatten keine Fakten, mit denen wir ihre wunderliche Geschichte widerlegen konnten. Wenn ich heute Glasscherben sehe, muss ich immer an meine Großmutter und ihr Martyrium denken. Sie muss in Angst und Schrecken davor gelebt haben, dass das Böse wieder zuschlagen könnte. Wenn sie die andere Frau im Verdacht hatte, das Böse zu sein, oder wer sonst einen Keil zwischen ihren Mann und sie getrieben haben mochte, so sagte sie das nicht direkt, auch wenn sie darauf hinwies, dass Mũkami, die jüngste Ehefrau, aus Embu oder Ndia stammte, Orte, die, wenn sie ihr über die Lippen kamen, unheimlich weit entfernt zu sein schienen. Nichts konnte sie dazu bringen, von dieser anderen Frau etwas anzunehmen, sei es Essen oder gar Wasser. Ihre Stimmung schwankte immer zwischen Freude und Groll. War sie froh, lachte sie, zeigte dabei ihr noch vollständiges, weißes Gebiss und wurde zu der Großmutter, die ich mir immer gewünscht hatte. Meist aber war sie mürrisch, als ob alle um sie herum Teil der Verschwörung des Bösen gewesen waren und ihr deshalb Aufmerksamkeit, Mitgefühl und Dienstbarkeit schuldeten. Je zankhafter sie wurde, desto mehr verflog der Glanz, eine eigene Großmutter zu haben.

Über meine Mutter übte sie eine geradezu unheimliche Macht aus. Mutter konnte rein gar nichts tun, um Großmutter milde zu stimmen und ihr gute Laune zu machen, und das zwang meine Mutter dazu, ihre Anstrengungen zu vervielfältigen, für sie da zu sein und ihren Forderungen, den ausgesprochenen, meist aber unausgesprochenen, gerecht zu werden. Großmutter sprach freundlich, fast entspannt mit uns, aber sobald ihre Tochter dazukam, zog sie sich instinktiv auf ihr verletztes Selbst zurück, seufzte und deutete Vernachlässigung an oder gab lauthals ihrem Körper die Schuld, weil er sie davon abhielt, bestimmte Dinge selbst zu erledigen. Die Spannung im Haus wuchs.

Um dem aufkommenden Streit zu begegnen, baute Good Wallace meiner Großmutter auf einem abgetrennten Stück Land eine Hütte neben der meiner Mutter und hoffte, dass ihr das größere Unabhängigkeit und Mutter etwas Frieden bescherte. Doch selbst in ihrem neuen Wohnsitz erwartete meine Großmutter unverzügliche Zuwendung von ihrer Tochter. Die Lage verschlimmerte sich; Großmutter klagte jetzt in einem fort und lautstark darüber, dass man sie vernachlässigte. Der einzige andere Name, bei dessen Nennung sie noch unwirscher wurde und noch lauter lamentierte, war der meines Großvaters. Sie begegneten einander aber nicht sehr oft, und wenn doch, dann gab es sarkastische Spitzen aus dem Mund meiner Großmutter, und ihr Mann ging einfach weg.

Und dann legte sich der Schatten des Todes über das Haus meines Großvaters.

Kĩmũchũs Haus lag buchstäblich im hintersten Winkel des Anwesens meines Großvaters. Er war gerade bei den letzten

Arbeiten an einem neuen Steinhaus neben dem alten aus Holzbalken und Wellblechdach. Eines Nachts kam ein Weißer, ein britischer Offizier mit seiner Bande afrikanischer Milizen, um Kĩmũchũ zu holen. Seine Frau glaubte, dass man ihn verhaftete, wie man das mit Kenyatta und den anderen gemacht hatte. Doch als sie und andere Verwandte auf der Polizeiwache nachfragten, erfuhren sie nichts. Ein paar Tage später wurde klar, was geschehen war. Kĩmũchũ, Njerandi, Elijah Karanja, Mwangi, Nehemiah, einige der bedeutendsten Männer in Limuru, waren alle in derselben Nacht verhaftet und zusammen in einer bewaldeten Schlucht in Kĩneniĩ, einige Meter von der Straße entfernt, die die Bonos gebaut hatten, von dem britischen Offizier erschossen worden. Ndũng'ũ und Njoroge, Kĩmũchũs Kinder aus der ersten Ehe mit Wangũi, hatten nun beide Eltern verloren.

Angst und Schrecken erfassten unsere Umgebung, meinen Großvater aber trafen sie am stärksten. Er war Kĩmũchũs Ersatzvater; sie standen einander sehr nahe. Mein Großvater war überzeugt, dass er der Nächste sein würde, den „sie" nachts holen würden. Er versteckte sich in der Hütte meiner Mutter. Jeden Abend schlüpfte er im Schutz der Dunkelheit herein. Diesen mächtigen Menschen, den geachteten Grundbesitzer und Treuhänder seines Subclans, ja, meinen Großvater, der mit der Regierung korrespondierte, in unserer Hütte aus Angst vor dem kolonialen Unrecht schlottern zu sehen, war mein erster tiefgreifender Eindruck von der Bedeutung des Ausnahmezustands. Er musste einen Nachttopf benutzen. Ich fühlte mit ihm. In der Hütte der eigenen Tochter einen Nachttopf benutzen zu müssen, ist eine schmerzvolle Demütigung. Ein paar Wochen später beruhigte er sich und kehrte an seinen normalen Wohnsitz und zu Mũkami zurück. Trotzdem suchte er nachts immer wieder Zuflucht in unserer Hütte.

So lange dieser Kampf andauerte, war meine Großmutter weniger mürrisch und anteilnehmender. Es herrschte ein unausgesprochener Waffenstillstand zwischen den beiden. Doch nachdem es vorbei war und der weiße Schatten des Todes kein weiteres Mal zuschlug, kehrte das Leben im Haus meiner Mutter wieder zur Normalität zurück, und das hieß auch, dass Großmutters Verdrossenheit wieder da war und Mutter in Schrecken vor der eigenen Mutter lebte. Großmutter beklagte sich darüber, dass sie aus Elburgon vertrieben worden war, bevor der Heiler seine Arbeit zu Ende bringen konnte. Die Glasscherben, die der Heiler nicht aus ihrem Leib entfernt hatte, schmerzten weiter.

Dann kam die Woche, in der meine Großmutter sanft und freundlich wurde. Sie war liebevoll und trostreich, und ich wünschte mir, dass sie immer so wäre. Sie scherzte sogar und lachte sanft. Die Leute konnten über alles reden, ohne dass sie die Glasscherben ins Spiel brachte, die ihr das unbekannte Böse in den Körper gepflanzt hatte.

Über Kĩmũchũs brutale Ermordung wurde viel gesprochen: Was sollte mit seinem Besitz passieren? Würde seine Witwe Phyllis sich im gleichberechtigten Interesse aller Kinder, ihrer eigenen und ihrer Stiefkinder, um den Besitz kümmern? Das führte unweigerlich zu Diskussionen über Kĩmũchũs ältesten Sohn Ndũng'ũ, der ungefähr in meinem Alter war, und über Njoroge, seinen kleinen Bruder. Ndũng'ũ würde bald ein Mann sein, sagte meine Mutter, und gab wieder, was sie von Ndũng'ũs Großmutter gehört hatte. Dann würde er sich um das Erbteil kümmern, das ihm zustand.

Meine Großmutter wandte sich an mich: „Und mein kleiner Ehemann hier? Er darf nicht zurückgelassen werden." Sie nannte mich ihren kleinen Ehemann, weil ich den Namen meines Großvaters trug. Ich lachte bei dem Gedanken daran, ein Mann zu werden. Ich hatte nur meine Schule im Kopf. Der Gedanke an die Beschneidung lag mir völlig fern. Aus irgendeinem Grund aber ließ sie die Angelegenheit nicht ruhen und brachte ein paar Tage später das Thema wieder auf, wiederholte, dass Ndũng'ũ, der so alt war wie ich, nicht zum Mann werden und mich als kleinen Jungen zurücklassen dürfe. Ich versuchte sie abzulenken und fragte sie nach weiteren Einzelheiten ihrer Geschichte von der Entfernung der Glasscherben aus ihrem Körper. Bisher hatte das immer funktioniert. Von ihrer milden Erwiderung war ich überrascht.

„Ich bin dem Bösen nicht mehr böse“, sagte sie und fuhr dann in diesem Sinne fort. „Ich habe nie jemandem Böses gewünscht.“

Es war, als hätte ich durch die Fragen nach ihrem Befinden Vergebung und allgemeines Wohlwollen in ihr ausgelöst. Sie wiederholte meiner Mutter und uns allen gegenüber immer wieder, dass sie keinerlei Groll gegen irgendjemanden hegte. Und als wollte sie die Wahrheit dessen bezeugen, spuckte sie sich in der Gĩkũyũ-Art zu segnen leicht auf Hände und Brust.

Sie ging ins Bett. Sie erwachte nicht mehr. Sie war friedlich ins Jenseits gegangen. Die Tränen meiner Mutter sprachen von tiefer Traurigkeit und Erleichterung. Am Abend nach der Beerdigung saßen wir um die Feuerstelle. Schatten und Licht spielten auf unseren Gesichtern.

„Eure Großmutter war eine gute Frau; es war die Krankheit, die ihr die Freude verwehrt hat“, sagte Mutter, als wollte sie die Leere füllen, die wir alle empfanden. Sie fehlte mir wirklich. Mir fehlte die Großmutter, die ich gehabt hatte, und die, die ich hätte haben können.

„Sie wollte weder diesem noch einem anderen Haus etwas Böses“, fuhr meine Mutter fort, als wollte sie es sich zum Teil selbst bestätigen.

Erst da erkannte ich, dass meine Mutter die ganze Zeit Angst davor gehabt hatte, dass meine Großmutter aus Verbitterung dem Leben gegenüber einen Fluch zurücklassen könnte. Der Fluch eines Elternteils konnte, auch wenn er nicht direkt ausgesprochen worden war, als Ergebnis irgendwelcher bösen Worte, die es in seinen letzten Erdentagen gesprochen hatte, Erfüllung finden. Auch wenn man sich ihren letzten Wünschen vor dem Tode versagte, konnte das einen Fluch zur Folge haben. Ein letzter Wunsch ist ein bindender Befehl.

„Sie hat gesagt, dass Ndũng'ũ dich nicht zurücklassen darf", wandte sich Mutter auf eine Weise an mich, die keinen Widerspruch duldete.

Das Verbot der Karĩng'a- und KISA-Schulen, und vor allem des Kenya Teachers' College in Gĩthũngũri, bedeutete einen praktischen und psychologischen Angriff auf die afrikanische Eigenständigkeits-Initiative. Viel war in ihren Aufbau geflossen. Mbiyũ Koinange war nur deshalb knapp dem Schicksal entgangen, wie Kenyatta verhaftet zu werden, weil er gerade als Vertreter der Kenya African Union in England gewesen war. Viele andere, die mit dem College in Verbindung gebracht wurden, wurden verhaftet. Es waren Tausende. Der größte Schlag gegen das kollektive Bewusstsein aber war, dass der Kolonialstaat die Gebäude und das Gelände des Colleges in ein Konzentrationslager verwandelte, in dem man die Unterstützer des Widerstands gegen den Kolonialismus erhängte.

Ngandi weinte fast, als er diese Nachricht erhielt. Seine geliebte Alma Mater ein Schlachthaus für Nationalisten? Aber der ewige Optimist in ihm ließ sich nicht unterkriegen, und er machte geltend, dass Gott Mbiyũ aus gutem Grund verschont hatte. Er würde zurückkommen. Erinnert ihr euch? Aus Amerika brachte er sowohl Hampton als auch Tuskegee mit; aus England wird er uns Oxford und Cambridge mitbringen. So oder so, Gĩthũngũri wird wieder aufgebaut werden.

Die Tatsache, dass es die Manguo, eine Karĩng'a-Schule, nicht mehr geben sollte, betraf mich persönlich und unmittelbar. Bis dahin hatte es zwei parallele und miteinander wetteifernde moderne Schulsysteme gegeben; das der Regierung und Missionare auf der einen Seite und die afrikanisch geführten, unabhängigen Schulen auf der anderen. Mir war es möglich gewesen, von der einen zur anderen zu wechseln. Und jetzt? Jetzt blieb keine Wahl. Ich war nicht einmal sicher, ob mich die Kamandũra wieder aufnehmen würde.

Ich weiß nicht, wie lange ich mit dieser Ungewissheit lebte. Aber im darauffolgenden Jahr 1953 wurde verkündet, dass einige KISA- und Karĩng'a-Schulen unter Kontrolle der Regierung wieder aufmachen würden. Einige Treuhänder weigerten sich, ihre Unabhängigkeit aufzugeben, und ihre Schulen blieben geschlossen. Viele andere hatten nicht einmal diese Wahl. Die Manguo gehörte zu denen, deren Aufsichtsrat zustimmte, die Schule unter dem von der Regierung sanktionierten Kĩambu District Education Board wieder zu eröffnen. Der Lehrplan sollte von den Kolonialherren bestimmt werden.

Die Auswirkungen waren unverzüglich zu spüren. Musik und Darstellung gab es an der neuen Manguo nicht mehr. Das Sportfest zwischen den Schulen gehörte der Erinnerung an. Ebenso die Marschkapelle. Die Schule war nicht länger Mittelpunkt der kommunalen Feste. Einige alte Lehrer wie Fred Mbũgua verloren ihre Arbeit. Stephen Thiro wurde als amtierender Schulleiter behalten, bis aus Kagumo, einem von der Regierung bestätigten Lehrerbildungsinstitut, ein neuer eingesetzt wurde.

Bei der Vermittlung bestimmter Fächer wie Geschichte oder Englisch kam es zu leichten Veränderungen. In der alten Schule erzählten uns die Lehrer von Afrikanern wie *Shaka* oder *Cetshwayo*. Sie brachten uns etwas über die Eroberung durch die Weißen und die Siedler in Südafrika und Kenia bei. Jetzt aber lag der Schwerpunkt auf weißen Forschern wie *Livingstone*, *Stanley*, *Rebmann* und *Krapf*. Wir erfuhren Positives über die Errichtung christlicher Missionen. Wir lernten, dass

Weiße den Mount Kenya und viele unserer Seen, einschließlich des Viktoria-Sees, entdeckt hatten. In der alten Schule war Kenia Land der Schwarzen. In der neuen wurden Kenia und Südafrika so dargestellt, als wären sie vor der Ankunft der Weißen kaum besiedelt gewesen, sodass die Weißen die unbewohnten Gebiete in Besitz nahmen. Wenn sie, wie in Tigoni in Limuru, afrikanisches Land übernahmen, waren die vorherigen Bewohner entschädigt worden. Außerdem hatte es Stammeskriege gegeben. Die Weißen brachten Medizin, Fortschritt, Frieden. Natürlich hielten sich die Lehrer an den offiziellen, von der Regierung bestätigten Lehrplan, nach dem die Schüler schließlich geprüft werden würden.

Ein europäischer Schulinspektor, ein gewisser Mr. Doran oder so ähnlich, machte die Runde, um Botmäßigkeit sicherzustellen. Seine Besuche erfolgten oft ohne Vorankündigung, und hatte er erst einmal das Schulgelände betreten, erwartete er, dass die Lehrer zu ihm eilten und stramm standen, solange er zu ihnen sprach. Manchmal parkte er sein Auto ein Stück abseits und näherte sich unbemerkt dem Schulgelände. Er trat in ein Klassenzimmer, stellte sich hinten hin und beobachtete, wie der Lehrer die Klasse leitete. Dann ging er zur Tafel, griff zur Kreide und strich jedes Wort aus, das falsch geschrieben war, sowie jeden Satz mit falscher Grammatik, worauf er die richtigen Wörter und Sätze darüberschrieb. Allen war unbehaglich, wenn die Lehrer versuchten, es leicht zu nehmen oder gar Dankbarkeit vortäuschten. Zu Anfang hatten wir halbwegs unseren Spaß daran mitzuerleben, wie jemand dem Lehrer antat, was der Lehrer uns antat, aber als das zur Gewohnheit wurde, nahmen wir an der Demütigung des Lehrers Anteil. Wir mögen darüber gelacht und sogar unter uns darüber gespottet haben, aber eigentlich verbargen wir dahinter nur unsere Entrüstung.

Es war uns nicht bewusst, wie sehr uns das naheging, bis Joseph Karanja, ein Student vom Makerere University College in Uganda zu uns an die Schule kam, um während seiner langen Ferien zu unterrichten. Karanja stammte aus dem Nachbarkreis Gĩthũngũri. Er war immer akribisch gekleidet: graue Hosen, eine Strickjacke über weißem Hemd mit Krawatte, das Haar auf der Seite gescheitelt. Zuerst waren wir ganz aufgeregt, weil wir einen Studenten vom Makarere zum Lehrer hatten, bald aber wünschten wir uns, auf seine Dienste verzichten zu dürfen. Er griff zu häufig zum Stock, wenn Schüler regelmäßig, aber auch, wenn sie nur ab und zu Fehler machten.

Eines Tages kam der weiße Inspektor auf den Schulhof gefahren und stand wie so oft draußen an sein Auto gelehnt. Die anderen Lehrer rannten zu ihm, nur Karanja nicht. Der Inspektor musste einen Lehrer schicken, um Karanja aufzufordern, zu ihm zu kommen. Wir rochen das heraufziehende Schauspiel, und als Karanja das Zimmer verlassen hatte, stellte wir uns auf die Tische und spähten aus den Fenstern. Der Inspektor führte einen Veitstanz auf und winkte Karanja, sich zu beeilen. Wir hofften, dass Karanja vor unseren Augen eins drüberkriegen würde. Doch er ging nicht einen Schritt schneller. Jetzt standen sie sich gegenüber. Der Inspektor verlangte, mit Sir angeredet zu werden, aber Karanja sah ihn nur an und ging dann in die Klasse zurück. Der Beamte war sich bewusst, dass ihn viele Augen beobachteten, blieb noch ungefähr eine Minute, sprang dann in sein Auto und fuhr davon. Wir sahen ihn nie wieder.

Wir setzten uns zurück an unsere Plätze, doch als Karanja das Klassenzimmer betrat, standen alle auf: aus Hochachtung, nicht aus Angst. Er war ein Held. Er hatte etwas wiederhergestellt, was wir verloren hatten: den Stolz auf unsere Lehrer, den Stolz auf uns selbst. Wir hofften, dass er wiederkommen würde. Aber er kam nicht wieder. Er wurde vom Makerere exmatrikuliert, weil er an einem Studentenstreik teilgenommen oder ihn gar angeführt hatte. Er machte seinen ersten Abschluss in Indien und ging dann nach Princeton in die Vereinigten

Staaten. Später hatte er Erfolg als erster Hochkommissar des unabhängigen Kenia in London. Schließlich kehrte er heim und wurde unter Kenyatta ein katastrophaler Kanzler der Universität Nairobi und für kurze Zeit Vizepräsident unter Diktator Moi. Irgendwie erinnere ich mich immer an diesen Augenblick in einer Grundschule im kolonialen Kenia, als er sich weigerte, sich erniedrigen zu lassen.

Als Nächstes kam ein afrikanischer Schulinspektor, ein gewisser James Mũigai, Kenyattas Stiefbruder, und der war viel freundlicher. Mit Helm und Schutzbrille gab er auf seinem Motorrad eine beeindruckende Figur ab und prahlte immer damit, dass sein Motorrad ein Produkt der BMC war, der Birmingham Motor Corporation. Egal wie oft er kam, er vergaß nie zu sagen, dass er eine BMC fuhr. Ich glaube nicht, dass er die Tatsache bewusst verbarg, aber seine Beziehung zu Kenyatta erwähnte er nie, und darüber, was im Land vor sich ging, sprach er auch nicht.

Obwohl der Religionsunterricht an der alten Manguo nicht obligatorisch gewesen war und ich nicht zu den Konvertiten zum orthodoxen oder irgendeinem anderen christlichen Glauben gehörte, fehlten mir doch Kĩhang'ũs sonntägliche Darbietungen, die mit dem Verbot der African Orthodox Church ihr Ende gefunden hatten. Mit der regierungsamtlichen Schule war keine Kirche assoziiert. Immerhin versuchten andere Kirchen, den verlorenen Seelen eine Heimat zu bieten.

Tatsächlich versuchten sich einige Anhänger des orthodoxen Glaubens in anderen Kirchen. Für die meisten Gläubigen aber kam es einer Gotteslästerung gleich, in den Schoß einer

Kirche zurückzukehren, die wie die Kamandũra mit den Missionaren verbunden war. Anderen erschien die katholische Kirche als passende Alternative. Sie hatte sich den Anhängern der Orthodoxie gegenüber nicht feindselig verhalten. Sie verdammte diejenigen nicht, die polygam lebten oder versuchten, ihre Traditionen mit dem christlichen Glauben zu vereinen. Tatsächlich hatte sich die katholische Kirche als Ganzes geweigert, im Konflikt um die Beschneidung von Frauen in den 1920ern eine unnachgiebige Position zu beziehen. Und sie war auch weniger streng in ihren Kriterien, was die Aufnahme in ihren Schoß anging. Die Kirche am Limuru Loreto Convent gehörte zu den ältesten christlichen Einrichtungen in der Region. Als sich herumsprach, dass man dort ohne Weiteres aufgenommen wurde, wechselten viele Schüler der Manguo dorthin. Man ging einfach hin und kam als Katholik zurück! Später waren wir schockiert, als Stephen Thiros Schwester Hegara Gacambi, die Tochter Kĩeyas, des Gründungspatriarchen der Manguo Karĩng'a, zur Oberschule zugelassen wurde und sich entschloss, Nonne zu werden!

Kenneth Mbũgua und ich entschieden, ebenfalls Katholiken zu werden. Meine Freundschaft mit Kenneth, dessen Vater Fred Mbũgua vor vielen Jahren meinen Aufsatz in Gĩkũyũ vorgetragen hatte, hatte damals, als ich noch im Haus meines Vaters wohnte, keinen vielversprechenden Anfang genommen. Der Weg vom Haus meines Vaters zu den indischen Läden führte an Kenneths Haus vorbei. Kenneth war groß für sein Alter und außerdem ein Rüpel. Ständig drangsalierte er meinen kleinen Bruder und mich und drohte, uns die Radfelgen wegzunehmen, die wir mit Stöcken als unsere „Autos" vor uns her trieben. Als ich Mutter von dieser Drohung erzählte, redete sie mit seiner Mutter Josephine, aber Kenneth hörte nicht auf, uns zu schikanieren. Es wurde sogar noch schlimmer. Mutter hasste Konflikte und wäre die Erste gewesen, die mit mir geschimpft hätte, wenn sie erfahren hätte, dass ich einen

Streit vom Zaun gebrochen hatte. Ich verpetzte Kenneth erneut bei meiner Mutter. Sie sagte: Willst du etwa, dass ich mich für dich mit ihm prügle? Mir wurde klar, dass aus dieser Richtung keine Hilfe mehr zu erwarten war, aber gleichzeitig wurde mir auch bewusst, dass sie nicht mit mir schimpfen würde, wenn ich mich verteidigte.

Eine Tages ging Kenneth wieder auf uns los und glaubte, dass wir weglaufen würden, aber diesmal hielt ich stand. Er machte einen Schritt auf mich zu, und ich sprang ihn wütend und zornig an. Er ging überrascht zu Boden, und ich war über ihm. Schnell erholte er sich von dem Schock und versuchte, die Oberhand zu gewinnen, indem er mich umwarf. Ich zweifelte nicht im Geringsten daran, dass er die Kraft hatte, mich zu überwältigen, aber ich war fest entschlossen, das nicht zuzulassen. Mein kleiner Bruder, der weggelaufen war, kam zurück, und gemeinsam drückten wir ihn auf den Boden. Wir verpassten ihm ein paar Hiebe und rannten weg. Er verfolgte uns und schwor Rache, aber mit nachlassender Überzeugung in der Stimme. Er hat unsere angebliche Unverschämtheit nie gerächt. Stattdessen wurden wir allmählich Freunde, vor allem, nachdem ich von der Kamandũra an die Manguo-Schule gewechselt und aus dem Haus meines Vaters ausgezogen war. Unser neues Zuhause lag jetzt nur ein paar Felder von Kenneths Haus entfernt. Es war meine erste Lektion in Sachen Wirksamkeit des Widerstands und ich lernte, dass Recht und Gerechtigkeit den Schwachen Kraft verleihen können.

In unserer Klasse wurden Kenneth und ich schulische Rivalen, aber der Abstand zwischen uns beiden und dem Rest der Klasse war so groß, dass unsere Freundschaft dadurch enger wurde. Ich weiß nicht mehr, was Kenneth und mich dazu veranlasste, Katholiken werden zu wollen. Seinem Vater waren damals kirchliche Angelegenheiten ziemlich gleichgültig. Seine Mutter war sehr religiös und sie ging immer in die Kamandũra, selbst dann noch, als ihr Mann während der Karĩng'a-Phase die akademische Stütze der Manguo war. Kenneth war als Kind getauft worden und ich nicht. Ich kann mich nicht erinnern, dass wir uns ausführlich über den Katholizismus unterhalten hätten. Es ist sehr gut möglich, dass wir einfach einer Mode folgten. Ohne es jemandem zu sagen oder uns mit jemandem zu beraten, legten wir einen Tag fest, an dem wir zum Limuru Loreto Convent gehen und als Katholiken zurückkehren wollten.

Es war einer dieser Zufälle, die man nur schwer erklären kann. Auf dem Weg, in der Nähe des afrikanischen Marktes in Limuru, trafen wir seine Mutter. Als Josephine hörte, wohin wir unterwegs waren und weshalb, war sie entsetzt. Ausgeschlossen, dass wir Katholiken würden, sagte sie bestimmt. Wenn ich unbedingt getauft werden wolle und es bei Kenneth um eine Erneuerung gehe, dann würde sie uns zu Lord Reverend Stanley Kahahu bringen, und der könne uns in seine Taufklasse aufnehmen.

Zu den Kahahus habe ich immer noch ein gespaltenes Verhältnis. Wir sind zwar von ihrem Land weggezogen, arbeiten aber immer noch für sie. Einmal weist Lillian Kahahu mir und meinem kleinen Bruder einen Acker zu, auf dem wir Unkraut jäten sollen. Sie sagt, dass sie uns helfen will. Die Summe, die sie uns bietet, hört sich angesichts unserer Not riesig an. Lillian erscheint noch großzügiger, als sie uns die Hälfte der Summe als Vorschuss gibt. Den Rest sollen wir nach Erfüllung der Aufgabe bekommen. Doch wir brauchen Monate, und am Ende ist die Summe nicht einmal annähernd so viel wert, wie wir an Arbeit in die Aufgabe gesteckt haben. Wir sitzen in der Klemme; wir können die Arbeit nicht einstellen, weil wir den Vorschuss nicht zurückzahlen können. Meine Mutter hasst Schulden, und außerdem brauchen wir das winzige Einkommen. Hier werde ich nicht wieder arbeiten, schwöre ich mir, als wir unsere Aufgabe endlich erfüllt haben.

Doch unmittelbar darauf treibt mich die Not wieder dazu, mich der Armee der Saisonarbeiter anzuschließen und Chrysanthemen zu pflücken. Wir sind viele, Erwachsene und Kinder, aus allen Winkeln des Dorfes. Einige Kinder, sie haben Hunger und Durst, springen über den Zaun in das Anwesen der Kahahus und pflücken sich ein paar Pflaumen. Ich mache nicht mit. Meine Mutter würde mich umbringen, wenn ich stehlen würde, und ihre Auffassung von Diebstahl greift sehr weit. Lillian entdeckt den Diebstahl und als wir am Abend die Ernte zum Wiegen bringen, fordert sie die Missetäter auf, sich zu stellen, oder die Unschuldigen, sie zu verraten. Es ist Freitagabend. Der Wochenlohn ist fällig. Sie wiederholt ihre Forderung. Die Schuldigen stellen sich nicht; die Unschuldigen verpetzen sie nicht. Dann folgt die Urteilsverkündung. Wir verlieren alle unseren Lohn, wenn wir die Diebe nicht ausliefern.

Ich mag meinen Ohren nicht trauen. Weiß sie eigentlich, wie dringend wir dieses Geld zu Hause brauchen? Nein, das kann sie unmöglich ernst meinen. Tut sie aber. Niemand protestiert, nicht einmal die Erwachsenen. Die Ungerechtigkeit tut sehr weh. Ich trete einen Schritt vor und erhebe meine Stimme. Alle Augen sind auf mich gerichtet. Das können Sie nicht machen, das ist ungerecht, höre ich mich sagen. Sie erholt sich von dem Schock. Doch, das kann ich, sagt sie kühl, so lange bis die Missetäter sich melden. Und Sie nennen sich Christin?, frage ich. Allen fallen die Kinnladen herunter. Lillian, der Frau von Lord Reverend Stanley Kahahu, der Geschäftsführerin des Anwesens, hat noch nie ein Arbeiter öffentlich widersprochen. Sie stellt ein und entlässt nach Gutdünken. Aber ich weiß, dass alle Anwesenden wissen, dass ich Recht habe. Trotzdem erhebt sich keine weitere Stimme. Ihre Christlichkeit ist eine leere Hülse, sage ich und gehe weg. Tränen der Wut und der Enttäuschung laufen mir über das Gesicht.

Dieser Zwischenfall wird zum Dorfgespräch. Ngũgĩ, Wanjikũs stiller Sohn, der für sein höfliches Benehmen und die Achtung vor dem Alter bekannt ist, hat Worte gesagt, die kein Kind zu einem Erwachsenen sagen darf, meinen manche. Andere aber sagen, dass Lillian zu weit gegangen war. Die Schuldigen wie die Unschuldigen wegen ein paar Pflaumen bestrafen? Und zur Vergeltung einen ganzen Wochenlohn einbehalten? Die Eltern protestieren. Lillian gibt nach, zahlt aber nur einen reduzierten Lohn. Mich bezahlt sie nicht. Mein Verlust ist der Gewinn der anderen. Das war meine zweite Lektion in Sachen Widerstand. Sie beschwert sich bei meiner Mutter, doch die reagiert nicht. Ich weiß, dass sie es nicht gutheißt, wenn ein Kind zu einem Erwachsenen frech ist. Sie schimpft nicht mit mir. Für die Kahahus arbeite ich nicht mehr, sage ich meiner Mutter, und sie stimmt mir zu. Ich hatte mein schwer verdientes Geld verloren, aber ich fühlte mich frei.

Diese Gedanken schwirren mir durch den Kopf, als uns Kenneths Mutter androht, uns zu Reverend Kahahu zu bringen. Trotz Lillians Ungerechtigkeit bin ich Reverend Kahahu immer noch dankbar dafür, was er für die Rettung meines Augenlichts getan hat. Ich mache einen Unterschied zwischen dem Prediger Reverend Kahahu und seiner Frau Lillian, der Geschäftsführerin. Im Übrigen bringt uns Kenneths Mutter nicht in sein Haus, sondern nur in die Kirche.

Ich gab nach und schrieb mich bei Reverend Kahahu für die Taufe ein. Damit begann mein Religionsunterricht an der Kamandũra. Man musste den Katechismus auswendig lernen, dann gab es eine Prüfung, und wenn man bestanden hatte, musste man sich christliche Namen aussuchen. Ich neigte zu James Paul. Das waren die Taufnamen von Kahahus Kindern. Reverend Kahahu meinte, ein Name wäre ausreichend. Und so wurde ich durch das christliche Ritual der Taufe mit Wasser James Ngũgĩ, der Name unter dem ich Jahre später, bis 1969, meine frühen journalistischen Arbeiten und Romane veröffentlichte. Dann kehrte ich zu Ngũgĩ wa Thiong'o zurück.

Ich war mir der Ironie meiner Lage immer bewusst. Nachdem ich nur knapp dem Schicksal entgangen war, römisch-katholisch zu werden, war ich einer Gemeinde der Church of

Scotland Mission beigetreten, während ich gleichzeitig eine Regierungsschule besuchte, die zuvor eine Karĩng'a-Schule und mit der African Orthodox Church verbunden gewesen war, die jetzt ebenfalls verboten war. Zu diesem Zeitpunkt hatte die CSM ihren Namen bereits in Presbyterian Church of East Africa geändert.

Ich machte die Ironie noch deutlicher: Sonntags ging ich zum Gottesdienst und zur geistlichen Kommunion in die Kamandũra, an Werktagen besuchte ich zur Erbauung des Verstandes die Manguo.

In der neuen Manguo-Schule sah man im Englischen ebenfalls den Schlüssel zur Modernität, doch während in der Karĩng'a-Manguo das Englische und Gĩkũyũ nebeneinander existierten, rümpfte man jetzt über das Gĩkũyũ die Nase. Die Hexenjagd auf die, die auf dem Schulgelände afrikanische Sprachen benutzten, begann, und die Konsequenz reichte in manchen Fällen sogar bis zur körperlichen Züchtigung. Ein Lehrer gab einem Schüler, den er dabei erwischte, in einer afrikanischen Sprache zu sprechen, ein Metallstück. Der Übeltäter gab es an den nächsten weiter, und der wiederholte das. So ging es den ganzen Tag, und wer das Metallstück als Letzter hatte, der bekam Prügel. Manchmal war das Metall mit abfälligen Wörtern oder Sätzen wie „Ich bin dumm" beschriftet. Ich sah, wie Lehrer Schüler blutig schlugen. Trotzdem waren wir auf unsere Fertigkeiten im Englischen stolz und erpicht darauf, die neue Sprache auch außerhalb des Schulgeländes anzuwenden.

Unvermutet bot sich eine Gelegenheit. Das Department of Information hatte, als Teil seiner Bemühungen, Herzen und

Seelen zu gewinnen, die Zeitschrift „Pamoja" gegründet, die Gesellschaftskunde lehren und Gutes über die Regierung verbreiten sollte. Kenneth war der Erste, der an das Department of Information in Nairobi schrieb und um die Zeitschrift bat. Er erhielt eine förmliche Antwort in einem Umschlag mit einem amtlich aussehenden Stempel darauf. Es waren nur einige Zeilen, mit denen ihm für sein Interesse gedankt und mitgeteilt wurde, dass man ihm ein Exemplar schicken würde. Es war unglaublich. Er hatte mit der Hand einen Brief in Englisch geschrieben und bekam eine maschinengeschriebene Antwort, in der ihm gedankt wurde? Und noch dazu unterschrieben mit „Ihr ergebener Diener"? Einige Tage später bekam er die Zeitschrift. Ich bat Kenneth, mir zu zeigen, wie er das gemacht hatte, den Brief, den er geschrieben hatte, die Anschrift, alles. Ich schrieb einen ähnlichen Brief, fast wortwörtlich, schickte ihn unter meinem Namen ab und erhielt die gleiche Antwort, die mich als „Sehr geehrter Herr" ansprach und mit „Ihr ergebener Diener" unterzeichnet war. Bald schon war ich ebenfalls stolzer Empfänger der Zeitschrift, auf der geschrieben stand: James Ngugi, c/o Manguo School, PO Box 66, Limuru.

Obwohl die Antwort, die ich erhalten hatte, mit denen von Kenneth und anderer Schülern völlig übereinstimmte, erregte mich das Antwortschreiben und mein Name darauf. Immer wieder schaute ich es mir an. Ich nahm es mit nach Hause zu meiner Mutter und verkündete stolz, dass mir die Regierung einen Brief geschrieben hatte. Bislang war mein Großvater das einzige Familienmitglied gewesen, bei dem ich Briefe der Regierung gesehen hatte. Und warum sollte die Regierung dir schreiben?, fragte sie misstrauisch. Ich erklärte ihr, dass ich den Briefwechsel begonnen hatte. In Englisch, fügte ich hinzu, um sie zu beeindrucken.

Das Wunder, dass „meine" englischen Wörter eine schriftliche Antwort ausgelöst hatten, trug mich in die Zeit zurück, da mein kleiner Bruder und ich versucht hatten, unsere Kenntnis einiger Wörter in einer anderen Sprache an Muttersprachlern auszuprobieren. Das war im Haus meines Vaters. Hatte meine Mutter eine gute Ernte oder war ihr Speicher mit Mais, Kartoffeln, Bohnen oder Erbsen gefüllt, war sie großzügig mit dem Essen. Sie kochte immer genug, um alle Anwesenden zu bewirten und ein paar unerwartete Gäste dazu. Ich erinnere mich noch an Zeiten, als Kamba-Frauen, reisende Händlerinnen, völlig Fremde, bei uns Halt machten, und sie ihnen erlaubte, über Nacht zu bleiben und sie nach ihren Möglichkeiten bekochte. Meine großen Brüder und Schwestern kündigten nie an, wen sie mit nach Hause bringen würden. Kam ein Besucher und ging wieder, ohne nicht wenigstens mit einer Schale Brei versorgt worden zu sein, kam sich meine Mutter schlecht vor, als hätte sie in irgendeiner Weise versagt. Einige regelmäßigere Besucher, sie kamen meistens mit Good Wallace, arbeiteten in der Bata-Schuhfabrik in Limuru. Sie kamen aus unterschiedlichen kenianischen Gemeinden, und von ihnen lernten wir einige einfache Wörter und Sätze, Grußformeln zumeist. Aus dem Luo lernten wir die Frage: „Idhi nade?“ Aus dem Kamba: „Nata? Wĩ mũseo?“ Aus dem Luhya: „Mrembe?“ Wie aber konnten wir sicher sein, dass wir die Wörter richtig benutzten? Oder dass es, wenn es über unsere Lippen kam, bei einem anderen Muttersprachler als dem, der uns das beigebracht hatte, auch tatsächlich eine Antwort auslöste?

Neben der Straße, die vom Wohnlager der Arbeiter der Bata Schuhfabrik über den afrikanischen Markt, an Karabus Haus vorbei zu den indischen Läden führte, befand sich ein Stück Land, das meine Mutter bewirtschaftete. Wir arbeiteten auch auf diesem Acker, halfen meiner Mutter beim Jäten und Mulchen. Zwischen dem indischen Einkaufszentrum und den afrikanischen Läden herrschte immer reger Menschenverkehr. Wir beschlossen, dass es an der Zeit war, unsere erworbenen Kenntnisse zu prüfen. Aber wir hatten Schwierigkeiten, zu bestimmen, wer unter den Passanten Kamba, Luo oder Luhya war.

Wir warteten an der Straße, hinter Maisstängeln versteckt, lauschten und warteten auf solche, die nicht Gĩkũyũ sprachen. Gleich beim ersten Versuch hatten wir Glück. Wir vermuteten, dass sie Luo-Arbeiter waren. Plötzlich tauchten wir aus dem Maisfeld auf. „Idhi nade?“ Die erschrockene Gruppe antwortete etwas wie „Adhi ma ber“. Wir kannten nicht genug Wörter, um weiterzumachen. „Ero kamano“, sagte ich, und mein Bruder „Ahero“, und dann flitzten wir in das Maisfeld zurück, aufgeregt vor Glück, dass man uns verstanden hatte, aber nicht bereit, unsere Kenntnisse weiter auf den Prüfstand zu stellen. Mit KiKamba und KiLuhya machten wir es ebenso. Manchmal verstand man uns nicht, aber immer wenn es uns gelang, empfanden wir das gleiche Glücksgefühl, wenn wir wieder im Maisfeld verschwanden.

Das war mündliche Kommunikation. Nun schrieb ich in Englisch und erlebte eine ähnliche Erregung, weil ich wusste, dass ein unbekannter Leser mich verstanden und mir, auch wenn ich bei Kenneth abgeschrieben hatte, eine Antwort auf meine englischen Wörter geschrieben hatte. Jahre später war ich ähnlich aufgewühlt, als meine ersten Schreibversuche von einer Schulzeitung angenommen wurden oder als ein Verleger positiv auf mein Buchmanuskript reagierte.

Der mit „Ihr ergebener Diener“ unterschriebene Brief hatte unvorhergesehene Auswirkungen. Da ich meinen Namen und meine Anschrift hergegeben hatte, erhielt ich nicht nur das besondere Informationsheft, sondern auch noch mehrere andere Veröffentlichungen der Regierung, allesamt in Englisch. Abgesehen von der „Mũmenyereri“ und einigen anderen Publikationen in afrikanischen Sprachen waren mündliche Medien die einzige Alternative zum Regierungsrundfunk und den englischsprachigen Tageszeitungen.

Die mündlichen Nachrichten in Gĩkũyũ und die in Englisch geschriebenen Berichte gaben oftmals ein widersprüchliches Bild derselben Ereignisse, was ich manchmal verwirrend fand. Zu Anfang machten die Widersprüche nichts. Eine englischsprachige Veröffentlichung lesen zu können, war wichtiger als die darin enthaltene Nachricht. Das Medium übertrumpfte die Botschaft. Dann bekam ich eines Tages ein Flugblatt mit der Überschrift „Das Lari-Massaker", und konnte die Botschaft nicht mehr ignorieren.

Der Kreis Lari grenzte an Limuru und war nur ungefähr zwölf Meilen entfernt. Im März 1953 wurden der koloniale Chief von Lari, Luka wa Kahangara, und einige Familienmitglieder getötet. Die Veröffentlichung zeigte einige grauenvolle Bilder mit menschlichen Leichen und Rinderkadavern, die auf freiem Feld verwesten. Auch Bilder von Gouverneur Baring und Kolonialminister *Oliver Lyttelton* bei der Besichtigung des Schauplatzes waren zu sehen. Die Bilder sprachen deutlicher als die Worte, mit denen sie kommentiert waren: Sie verstörten mich sehr, vor allem, weil sie so sinnlos zu sein schienen. Die Bilder deuteten durch ihre Anordnung auf irrationales Verhalten hin, auf Handlungen ohne Sinn und Verstand.

Als Mzee Ngandi später meinen großen Bruder besuchte, zeigte ich ihm die Veröffentlichung. Das ist schlimm, sehr schlimm, sagte ich. Er sah es sich an und las ein wenig. Wie immer wirkte er nachdenklich. Diesmal aber pfiff er nicht wie sonst so oft vor sich hin. Er holte ein Exemplar des „East African Standard" hervor. Seit die „Mũmenyereri" verboten worden war, hatte der „East African Standard" ihren Platz in der Außentasche seines Jacketts eingenommen. Er sagte, in der Siedlerzeitung findest du genau dasselbe, die Überschriften, die Bilder, die Geschichte. Jedes Ereignis hat mehr als nur eine Seite. Was du siehst und liest, das ist die koloniale Sichtweise. Die Freiheitskämpfer haben weder Radio noch Tageszeitung, mit denen sie ihre Sicht verkünden könnten. Also glaub nicht alles, was du in diesen Unterlagen liest. Das ist Propaganda.

Das Wort kannte ich noch nicht. Aber sieh doch mal, antwortete ich und zeigte auf die Bilder der Toten, als wollte ich damit sagen, dass es zu dem, was ich vor mir hatte, keine zwei Seiten geben konnte.

Inzwischen hatte sich eine Gruppe Zuhörer um ihn versammelt. Es war die Atmosphäre, in der er zu Hochform auflief. Es stimmte, dass in Lari gemordet worden war. Aber bedenkt: Die Guerillas haben strikten Befehl von Marschall Dedan Kĩmathi, nicht wahllos zu töten. Die Guerillas können ohne Unterstützung aus dem Volk nicht überleben. Warum also sollten sie wahllos töten? Die Wurzeln dieser Tragödie, erklärte er, reichen bis zur europäischen Besetzung unseres Landes zurück, das sie dann White Highlands tauften. Aber sieh dir mal Lari im Ersten Weltkrieg an.

Ich erinnerte mich an die Geschichte, wie mein Vater dem Krieg aus dem Weg gegangen war. Was hatten die Lari-Morde des Jahres 1953 mit dem Kampf der Engländer und Deutschen zwischen 1914 und 1919 zu tun?

Weißt du, sagte er, was nach dem Ersten Weltkrieg vom Land in afrikanischem Besitz in Tigoni oder Kanyawa noch übrig war, wurde übernommen, um nach dem Soldatenansiedlungsplan weitere Engländer anzusiedeln. Erkennst du die Ungerechtigkeit? Englische Soldaten ziehen in den Krieg und werden mit Land belohnt, das man Afrikanern weggenommen hat. Afrikaner ziehen als Kämpfer und Hilfstruppen in denselben Krieg und werden damit belohnt, dass man ihnen ihr Land stiehlt. Dasselbe passierte nach dem Zweiten Weltkrieg. Arbeit für den heimkehrenden europäischen Soldaten; Arbeitslosigkeit für den afrikanischen Kämpfer. Nun zu Kanyawa. Die betroffenen afrikanischen Familien lehnten die Ansiedlung anderswo ab. Verstehst du, nach der Devonshire-Deklaration von 1923 war Kenia Land der Schwarzen; und bei einem Landkonflikt zwischen Afrikanern und anderen Rassen hatten die afrikanischen Rechte Vorrang. Diese Familien wussten, dass das Recht der Erbschaft, des Gesetzes und der Gerechtigkeit auf ihrer Seite war. Sie schworen sich, gemeinsam zu siegen oder zu sterben. 1927 scherte Luka Kahangara, einer der Sprecher, aus. Er willigte ein, sich nach Lari umsiedeln zu lassen. Damit gab er den Briten legale Rückendeckung für ihren Diebstahl. Wer aushielt, wurde gewaltsam umgesiedelt, die Häuser in Brand gesteckt. Sie verloren Haus und Land. Einige zogen nach Ndeiya und an andere Orte. Die Lari-Morde sind, auch wenn sie schlimm aussehen, keine Handlungen des Wahnsinns. Chief Lukas Haus und die Häuser seiner Anhänger wurden genauso in Brand gesteckt wie die Häuser der rechtmäßigen Bewohner von Tigoni von der Kolonialpolizei in Brand gesteckt worden sind. Ich mag keine Auge-um-Auge-Zahn-um-Zahn-Justiz. Aber sieh es mal von dieser Seite: Während die Mau-Mau-Kämpfer den Chief, seine Familie und ihre Anhänger ins Visier nahmen, verhielten sich die kolonialen Streitkräfte so, als ob auch jede andere lebende Person Schuld an diesen Morden haben konnte. Sie exekutierten Menschen und ließen ihre Leichname auf freiem Feld oder in den Wäldern verwesen.

Ngandi erzählte die Geschichte eines Mannes aus Lari, einer von vielen, die mit einem Strick gefesselt wurden und sich mit anderen in einer Reihe aufstellen mussten. Ein britischer Offizier befahl seinen afrikanischen Askaris zu feuern. Als sie zögerten, schoss er selbst mit einem Maschinengewehr. Die Gefangenen fielen übereinander. Um sicherzugehen, dass sie alle tot waren, feuerte der Offizier noch eine Salve mit dem Maschinengewehr auf die bereits toten Menschen. Er und seine Leute zogen ab. Ein Mann aber starb nicht. Nicht eine Kugel hatte ihn getroffen. Als die Dorfbewohner am Morgen kamen, um die Leichen zu sehen, hob der Mann den Kopf. Zunächst zogen sie sich ein Stück weit zurück, weil sie glaubten, er wäre ein Geist. Aber sie hörten seinen matten Hilferuf. Der Mann kommt öfter nach Limuru zum Markt. Ich werde ihn dir zeigen, versicherte er mir und fuhr fort. Leider hat er die Sprache verloren. Trotzdem hat er Glück gehabt. Hunderte andere überlebten nicht, wurden von der Kolonialarmee in jener Nacht und den folgenden Tagen abgeschlachtet. Und dann machen sie die Mau-Mau-Guerillas für alle Morde verantwortlich. Warum? Sie wollen, dass die Freiheitskämpfer schlecht dastehen. Sie wollen außerdem, dass die Welt wegsieht und nicht wahrnimmt, was die Wut der Freiheitskämpfer entfacht hat. In der Nacht, als Lukas Gehöft in Lari angegriffen wurde, fiel auch die Polizeiwache in Naivasha. Die Guerillas befreiten die Gefangenen, brachen die Waffenkammer auf und nahmen viele Gewehre und Munition mit. Findest du diese Geschichte in der Zeitung? Findest du sie in den Veröffentlichungen, die sie dir zuschicken? Erinnerst du dich noch an Mbũrũ Matemo, den Nachrichtensprecher? Du wirst seine Stimme nie wieder hören. Man hat ihn entlassen, weil er erwähnt hatte, dass Naivasha an die Guerillakämpfer gefallen ist. Jetzt ist er wie viele Tausend andere in einem Konzentrationslager. Das Massaker von Lari ist ein Massaker, zugegeben, aber es ist auch ein britisches Massaker als Vergeltungsmaßnahme für den Tod eines loyalen Chiefs und den Fall der Polizeiwache von Naivasha, schloss Ngandi.

Die Lari-Morde und der Fall der Polizeiwache von Naivasha zogen Aktionen der Regierung nach sich, mit denen die Auswirkungen des Ausnahmezustands in das Alttagsleben außerhalb der großen Städte Einzug hielten. Der Kolonialstaat hatte bereits eine neue Streitmacht begründet, die sich aus loyalen Elementen der Bevölkerung rekrutierte und Home Guard hieß. Jetzt wurden immer mehr zu dieser Armee eingezogen. Nach und nach wurde diese Streitmacht zum brutalsten Instrument des kolonialen Terrors. Ihr lokales, sichtbares Machtzentrum in unserer Region war ein Posten auf dem Gipfel des höchsten Kamms in Kamĩrĩthũ. Das herausragende Merkmal dieses Postens, der eigentlich eine Festung war, war ein hoher Wachturm, den Tag und Nacht Bewaffnete besetzt hielten. Um die Festung herum lief ein trockener Graben, in den man Holzspieße gesetzt hatte, sodass jeder, der auf sie fiel, aufgespießt wurde. Außerdem war der Graben von dickem Stacheldraht umgeben. Der einzige Weg hinein und hinaus führte über eine Zugbrücke, die nachts hochgezogen und tagsüber herabgelassen wurde. In diesem Lager waren die Home Guards untergebracht. Der Home-Guard-Posten war eine Kammer des Schreckens, diente als Kommandozentrum, Polizeizentrale und Gefängnis.

Ältere Chiefs wie Njiriri wa Mũkoma und Dorfvorsteher wie sein Bruder Kĩmunya, die freundlich zu den Menschen waren, wurden durch andere ersetzt, die sich loyaler zum Kolonialstaat verhielten und den nationalistischen Kämpfern und der Bevölkerung feindlich gegenüberstanden. Der neue Dorfvorsteher Ragae gehörte zu den berüchtigtsten. Er überbot die anderen an Grausamkeit, vor allem gegen jene, die aus dem Rift Valley umgesiedelt worden waren. Woran lag es, dass sich jemand so brutal gegen sein eigenes Volk verhielt? Ich zerbrach mir den Kopf über diesen Mann, der immer mit einem Gewehr über der Schulter daherkam und von einem bewaffneten Leibwächter begleitet wurde. Eines Tages lauerten ihm einige Guerillas auf, als er vom Markt in Limuru zum Posten der Home Guard schlenderte. Sie schossen ihn auf offener Straße nieder, hielten ihn für tot und ließen ihn liegen, aber er überlebte. Später schlichen sie sich, als Ärzte verkleidet, in das Krankenhaus, in das er eingeliefert worden war, und machten seinem Leben ein Ende. Keiner trauerte Ragae nach. Stattdessen freuten sich die Leute ganz offen.

Eine Aufgabe des Chiefs, des Dorfvorstehers und der Home Guards bestand darin, an festen Wochentagen die kommunalen Arbeitskontingente aufzustellen und die Pflichtteilnahme an den „barazas“, den Regierungsversammlungen, zu sichern. Während der Baraza eines Chiefs und der Pflichtarbeit – Gras mähen, Terrassen anlegen, Straßen fegen, wonach auch immer dem Chief der Sinn stand – hatten alle Geschäfte geschlossen zu bleiben. Niemandem war erlaubt, auf seinem eigenen Stück

Land zu arbeiten. Sogar Schulkinder wurden manchmal zu diesen Versammlungen getrieben. Wer bei der Gemeinschaftsarbeit oder den Regierungsversammlungen fehlte, wurde verhaftet und tagelang im Posten der Home Guard festgehalten. Diese beiden Zwangsmaßnahmen wirkten sich auf die Produktion aus und verstärkten den Hunger und schwächten die Bevölkerung.

Ich wurde einmal zu einer Baraza des Chiefs gezwungen, während der er die Vorzüge des Gehorsams dem Staat gegenüber predigte und seine Zuhörer mit Aussagen verhöhnte wie „euer Kenyatta wird niemals als freier Mann den Kapenguria Court verlassen. Er wird in Gĩthũngũri hängen".

Der Prozess gegen Jomo Kenyatta wird für mich zur unglaublichen mündlichen Darstellung, aufgeführt durch und unter der Regie von Mzee Ngandi, mit der Leichtigkeit und Glaubwürdigkeit eines Augenzeugen. Ich vermute, dass Ngandi, wie einige seiner Zuhörer auch, zwischen den Zeilen der Tageszeitungen der Siedler und den Nachrichten des Regierungsrundfunks lesen muss. Und was er hier und da aufschnappt, reichert er mit schöpferischer Interpretation an. Seine Erzählung wird von der Überzeugung getragen, dass Kenyatta gewinnen wird. Das trägt mehr als alles andere dazu bei, die Zweifel seiner willfährigen Zuhörer zu zerstreuen.

Ngandi ist noch nie in Kapenguria oder in einem anderen Ort in Turkana gewesen, dennoch beginnt er mit einer Beschreibung der Szenerie: ein paar Läden, eine enge, staubige Straße, ein heruntergekommenes, in einen Gerichtssaal verwandeltes Schulgebäude, inmitten eines unermesslichen, trockenen Landes mit verkümmertem Gras, Kakteen, dem einen oder anderen Dornbaum und Hirten mit Ziegen und Kühen, die nun plötzlich Autos, bewaffnete Polizisten, Weiße, die sie noch nie vorher gesehen haben, kommen und gehen sehen, jeden Tag, wochenlang, monatelang.

Er stellt die Mitwirkenden aus nah und fern vor. An der Spitze steht einer, der in Richter *Ransley Thackers* Gericht offensichtlich nicht anwesend ist: Mbiyũ Koinange, Delegierter der KAU, frei in England, stellt sich als der Kopf hinter einer beeindruckenden Reihe an Verteidigern heraus und erhält zweifellos Hilfe von seinen alten Freunden Fenner Brockway und anderen aus der Labour Party. Was erwartet ihr?, fragt Ngandi sein Publikum. Der Kopf, der einst das Kenya Teachers' College in Gĩthũngũri auf die Beine stellte und unterschiedliche Menschen hinter einem gemeinsamen Ziel versammelte, ist wieder in Aktion.

Dann kommt *D. N. Pritt*, der erste Strafverteidiger. Und er ist kein gewöhnlicher Anwalt; er ist ein QC, Queen's Counsel, was bedeutet, dass er das Oberhaupt des britischen Empires berät, erklärt Ngandi unter deutlichem Hinweis darauf, dass die Königin womöglich gar nicht so erbaut darüber war, dass Gouverneur Baring Kenyatta so überstürzt verhaftete. Kenia ist ihr Lieblingsland, behauptet er und erinnert seine Zuhörerschaft schleunigst daran, dass sie von der Prinzessin zur Königin erhoben wurde, während sie in der Treetops Lodge in der Nähe von Nyeri ihren Hochzeitsurlaub verbrachte. Versteht ihr? Am 6. Februar 1952 erfährt sie, dass sie, während sie sich auf kenianischem Boden befindet, Königin geworden ist; im Oktober 1952 teilt man ihr mit, dass ihr Premierminister Churchill und Baring, ihr Vertreter hier, Kenyatta haben verhaften lassen.

Andere Mitglieder der Verteidigungsmannschaft kommen aus allen Teilen des Weltreichs der Königin, zum Beispiel *Dudley Thompson* aus Jamaika und *H. O. Davis* aus Nigeria. Wieder anderen, sie kamen aus allen Winkeln der Erde, um mit den drei einheimischen Rechtsanwälten, Fitz de Sousa, Jaswant Singh und A. Kapila, zusammenzuarbeiten, hat man am Flughafen die Einreise verweigert. Kapila steht D.N. Pritt in Brillanz kaum nach. Wenn Kapila in England lebte, wäre er schon längst in die geheime Gruppe der königlichen Berater aufgenommen worden. Jawaharlal Nehru, der indische Premierminister, hat höchstpersönlich den Anwalt Chaman Lall, ein Parlamentsmitglied, geschickt, damit er sich der Verteidigung anschließt.

Die Tatsache, dass der indische Premierminister Rechtsanwälte geschickt hat, stützt Ngandis Siegesgewissheit ganz erheblich. Die Briten hatten Indien jahrhundertelang kolonisiert. Unter Führung von Mahatma Gandhi und Nehru forderten die Menschen in Indien ihre Unabhängigkeit. Genau wie unsere Menschen jetzt, geführt von Jomo Kenyatta und Mbiyũ Koinange. Und seht euch ihren Führer an! Er beschreibt die zerbrechliche Gestalt Mahatma Gandhis, die in ein Lendentuch gekleidet ist, das sie Dhoti nennen, und wie die Inder in der ganzen Welt ihn liebten und sein Bild in ihren Läden aufhängten. Mahatma Gandhi? Ihr Führer? Ein Lendentuch? Das war genau das Bild, das ich immer in den Läden der Inder in Limuru an den Wänden hängen gesehen hatte. Ich hatte es für das Bild eines indischen Gottes gehalten, weil Mutter einmal so etwas gesagt hatte.

Sie gewannen 1947 ihre Unabhängigkeit, fährt Ngandi mit seiner ansteckenden Logik des Optimismus fort. Es gibt keinen Grund, der dagegen spricht, dass wir unsere nicht 1957 erhalten sollten. Gandhi bekämpfte die Briten mit der Wahrheit; Kenyatta wird das britische Weltreich mit seiner Forderung nach Gerechtigkeit schlagen. Indien hat gezeigt, wie es geht.

Er erzählt uns die Geschichte von Indiens langer Beziehung zu Kenia, die weit vor der Eisenbahn und dem schmalen Streifen der Eisenbahnstädte beginnt. Bevor die Europäer nach Ostafrika kamen, waren indische Händler schon in Mombasa und Malindi. Der Steuermann, der dem Halunken Vasco da

Gama den Weg über den Indischen Ozean zeigte, war ein indischer Bewohner unserer Küste.

Einwänden seiner Zuhörer zum Trotz, denn diese haben noch nie einen Inder aus Limuru gesehen, der in öffentliche Angelegenheiten verwickelt gewesen war oder gezwungen worden wäre, an der Baraza eines Chiefs oder an der gemeinschaftlichen Zwangsarbeit teilzunehmen, nutzt er die Gelegenheit, wohlwollend über den Beitrag der Inder zum Kampf der Kenianer zu sprechen. Eigenartig, dass seine Zuhörer früher die Geschichte von Makhan Singh als Propheten freudig aufnahmen und jetzt mit Skepsis auf die Rolle der Inder reagierten. Ngandi aber fährt unbeeindruckt fort und führt Beispiele dafür an, wie indische Organisationen, aber auch Einzelpersonen in unterschiedlichen Phasen des Kampfes zusammengearbeitet haben, und dazu gehört auch, dass sie Tageszeitungen und Zeitschriften in afrikanischen Sprachen Büroräume und Druckmöglichkeiten zur Verfügung stellten. Er erwähnt die Desai-Allianz mit Harry Thuku in den 1920ern und Gandhis Solidaritätsbekundung für den inhaftierten Thuku.

Vielleicht hat Ngandi gewusst, dass die Beweislage für ihn sprach, vielleicht auch nicht. Als der Arbeiterführer verhaftet und in Kismayu, das damals zu Kenia gehörte, eingesperrt wurde, schrieb Gandhi in der Zeitung „Young India", dass Thuku ein Opfer der „Machtgier" geworden war, und dass Thuku, wenn er „diese Zeilen je zu Gesicht bekäme, vielleicht in dem Gedanken Trost fände, dass sogar im fernen Indien viele die Geschichte seiner Deportation und Gerichtsprozesse mit Anteilnahme lesen".

Jeder Arbeiterstreik von den Zeiten Harry Thukus bis zu den Streiks 1947, die sich bis auf die Uplands Bacon Factory und die Limuru Bata Shoe Company ausdehnten, hatte die Unterstützung von Indern, behauptet er.

Ich kannte einige Streikende persönlich. Kĩarĩĩ, ein Arbeiter bei Bata, der immer zu uns nach Hause kam, heiratete schließlich meine älteste Schwester Gathoni und zog mit ihr in seinen Heimatort Kĩambaa in die Nähe von Koinange. Als er seine Arbeit verlor, ging er nach Kĩambaa zurück, wurde Bauer und beschwerte sich über die Bata-Buren. Für meinen Schwager waren alle Weißen Buren.

Die Inder wohnen nicht alle in Limuru, sagte Ngandi und verwies auf andere wie *Gama Pinto* und zu guter Letzt den Fall von Ida Dass, die Mbiyũ nach England begleitete. Und jetzt wird euch klar, welch tolle Arbeit Mbiyũ leistet, indem er im Ausland Unterstützung für diesen Prozess anwirbt.

Wenn Ngandi erzählt, wird der Prozess gegen Jomo Kenyatta zur Lehrstunde über Erdkunde, Geschichte, Politik, Zivilgesellschaft und vor allem zum Mythos. In seiner Wiedergabe werden die Orte und Länder, die im Prozess erwähnt werden – Manchester, Moskau, Dänemark –, zum Hintergrund einer riesigen fiktionalen Bühne, auf der Ngandi seine Figuren, manchmal mit Anteilnahme, manchmal mit Wut, agieren lässt. Er ist ein Erzähler, der sich Partei ergreifend in den Kampf seiner Figuren einmischt. Für Thacker, einen alten Siedler, der vom Müllhaufen der Pensionäre zurückgeholt wurde, damit er für die Siedlergesellschaft über einen Nationalisten zu Gericht sitzt, hat er nur Verachtung. Da er sich bereits entschieden hat, tut Thacker nicht einmal so, als würde er der Beweisaufnahme folgen: Stattdessen spielt er mit seiner Brille, nickt ein, wacht ab und an auf, um Manöver der Verteidigung mit einem Nein und jene der Anklage mit einem Ja zu beantworten. Ngandi rechnet mit Anthony Somerhough, dem Chefankläger ab, und mit seinen Zeugen, von denen einige ihn regelrecht in Wut bringen. Wie *Louis Leakey* zum Beispiel, der Gerichtsdolmetscher. Louis Leakey ist der Sohn des Geistlichen Leakey und wuchs mitten unter uns auf; er freundete sich sogar mit der Familie Koinange an. Mbiyũ war bei seiner Hochzeit mit Mary Trauzeuge. Er ist ein Spion. Er lernte Gĩkũyũ, damit er von innen heraus über uns berichten konnte. Deswegen nennt man ihn auch Karwĩgĩ, den „Halsabschneider". Er ist ein trojanisches Pferd.

Über Pferde weiß ich so gut wie nichts, schon gar nicht über trojanische, und Ngandi nimmt sich die Zeit es zu erklären. Ich gehöre zu seinen aufmerksamsten Zuhörern, und wenn ich in der Menge bin, ist er mitteilsamer. Bin ich dabei, dann schmückt er seine Rede stärker mit englischen Wörtern und Sätzen, und wenn ich zu verstehen scheine, was er sagt, dann dient ihm das als Beweis seines Wissens den anderen gegenüber.

Sein eigentlicher Zorn richtet sich zumeist auf die afrikanischen Zeugen der Anklage wie Rawson Macaria und Gĩciriri. Verräter, sagt er, davon angewidert, dass er und einige Zeugen dieselbe Luft von Limuru atmen, auch wenn er ab und zu seine Wut zügelt und sagt: Vergib ihnen, Herr, denn sie wissen nicht, was sie tun.

Wenn Gĩciriri erwähnt wird, dann wirkt das störend auf die mythische Ebene, auf der sich die Figuren bislang bewegt haben. Ich habe ihn in Limuru gesehen. Jeder kennt ihn; er war sogar mit dem ermordeten Kĩmũchũ befreundet. Wanjikũ, eine seiner Töchter, ist mit mir zur selben Schule gegangen. Sehr nett, überaus liebenswürdig, und so gar nicht die Tochter des Ungeheuers, das in Ngandis Erzählung zu Leben erwacht. Dennoch, jedes Mal, wenn ich an Gĩciriri denke, schüttelt es mich ein bisschen: Ich kann mir nicht vorstellen, dass sich ein Afrikaner jemals dazu bereitfinden kann, gegen sein eigenes Volk auszusagen, schon gar nicht in diesem Fall, denn einer der *Kapenguria Six*, Kũng'ũ Karumba, kommt aus Ndeiya in Limuru.

Ngandis über viele Tage wiederholte Darstellung sowohl der Dinge, die sich an den unterschiedlichen Schauplätzen zugetragen haben, als auch jener, die sich noch nicht begeben haben, hilft dabei, die düstere Verzweiflung durch einen Hoffnungsschimmer zu ersetzen. Aus welchem Blickwinkel man sich den Fall Kenyatta auch anschaut, seine Freilassung ist unvermeidlich. Mit der Zeit teile ich diese Gewissheit: Kenyatta und die anderen Kapenguria Six, wie man die Angeklagten nennt, werden gewinnen.

Als dann am 8. April 1953 herauskommt, dass Kenyatta und die anderen für schuldig befunden und zu sieben Jahren Arbeitslager verurteilt worden sind, verliere ich den Mut. Was ist schiefgelaufen? Wie konnten die Königin, Nehru und alle Rechtsanwälte aus den unterschiedlichsten Winkeln des Weltreichs das zulassen? Verwirrt wende ich mich an Ngandi, als wollte ich seine Autorität als Geschichtenerzähler in Frage stellen. Das Märchen hatte nicht das Ende, das mich der Erzähler glauben gemacht hatte.

Ngandi aber ist unverzagt. Schau dir Kenyattas Worte vor Gericht ganz genau an: „Unsere Taten richteten sich gegen Ungerechtigkeiten, unter denen das afrikanische Volk leidet ... Was wir getan haben, und was wir weiterhin tun werden, ist, die Rechte des afrikanischen Volkes als Menschen einzufordern, auf dass sie sich derselben Möglichkeiten und Privilegien wie andere Völker erfreuen können." Glaubst du etwa, dass er nur zu Somerhough, dem Ankläger, und dem Richter Thacker gesprochen hat? Worin läge der Sinn? Seine Worte sind ein Zeichen für Mbiyũ und Kĩmathi, den Kampf fortzusetzen und zu intensivieren. Er wird freikommen und größeren Ruhm ernten: Erinnerst du dich, dass Kenyattas Freund *Kwame Nkrumah* erst vor einem Jahr aus dem Gefängnis kam und Premierminister der Goldküste wurde? GA, Gefängnisabsolvent, nannte er sich. Und Nehru? War er nicht auch Gefängnisabsolvent?

Mir fällt auf, wie die Hauptgestalten in seiner Geschichte im Laufe der Zeit wechseln: Jetzt sind es Feldmarschall Dedan Kĩmathi, seine Generäle, ihre Guerillaarmee, die die Geschichte vorantreiben. Ich frage Ngandi, warum einer *General China* genannt wird. Er zögert keinen Augenblick. Er erzählt mir ein wenig darüber, dass sich die Chinesen 1948, ein Jahr nach der

Unabhängigkeit Indiens, selbst befreiten, geht aber nicht genauer darauf ein. Ich frage ihn nach Gerüchten, die ich gehört habe, wonach Afroamerikaner und südafrikanische Schwarze uns zu Hilfe kommen würden.

Die Südafrikaner und die Afroamerikaner haben ihre eigenen Kämpfe auszutragen. Aber sie nehmen Anteil an unserer Not, erklärt mir Ngandi. Bischof Alexander aus Südafrika war zwischen 1935 und 1937 auf Einladung von KISA und Karĩng'a hier, um dabei zu helfen, Geistliche orthodoxen Glaubens wie Arthur G. Gatũng'ũ aus Waithaka zu Priestern zu weihen. Die Afroamerikaner haben bereits an unserem Kampf Anteil genommen. Er erwähnt Marcus Garvey, dessen Zeitschrift „Negro World" in den 1920ern irgendwie zu den Führern der KCA gelangte. Und nachdem die kenianischen Siedler und der Kolonialstaat 1922 jene abgeschlachtet hatten, die die Freilassung von Harry Thuku forderten, berief Marcus Garvey persönlich eine riesige Kundgebung in der Liberty Hall in New York ein, in deren Auftrag er *Lloyd George* ein Telegramm schickte und voraussagte, dass die Kenianer vor Ablauf von dreißig Jahren mit Waffengewalt gegen die Briten kämpfen würden. Marcus Garvey war ein Prophet. Was er gesagt hat, ist eingetreten. Er erinnert an die Freundschaft Kenyattas mit *Paul Robeson*, *George Padmore* und *W. E. B. Du Bois* und an den Pan-African Congress 1945 in Manchester. Mbiyũ ist in Amerika ausgebildet worden und muss viele Freundschaften geschlossen haben. Vielleicht steckten die Soldaten, die 1944 das Kenya Teachers' College in Gĩthũngũri besuchten und Spirituals sangen, hinter dem Gerede, dass die Afroamerikaner uns im Kampf gegen die Briten helfen würden. Er erinnert uns daran, dass Mbiyũ in Freiheit ist, im Ausland, und wer weiß? Alles geht auf das Genie Mbiyũ zurück, auch wenn Kĩmathi, der General, zunehmend die Bühnenmitte besetzt.

Es ist Kĩmathi, der Kenyatta befreien wird. Um die zweifelnden Augen und Ohren zu beschwichtigen, erzählt Ngandi die Geschichte, wie sich Dedan Kĩmathi einmal als weißer Polizist verkleidete, sich beim Gouverneur zum Abendessen einlud und ihm hinterher ein Dankschreiben schickte. Er erzählt von anderen wunderbaren Dingen: dass Kĩmathi meilenweit auf dem Bauch kriechen kann; wie er seine Feinde glauben macht, ihn entdeckt zu haben, sie ihn aber, sobald sie die Gewehre auf ihn anlegen, auf einmal nicht mehr sehen können und stattdessen von einem Leoparden angestarrt werden, der mit einem Satz im Busch verschwindet. Diese Seite an Kĩmathi regt meine Fantasie an, und ich möchte mehr über seine spektakulären Fähigkeiten wissen.

Ich bin erstaunt, was Ngandi alles weiß – Gĩthũngũri muss wirklich eine gute Schule sein – doch noch mehr darüber, wie leicht er sich, ohne mit der Wimper zu zucken, zwischen dem Natürlichen und dem Übernatürlichen hin und her bewegen kann. Tatsache oder Fiktion oder beides, Mzee Ngandi fügt alles zu einem sinnvollen Ganzen, mit seinem Ton, der keinen Widerspruch zulässt, und seiner gelegentlichen Ironie, nicht zu vergessen seinem Vor-sich-hin-Pfeifen.

Jahre später habe ich die erfundene Gestalt Njoroges in meinem Roman „Weep Not, Child“ mit einer Aura aus Tatsache und Gerücht, Gewissheit und Zweifel, Verzweiflung und Hoffnung umgeben, aber ich bin mir nicht sicher, ob es mir gelungen ist, das komplizierte Netz aus dem Banalen und dem Dramatischen, die surreale Alltäglichkeit eines gewöhnlichen Lebens in außergewöhnlichen Zeiten in einem Land im Kriegszustand einzufangen. In den Tatsachen und Gerüchten über den Prozess und die Haft Jomo Kenyattas und die heldenhaften Taten Dedan Kĩmathis waren das Wirkliche und das Überwirkliche miteinander verschmolzen. Vielleicht sind es Mythen ebenso sehr wie Tatsachen, die selbst in Zeiten des Krieges die Träume am Leben halten?

Ich werde deinem Vater mitteilen, dass du jetzt bereit bist, ein Mann zu werden, sagt Mutter Ende 1953 zu mir. Es ist das erste Mal, dass sie, seit sie vor Jahren sein Haus verlassen hat, mir gegenüber von meinem Vater spricht. Diesem Übergangsritual müssen beide Eltern zustimmen. Ich aber begebe mich zu diesem Zeitpunkt in diesen Ritus, weil ich einer Stimme aus dem Grab gehorche. Die letzten Worte meiner Großmutter waren eindeutig: Ndũng'ũ, Kĩmũchũs Sohn, darf mich nicht hinter sich lassen. Damit ist der Termin an Ndũng'ũs Wahl gebunden, wann er sich für das Übergangsritual bereit sieht. Zum Glück fällt der gewählte Termin in die Zeit der Schulferien am Jahresende.

In der vorkolonialen Zeit markierte die Beschneidung bei den Gĩkũyũ den Übergang zum Erwachsenenalter. In einer Gesellschaft, in der Herrschaft, militärische Verpflichtungen, Recht und Moral die Abfolge der Generationen voraussetzten, war das Ritual eine notwendige Stufe auf der sozialen Leiter: für das Gleichgewicht und den Fortbestand des Ganzen. Die gesamte Zeremonie – die Vorbereitung, die Durchführung, die Heilung – war demzufolge gleichzeitig eine gemeinschaftliche, familiäre und persönliche Angelegenheit. In den alten Zeiten hätte ein Ältestenrat die Daten für die gesamte Nation festgelegt. Die Initianden, junge Männer und Frauen, durchliefen ungefähr zur gleichen Zeit diese drei Phasen. Alle Initianden bildeten die Klasse dieses Jahres und erhielten einen Namen, der ihnen für immer einzigartig blieb. Auch hinsichtlich der persönlichen Identität und der Erwartung von Loyalität entsprach die Altersgruppe damit den Vorstellungen der Familie und des Clans. Die Loyalität der eigenen Altersgruppe gegenüber hatte sogar Vorrang, weil sie über den Familien, Clans und Regionen stand.

Auf diese Weise konnte Mbiyũ Koinange die Loyalität der Altersgruppen als Mobilisierungsinstrument für die finanzielle Absicherung des Kenya Teachers' Colleges in Gĩthũngũri nutzen. In der Kolonialgesellschaft fußte die Organisation der Macht jedoch auf anderen rechtlichen Kriterien, zumal sie eine Vielzahl von Völkern umspannte, deren jede ihr vorkoloniales Leben anhand besonderer kultureller Traditionen geordnet hatte. Deshalb spielte zu meiner Zeit die Beschneidungszeremonie auch in der Gĩkũyũ-Gesellschaft nicht mehr die politische, wirtschaftliche und rechtliche Rolle, die sie einst gehabt hatte. Weder übertrug sie besondere, von der Gemeinschaft anerkannte Rechte, noch forderte sie von der Gemeinschaft festgelegte Pflichten und Erwartungen. Zu meiner Zeit waren nur noch Reste der gemeinschaftlichen Vergangenheit des Rituals übrig. Viele junge Männer gingen, auch wenn sie nicht religiös gebunden waren, zur Operation ins Krankenhaus. Ich wollte nicht zu ihnen gehören. Ich wollte die Zeremonie durchlaufen. Ich hoffte, dass sie mein Selbstverständnis und das Gefühl der Zugehörigkeit stärkte, nach dem ich immer gesucht hatte.

Von den drei Stufen des Rituals – vorher, während und danach – war die Vorbereitungsphase am schönsten für mich: Es ist eine festliche Zeit, in der Gruppen mit ihren Darbietungen von Haus zu Haus ziehen. In den alten Zeiten wären sie von Dorf zu Dorf gezogen, von Region zu Region, begrenzt nur von der Entfernung, die man zu Fuß zurücklegen konnte. Meine Schwestern und Brüder aus den Familien meiner Mutter und meines Vaters sind gekommen, haben beim Kochen und bei anderen Arbeiten geholfen. Die meisten sind bis zur besonderen Mararanja-Nacht am Vorabend des Rituals geblieben, während der kaum jemand schläft.

Ich habe das alles schon miterlebt, als es um andere ging, weil jeder, egal ob Erwachsener oder Kind, Mann oder Frau, an Tanz und Gesang teilhaben kann. Gehört man aber selbst zu den Kandidaten für das Messer, dann ist es nicht so einfach, sich dem Fest hinzugeben. Außerdem habe ich Stimmbruch und meine Stimme hat ihren schönen Klang verloren. Früher habe ich einstudierte Stücke gesungen, aber jetzt ist der Gesang in unserem Haus eine strikte Angelegenheit von Ruf und Antwort mit oftmals unerwarteten Herausforderungen, die an den Kandidaten gerichtet sind; lyrische Improvisationen im Rahmen einer festgelegten Melodie. Der Kandidat hat aufmerksam zu sein, schöpferisch und unverzüglich zu antworten. Zum Glück darf man sich von denen helfen lassen, die es besser können, und meine Verwandten sind hier, um mir zu helfen. Mancher Anruf ist erotischer Natur; tatsächlich enthalten alle Tänze und Lieder lüsterne Verse und zweideutige Hüftbewegungen. Es ist eine Zeit, in der man über Sex reden, ihn aber nicht vollziehen darf. Die Grenzen zwischen mimisch-gestischer Darstellung und Wirklichkeit dürfen nicht überschritten werden. Satirische Verse wechseln sich mit vulgären Beleidigungen und ebenso vulgären Erwiderungen ab und enden in versöhnlich-zärtlichen, lyrischen Worten. Die ganze Nacht ist ein Fest der Musik, bei dem eine Melodie auf die andere folgt, Tanz auf Tanz, und immer geht es zwischen unserem Haus und dem Ndũng'ũs hin und her.

Ich genieße das alles, denke aber ständig an das Messer, das ins Fleisch schneidet. Ich denke auch an meinen Freund Kenneth. Ich kenne die Einzelheiten nicht, doch ein familiärer Konflikt verhindert die Einmütigkeit über seine Kandidatur. Ndũng'ũ und ich werden ihn hinter uns lassen. Er und alle meine Spielkameraden tun mir leid, weil ich von morgen an nicht mehr mit ihnen spielen darf, denn das wäre so, als spielte ein Erwachsener mit Kindern. Mit einem Mal öffnet sich zwischen Initiierten und Nichtinitiierten ein Abgrund, tief und weit, der nur dadurch wieder geschlossen werden kann, dass man das Ritual durchläuft.

Schließlich bricht der Morgen des Ereignisses an. Ich habe kein Auge zugetan. Trotzdem befiehlt man mir, mich sehr früh für die „menjo“ bereitzuhalten, die Zeremonie, bei der Kopf- und Schamhaar rasiert werden. Zuerst muss ich meine Sachen ausziehen, eine Darstellung des Abwerfens der Kindheit. Die geschorenen Haare werden in der Erde vergraben und symbolisieren die Bestattung dieser Zeit meines Lebens. Ich bleibe nackt und jetzt ziehen wir zum Wasser des Manguo. Mir kommt es vor, als wäre es ein langer Weg dorthin, dabei sind es in Wirklichkeit nur eineinhalb Meilen. Männer, Frauen und Kinder folgen uns, drängeln, tanzen und singen, und einige wedeln mit grünen Blättern durch die Luft. Als sich alle Kandidaten am Ufer versammelt haben, ist die Prozession der Unterstützer zu einer riesigen, durcheinanderschwirrenden Menge angewachsen.

Bei der Wasserzeremonie gibt es plötzlich eine Überraschung. Kenneth Mbũgua darf schließlich doch mit dabei sein. Seine Eltern haben entschieden, dass wir, seine Spiel- und Schulkameraden, ihn auf keinen Fall hinter uns lassen dürfen. Es war aber keine Zeit mehr, ihn zu rasieren, und so ist er der einzige Initiand mit vollem Kopf- und Schamhaar. Ich freue mich, ihn zu sehen, doch bleibt uns keine Zeit zu reden. Wie Schafe werden wir unserem Schicksal entgegengetrieben.

Das Wasser ist eisig kalt, aber ich muss jetzt wieder an das Messer denken. Werde ich fähig sein, den Schmerz auszuhalten und mutig durch die Zeremonie gehen? Ich weiß, dass diese Frage meine Familie beschäftigt. Die Grenzen zur Feigheit sind genau definiert. Wenn ich auch nur zwinkere oder gar den leisesten Ton von mir gebe oder den Gesichtsausdruck andeutungsweise verändere, bringe ich Schande über meine Familie und die Gemeinschaft, und das Wort „Feigling“ wird für immer an mir kleben, ein Schandmal für das ganze Leben. Die

Kandidaten sind eine bunt gemischte Gruppe, ob sie zur Schule gegangen sind oder nicht. Auf die Schüler sieht man herab, weil sie durch Bücher und modernes Wissen verweichlicht sein sollen. Sie halten keine Schmerzen aus. Ich weiß, dass die Neugierigen auf mich schauen.

Jeder von uns hat einen Beschützer. Meiner ist mein Halbbruder Njinjũ wa Njeri, der dritte Sohn der vierten Frau meines Vaters. Yongĩ ist Ndũng'ũs Beschützer. Bei Kenneth weiß ich es nicht genau, weil ich mir jetzt, da ich mich ins Gras setzen muss, nur noch über mein eigenes Schicksal Sorgen mache. Meine Beine sind gespreizt, die Knie gebeugt, fest auf den Boden gedrückt. Meine Hände ballen sich zu Fäusten, der Daumen steckt zwischen Zeige- und Mittelfinger, meine Ellbogen ruhen auf meinen Knien. Alle können meine Männlichkeit sehen, aber in Wirklichkeit sind sie gar nicht an ihr interessiert; sie beschäftigt mehr meine Reaktion, wenn das Messer auf die Vorhaut trifft. Ich höre eine Bewegung. Es ist der Chirurg. Mein Beschützer steht hinter mir und hält mich an den Schultern fest. Ich bin wie erstarrt: Oh, Herr, führe mich hier durch, ohne dass ich mit der Wimper zucke! Während der Vorbereitung haben uns einige Leute Furcht einflößende Geschichten erzählt, dass das Messer aus Versehen zu tief schnitt oder gar ein Teil der Männlichkeit abgetrennt hat. Ich glaube diesen Berichten nicht, aber angenommen … angenommen, es geht etwas schief? Ich kenne den Beschneider nicht; ich habe gehört, dass mein Verwandter Mwangi Karuithia vielleicht als Operateur amtieren könnte. Ich sehe nicht einmal das Gesicht des Beschneiders. Es ist vorüber, bevor ich überhaupt mitbekomme, dass es geschieht. Ich spüre das Messer nicht. Das kalte Wasser hat meine Haut taub gemacht. Mein Beschützer bedeckt mich schnell mit einem weißen Tuch, das von meinen Schultern bis zu den Füßen reicht; alle Frauen jubilieren vor Stolz. Ich weiß, dass ich es überstanden habe. Kenneth und Ndũng'ũ auch. Nach der Operation darf jeder den Schmerz zeigen, wie er will, sogar durch Tränen; jetzt ist kein Stigma mehr mit diesen Reaktionen verbunden, aber ich versuche, mich zusammenzureißen. Ich muss der Ansicht, dass Bücherwissen verweichlicht und schwächt, nicht noch Vorschub leisten, vor allem, weil ich sie nicht teile.

Wir gehen zurück. Die Seiten unserer weißen Gewänder werden von Sicherheitsnadeln zusammengehalten. Die Gĩkũyũ schneiden die Vorhaut nicht vollständig ab, sie lassen sie lose an der Penisspitze hängen. Man hat mir beigebracht, wie ich gehen muss, breitbeinig, eine Hand den Penis hochhaltend, ein Finger die Spitze von der hängenden Vorhaut abhaltend, damit sie nicht an der losen Vorhaut oder am Tuch reibt. Das Gehen ist beschwerlich und geht nur langsam. Das Gefolge, das uns bis zum Ufer begleitet hat, zerstreut sich, zweifellos um Schlaf und vernachlässigte Pflichten nachzuholen.

Wir drei, Kenneth, Ndũng'ũ und ich, kommen in das Genesungshaus, eine kleine Hütte, tief im Land meines Großvaters und ziemlich weit von jedem Gehöft entfernt. Wir, die Initiierten, liegen auf Strohbetten, sind mit Laken und Tüchern zugedeckt. Kenneth hat einen Mentor: Karanja Zinguri. Unsere drei Mentoren schlafen im Zimmer gegenüber. Dazwischen befindet sich ein gemeinsamer Wohnraum. Wir können sie hören, und sie können uns hören. Keinem Initiierten ist es gestattet, nach Hause und zu seinem normalen Leben zurückzukehren. Man hat uns abgesondert, mindestens drei Wochen werden wir hier bleiben. Man wird uns Essen bringen, doch dürfen nicht einmal Verwandte ohne Erlaubnis der Mentoren die Schwelle überschreiten. Während der Heilungsphase sind unsere drei Beschützer unser einziger Kontakt nach draußen. Sie sind unsere Mentoren, Führer und Instrukteure in Sachen Erwachsensein und männlicher Verantwortung.

Obwohl sie sich in erster Linie um unser physisches Wohlergehen kümmern, unterrichten uns unsere Mentoren auch in Selbstbeherrschung. Fragen zu angeschwollenen Vorhäuten, die wie Krebsgeschwüre aussehen, entlocken ihnen nur die entsetzliche Antwort, dass uns ein zweiter Penis wächst. Wenn ich gewusst hätte, dass es zum Ritual gehört, zwei zu haben … aber über ein solches Ergebnis will ich gar nicht erst nachdenken. Ab und zu holen sie sich Mädchen, um den Geschlechtsverkehr zu simulieren, eine übertriebene Darstellung des Liebesakts mit erotischen Geräuschen, die unsere Ohren erreichen sollen. Das führt bei uns zu Versteifungen, die heilende Haut wird gedehnt und verursacht quälende Schmerzen, bis einer von uns Stopp! Hört auf! ruft. Lachend kommen sie aus ihrem Zimmer und halten uns einen Vortrag über Selbstbeherrschung. Meine Angst über das „Wachsen" eines zweiten Penis' lässt erst nach, als die Vorhaut zu einem bloßen weichen Etwas unterhalb der Penisspitze geworden ist. Und jetzt erzählen sie uns über die geheilte Vorhaut. Die ist gut für die Frau; sie reibt sie angenehm; und deshalb heißt sie „ngwati", „Liebesmacher", Partner der Liebesbewegungen.

Später, als alles so weit verheilt ist, dass wir ohne große Schmerzen gehen können, wird man uns erlauben, uns mit anderen Initiierten aus den anderen Dörfern zu treffen, bevor wir zum Schlafen wieder in unsere Hütte zurück müssen. Andere Initiierte dürfen uns ebenfalls besuchen. Wir sind an unserer Uniform leicht zu erkennen: ein langes, togaähnliches Tuch, das von Sicherheitsnadeln gehalten wird. Ein Bambusgehstock vervollständigt die Ausrüstung. Wenn wir die Straße entlanggehen, machen uns Menschen allen Alters Platz.

Schließlich kommt der Tag, an dem man uns unsere normale Kleidung wiedergibt, an dem wir von der Hütte und den Mentoren Abschied nehmen und nach Hause in den Alltag zurückkehren. Mit einem Unterschied. Ich bin jetzt ein Mann. Ich gehöre zu einer neuen Altersgruppe. Ich habe alle gesellschaftlichen Bindungen zu Freunden durchtrennt, die dieses Ritual nicht durchlaufen haben. Ich darf keinen Umgang mehr mit ihnen haben, nicht mehr mit ihnen spielen, ihnen keine

Geheimnisse mehr anvertrauen. Unsere Kontakte und Gespräche beschränken sich auf ein Minimum und sind formaler Natur. Es ist, als wäre ich über eine unsichtbare Mauer gesprungen, von einer Seite des Lebens auf eine andere. Auf der anderen Seite der Mauer ist nun mein altes Ich; auf dieser Seite mein neues. Jetzt bin ich in die gesellschaftliche Gruppe meines großen Bruders Wallace und seiner Freunde aufgenommen. Ich darf zu ihren Partys gehen und bei ihren Witzen und Geschichten über Frauen mitmachen.

Kahanya, der beste Freund meines Bruders, nimmt mich unter seine Fittiche und erleichtert mir den Zugang zur Gesellschaft der Männer. Er stellt mich dem Mädchen vor, mit dem ich bald meine Unschuld verlieren soll, das letzte Zugangsritual zur neuen Welt. Es ist kein großer Augenblick, aber es ist der Beweis, den ich brauche, dass ich wirklich ein Mann geworden bin.

Obwohl das Ritual des Mannwerdens einen tiefen Eindruck bei mir hinterlässt, vertieft sich danach nur noch meine Überzeugung, dass es in unserer Zeit Bildung und Wissen sind, nicht eine Narbe im Fleisch, die Männern und Frauen mehr Stärke verleihen.

Wir gingen an die Kĩnyogori Intermediate School zurück, eine zweijährige Mittelschule zwischen Grund- und Oberschule, die wir aber nur ein Jahr besuchen sollten, weil wir das andere Jahr an der alten Manguo verbracht hatten, da die Schulgebäude am neuen Standort noch nicht fertig waren. Die Schule unterstand dem Kĩambu District Education Board. Das war nun schon der dritte Schulwechsel in meiner Grundschulkarriere.

Das Jahr 1954 war ein entscheidendes Jahr, der letzte Abschnitt meiner Grundschulausbildung, an deren Ende ich die Kenya African Preliminary Exams ablegen würde, einen Übergangsritus von der Art alles oder nichts. Für Asiaten und Europäer gab es ähnliche Prüfungen zur Zulassung an ebenfalls nach Rassen getrennten Oberschulen. Integration war keine zentrale Forderung in der antikolonialen Politik, sieht man einmal von der allgemeinen Forderung nach Beseitigung der Rassenschranken ab. Die schulische Integration sollte erst später kommen, nach der Unabhängigkeit 1963. Die wesentlichen Forderungen richteten sich auf Land und Freiheit sowie auf gleiche Bildungschancen. Es gab nur sehr wenige Oberschulen für Afrikaner, der Wettstreit um die freien Plätze war erbittert, und viele Schüler blieben auf der Strecke. Nach der Schließung der unabhängigen Schulen und des Kenya Teachers' College in Gĩthũngũri wurde die Lage noch schlimmer. Der Beecher Report, der die Oberschulbildung der Afrikaner anpassen und erweitern sollte, hinkte den Erfordernissen der Zeit bereits meilenweit hinterher, bevor er überhaupt veröffentlicht wurde, und der Konkurrenzkampf wurde stärker.

Für uns waren die Herausforderungen nicht nur akademischer Natur oder auf das Schulgelände beschränkt. Da gab es zum Beispiel das einfache Problem der Entfernung: Kĩnyogori war sechs Meilen entfernt. Schwieriger war es, wie immer, mit dem Schulgeld und den Uniformen. Der lange Schulweg allerdings eröffnete die Möglichkeit des Nachrichtenaustauschs und der Unterhaltung. Wir tauschten Geschichten darüber aus, was sich zu Hause und in unserem Umfeld zugetragen hatte. Der Ausnahmezustand hatte die Dimension einer riesigen, geheimnisvollen Kreatur angenommen, die immer weiterwuchs, während sie drohend näher kam. Alle konnten eine Geschichte erzählen, was sie der Familie, den Nachbarn oder Verwandten in Nairobi angetan hatte – Opfer der Operationen von Jock Scott bis zu General Erskine's Operation Anvil, mit der alle Angehörigen von Gĩkũyũ-, Embu- und Meru-Gemeinden aus Nairobi entfernt werden sollten. Diese Kreatur wurde zum Instrument der Vertreibung Tausender und war mittlerweile offizielle koloniale Politik. Limuru befand sich nur achtzehn Meilen von der Hauptstadt entfernt. Man hörte Geschichten über die Toten, und dass man Hunderte in Konzentrationslager getrieben hatte. Natürlich erzählten einige Geschichten auch davon, wie es dem und dem gelungen war, durch das Netz zu schlüpfen, aber die meisten berichteten vom Elend, das der Ausnahmezustand mit sich gebracht hatte.

In den Dörfern machten Erzählungen die Runde, wie einige die gemeinschaftliche Zwangsarbeit und die Teilnahme an den Pflicht-Barazas vermieden hatten: Geschichten von Vätern oder Müttern, die sich in stinkende Latrinen einschlossen und dennoch von den Home Guards aufgespürt wurden; von anderen, die Krankheit oder Tod vorgetäuscht hatten, ebenfalls umsonst; und von wieder anderen, die sich in Erdlöchern versteckten, die sie ausgehoben hatten, und deren Abdeckung sich nicht von der Umgebung unterschied. Es war eindeutig, dass die ständigen Razzien bei Tag und Nacht sowie die Massenverhaftungen die Familien zerbrachen, indem sie ihnen die Ernährer nahmen oder sie handlungsunfähig machten und die elterliche Fürsorge einschränkten. Die Menschen lebten in doppelter Furcht: vor den Regierungsaktionen bei Tag und nachts vor den Mau-Mau-Guerillas, wobei der Unterschied darin bestand, dass die Guerillas für Land und Freiheit kämpften und der Kolonialstaat für den Erhalt der ausländischen Besatzung und den Schutz der Privilegien und des Wohlstands der europäischen Siedler einstand.

Die britischen Razzien bei Tag, die von loyalen Home-Guard-Einheiten unterstützt wurden, kamen oft plötzlich und unerwartet. Blitzschnell riegelten sie den Limuru-Markt ab. Wer ins Netz ging, musste sich in Zweier-, Dreier- oder Viererreihen hinhocken – je nachdem, wie groß die Menge war –, die

Hände hinter dem Kopf falten und wurde auf allen Seiten von bewaffneten britischen Offizieren und schwarzen Polizisten bewacht. In dieser quälenden Stellung mussten sie warten, bis sie überprüft wurden. Einer nach dem anderen trat an einen Tisch, an dem ein britischer Offizier saß. Neben ihm standen ein oder zwei Männer unter Kapuzen, die „gakũnia", die nickten oder den Kopf schüttelten, ob der Betreffende mit den Mau Mau sympathisierte. Ein Nicken bedeutete für den Übeltäter weitere Verhöre und den anschließenden Weg ins Konzentrationslager. Diese Massenüberprüfungen waren gefürchtet, und sobald Armeelastwagen gesehen wurden, wurde das sofort weitergesagt. Dann ließen viele junge Männer ihre Arbeit stehen und liegen und versteckten sich oder flohen, manchmal unter starkem Maschinengewehrfeuer. Ich lauschte den Berichten, dachte an das Unheil, das das Haus meiner Mutter noch nicht heimgesucht hatte, und schätzte mich glücklich. Auch wenn es manchmal ziemlich knapp zugegangen war. Die Erinnerung an einen bestimmten Zwischenfall versuchte ich immer zu unterdrücken.

Es geschah mehrere Monate bevor ich zum Mann wurde. Damals fand der Unterricht noch an der Manguo statt. Ich weiß nicht, was mich geritten hat, dass ich wegen eines Mittagessens nach Hause rannte, von dem ich nicht einmal sicher war, dass es zu haben sein würde. Meine Mutter und meine Schwester Njoki saßen vor dem Haus und sortierten Bohnen, die sie später kochen wollten. Sie waren sehr überrascht, mich zu dieser Zeit zu sehen, und wie zu erwarten gewesen war, gab es nichts, womit ich meinen Hunger stillen konnte. Meine Mutter bot an, ein paar Kartoffeln zu rösten – das Einzige, was da war –, aber das würde Ewigkeiten dauern und ich würde die Schule entweder ganz verpassen oder zumindest viel zu spät kommen. Sehnsüchtig schaute ich zu den unreifen Früchten des Birnbaums hoch. Sie erlaubte uns nie, unreife Birnen zu pflücken; sie sagte immer, dass das nicht gut für den Lebensrhythmus der Pflanze wäre und dass sie ihre Gefühle nicht verletzen wollte. Diesmal aber hatte sie nichts dagegen, auch wenn sie keine ausgesprochene Erlaubnis gab. Nachdem ich gegessen hatte, eilte ich in die Hütte, trank etwas Wasser und rannte wieder hinaus, bereit, zurück in die Schule zu gehen.

Es war meine Mutter, der plötzlich die Leute auffielen, die verstohlen durch die umliegenden Maisfelder huschten. Sie rief mir hinterher, dass ich zurückkommen sollte. Als sie sah, wie ich zögerte, erinnerte sie mich daran, dass sie es gewesen war, die den Pakt mit mir geschlossen hatte, und dass sie es war, die mir jetzt befahl, ihn zu brechen. Trotz der unreifen Birnen hungrig und enttäuscht, ignorierte ich ihr Flehen und ging weiter den Pfad an der Hecke entlang, die unser Land von Kahahus Besitz trennte. Ich war noch nicht weit gekommen, als ich Gewehrfeuer hörte. Dann sah ich sie in einiger Entfernung; viele Johnnies, wie die britischen Soldaten genannt wurden, die über die Felder ausschwärmten. Ich versteckte mich hinter einem Eukalyptusbaum und ging in der Hoffnung, dass mich der Baum vor ihren Blicken schützte, langsam zurück. Dann hörte ich wieder Gewehrfeuer. Schreie und Rufen. Gewehrfeuer. Ich fiel hin und kroch auf allen vieren, bevor ich irgendwann wieder aufstand und nach Hause zurückrannte. Meine Mutter und meine Schwester, die noch im Hof standen, zogen mich in die Hütte. Noch immer konnten wir Gewehrfeuer hören, aber nach einer Weile wurde es langsam still, und die Johnnies kamen nicht in die Nähe unseres Heims. Ich war ziemlich mitgenommen, aber erleichtert, dass ich nicht direkt ins Gewehrfeuer gelaufen war. Und es war wahrscheinlich das erste Mal, dass ich aus anderen als aus Krankheitsgründen in der Schule fehlte.

Als Wallace und seine Freunde abends nach Hause kamen, erzählten sie, wie jeder Einzelne entkommen war. Viele waren schon zum Verhör verschleppt und in Konzentrationslager gebracht worden. Sie erzählten von Gerüchten, dass es Tote gegeben hatte, wussten aber nichts Genaues über die Opfer oder ob es sich nicht nur um eine der vielen Halbwahrheiten handelte, die jede Razzia begleiteten. Es wurde offensichtlich, dass mein Bruder und seine Freunde nicht zum ersten Mal vor einer Razzia auf dem Markt geflohen waren.

Ein paar Tage später erfuhren wir, dass einige Leute getötet worden waren, unter ihnen mein Halbbruder Gĩtogo, der Letztgeborene von Wangarĩs Söhnen. Sein Fall war tragisch. Gĩtogo arbeitete in einer Fleischerei in Limuru. Er war weggerannt, wie es die anderen auch machten. Da er taub war, hörte er nicht, dass der weiße Offizier „simama", „stopp", rief. Sie erschossen ihn von hinten.

Sein Tod war ein Beispiel für das, was überall in den Familien passierte. Gĩtogo war der jüngere Bruder Joseph Kabaes, des ehemaligen Soldaten, des Inhabers einer Firma für Schreibdienste und Rechtsberatung, der jetzt für den Kolonialstaat arbeitete und zu den wenigen gehörte, die eine Pistole tragen durften, obwohl er nie anders als in Zivilkleidung herumlief.

Für mich war Gĩtogo, obwohl er taub war, immer ein regelmäßiger und freundlicher Teilnehmer der Geschichtenabende in der Hütte seiner Mutter gewesen. Gĩtogo war ein hübscher junger Mann, besaß ein einnehmendes Wesen und tat nie jemandem etwas zuleide. Er war immer bereit, anderen zu helfen, vor allem, wenn es darum ging, schwere Lasten zu heben. Von seinem Tod zu hören, machte mich traurig. Doch da wir seit einigen Jahren nicht mehr im Gehöft unseres Vaters wohnten, traf mich Gĩtogos Tod, auch wenn er schmerzlich war, wahrscheinlich nicht so unmittelbar wie diejenigen, die täglichen Kontakt mit ihm hatten.

Als ich die Zeremonie der Mannbarkeit durchlief und danach in Kĩnyogori wieder zur Schule ging, war die Erinnerung an diese Tragödie verblasst. Der Mensch normalisiert das Ungewöhnliche, um zu überleben. Noch immer konnte ich mich glücklich schätzen, denn obwohl die Bestie des Ausnahmezustands nun das Gehöft meines Vaters angefallen hatte, hatte sie noch nicht das Haus meiner Mutter erreicht.

Im Gegenteil, es war sogar ein bisschen Glück hinzugekommen. Wallace hatte Charity Wanjikũ geheiratet, das hübsche Pfadfindermädchen aus Banana Hills, und bald wurde Mũturi, ihr erstes Kind, geboren. Es war interessant zu beobachten, wie Wallace, der tüchtige Zimmermann und Tischler, ein Familienmensch wurde, ein zärtlicher Vater, der immer darauf bedacht war, schnell nach Hause und zu seiner Frau zu kommen und das Neugeborene anschaute, als könnte er nicht glauben, dass es ihr Fleisch und Blut war. Vor der Geburt seines Sohnes lebte er das normale Junggesellenleben, verbrachte die Nacht manchmal in seiner Werkstatt oder sonstwo mit seinesgleichen. Jetzt aber sahen wir ihn jeden Abend, und das trug dazu bei, dass auch wir uns sicherer und als Familie miteinander verbunden fühlten.

Militärfahrzeuge, Razzien, Überprüfungen, Schreie, Sirenen vom Posten der Home Guard, der Klang von Maschinengewehrfeuer wurden Teil unseres Alltags. All das vermittelte mir das Gefühl, dass die herankriechende Bestie unaufhaltsam auf das Haus meiner Mutter zukam.

Und doch traf es mich völlig unvorbereitet, als sie schließlich an einem Apriltag 1954 zuschlug.

Good Wallace gehörte zu einer Versorgungseinheit der Nationalist Guerilla Army, der Kenya Land and Freedom Army. Er und Onkel Gĩcini verabredeten sich mit einem freundlich gesinnten Händler, der sie mit Munition versorgen sollte. Er war der Bruder eines Mädchens, mit dem mein Bruder einmal gegangen war, von dem er sich aber einvernehmlich getrennt hatte. Das Treffen fand auf offener Straße statt, an der Verbindung zwischen den alten indischen Läden und dem afrikanischen Markt. Zwischen dem Ackerstreifen meiner Mutter und der Straße wuchs eine kleine Hecke. Meine Mutter kümmerte sich gerade um die Bohnenpflanzen und den grünen Mais. Good Wallace und Onkel Gĩcini riefen einen Gruß zu ihr hinüber. Ansonsten achtete sie nicht auf das, was auf der geschäftigen Straße geschah. Zwölf Patronen und Geld wechselten den Besitzer, und der Händler ging davon. Wallace und Gĩcini teilten die Patronen unter sich auf, sechs für jeden. Wallace steckte seinen Anteil in die Innentasche seines Jacketts, Onkel Gĩcini verstaute seinen in der Hosentasche.

Onkel Gĩcini und mein Bruder hatten sich noch keinen Schritt fortbewegt, als plötzlich ein Polizeiwagen auftauchte und sie anhielt. Nicht ahnend, dass ihr Händler ein Spitzel war, hielten sie es für eine gewöhnliche, damals verbreitete Polizeischikane und glaubten, sich durch Reden oder Bestechung aus diesen Schwierigkeiten befreien zu können. Der Polizist, der sie filzen sollte, begann bei meinem Bruder, und durchsuchte alle Taschen außer der, in der sich die Patronen befanden. Dann machte er bei Onkel Gĩcini weiter und fand sechs Patronen in dessen Hosentasche. Während die Polizisten voll und ganz mit Onkel Gĩcini beschäftigt waren, langte mein Bruder in seine Innentasche, holte die Patronen heraus und warf sie über die Hecke auf das Feld, auf dem meine Mutter gerade arbeitete. Die Polizisten wussten die Anzahl der Patronen, die den Besitzer gewechselt hatten, fanden aber nur sechs. Verwirrt legten sie Gĩcini Handschellen an und filzten anschließend meinen Bruder ein zweites Mal. Diesmal vergaßen sie die Innentasche nicht. Doch wieder fanden sie bei ihm nichts.

Beide sollten zu weiteren Verhören zur Polizeiwache gebracht werden, aber man behandelte sie unterschiedlich. Der offensichtlich gefährlichere Gĩcini wurde auf den Beifahrersitz gesetzt, in Handschellen, zwischen zwei bewaffneten Polizisten. Mein Bruder wurde auf die Ladefläche des Wagens geworfen, ohne Handschellen, und nur von einem Polizisten bewacht. Mittlerweile hatte das Spektakel auch die Aufmerksamkeit meiner Mutter auf sich gezogen, die über die Hecke schaute. Mein Bruder sagte ihr, dass sie sich keine Sorgen machen solle; ihm würde nichts passieren. Sie solle einfach „thikĩrĩra mbembe icio wega". Dieser Satz hatte zweierlei Bedeutung. Die gebräuchlichste war einfach die Aufforderung, die wachsenden Maisstängel mit Mulch zu bedecken. Es konnte aber auch heißen, Körner in der Erde zu vergraben. „Mbembe" war das geheime Mau-Mau-Wort für „Patronen". Es konnte also auch bedeuten, „die Patronen gut zu verstecken". Das Gesetz war eindeutig in jenen Tagen. Wer mit Patronen erwischt wurde, wurde im ehemaligen Kenya Teachers' College in Gĩthũngũri erhängt.

Good Wallace entschloss sich zur Flucht. Er sprang vom Wagen auf die Straße und floh, von Kugeln umschwirrt, durch die indischen Läden, eine Flucht, die verschiedene Erzählungen in Umlauf brachte, wie zum Beispiel die Version, die ich an jenem Tag hörte, als ich aus der Kĩnyogori nach Hause kam.

Die wirkliche Geschichte kam erst viel später heraus. An jenem Abend sagte meine Mutter nicht viel zu ihrer Rolle oder dazu, dass sie bei der Verhaftung von Good Wallace dabei gewesen war. Die Frau meines Bruders, das Neugeborene im Arm, blieb gleichfalls stumm und wurde zweifelsohne von widerstrebenden Gefühlen zerrissen. Die Flucht meines Bruders wäre wahrscheinlich sofort zur Legende geworden, aber meine Mutter, seine junge Frau und ihr Kind, wir alle waren einfach nur erleichtert. Er war entkommen und gesund. Gleichzeitig wurden wir zwischen Furcht und Hoffnung hin- und hergerissen. Ob er die Menschenjagd überlebte? Und das Leben in den Bergen? Doch diese Ängste oder Hoffnungen sprachen wir nicht einmal uns selbst gegenüber aus. Wir saßen einfach da, aneinandergeschmiegt am Feuer, Schatten und Licht spielten auf unseren Gesichtern. Meine Mutter sprach als Einzige und meinte uns alle, als sie sagte, wir sollten unsere Zungen im Zaum halten. Der gefürchtete Ausnahmezustand hatte zu guter Letzt auch im Haus meiner Mutter zugeschlagen.

Ich durfte niemals jemandem sagen, dass wir wussten, wohin Good Wallace gegangen war, und rein sachlich gesehen, wussten wir es tatsächlich nicht. Hast du mich verstanden?, fragte sie rhetorisch und sah meinen kleinen Bruder und mich an. Wenn euch irgendjemand fragt, ob ihr wisst, wo er ist, antwortet ihr einfach, ich weiß es nicht.

Das muss man mir nicht erst sagen. Ich weiß das allein. Es ist seltsam, dass alles ganz normal aussieht, als ich am nächsten Morgen aufwache: der Himmel, das Land, die Umgebung. Und doch hat sich alles verändert. Wenn ich morgen in die Schule gehe, Zeitung lese oder mich mit Mzee Ngandi unterhalte und von den Mau Mau und ihren heldenhaften Taten oder ihrem Tod höre, dann wird das nichts Abstraktes sein, das sich weit weg im Wald von Nyandarwa oder am Mount Kenya abspielt. Ich werde an meinen Bruder denken müssen, den ich lieb habe: seinen Arbeitsfleiß, seine Entschlossenheit, seine Fantasie, seine Liebe und die Loyalität Freunden gegenüber. Ich werde an Joseph Kabae denken, der Good Wallace das Schreibmaschineschreiben beigebracht hat, und dass Schüler und Lehrer einander in diesem Konflikt als Feinde gegenüberstehen. Ja, ich werde daran denken müssen, dass ein Riss durch das Haus meines Vaters geht, weil zwei Söhne Wangarĩs, Tumbo und Kabae, jetzt als Agenten des Kolonialstaates tätig sind, und ihr Halbbruder sich draußen in den Bergen aufhält und den Kolonialstaat besiegen will. Ja, Brüder, die einander gern haben, stehen jetzt im Krieg gegeneinander.

Es macht die Geschichte die Runde, wie mein Bruder Wallace einmal Mwangi wa Gacoki besuchte, den Sohn der Zweitfrau meines Vaters. Damals arbeitete wa Gacoki in der Bata Schuhfabrik in Limuru und wohnte in einem Einraumhaus, das der Fabrik gehörte. Ein Zufall des Schicksals wollte es, dass Tumbo der Spitzel, Wangarĩs ältester Sohn und Kabaes Bruder, Mwangi wa Gacoki zur selben Zeit besuchen wollte. Als sie einander am Tor trafen, gingen beide in unterschiedliche Richtungen davon – Good Wallace wieder in die Berge und mein Halbbruder Tumbo zur Polizeiwache. Kurz darauf wurde die gesamte Gegend durchkämmt. Offensichtlich aber hatte Tumbo wa Gacoki nicht erwähnt, denn dieser wurde nie einbestellt und zu dem Zwischenfall verhört oder beschuldigt, einen antikolonialen Guerillakämpfer zu unterstützen. Vielleicht wusste Tumbo aber auch nicht, dass Wallace Mwangi wa Gacoki besuchen wollte, denn es gab viele Arbeiterunterkünfte, und die waren überfüllt. Auch mögen widerstreitende Motive und Loyalitäten im Spiel gewesen sein.

Dennoch führen diese gespaltenen Loyalitäten nicht dazu, dass wir das Gefühl verlieren, alle zu einer Familie zu gehören. Die anderen Ehefrauen lassen meine Mutter nicht im Stich; sie nehmen sich immer noch die Zeit, sie zu Hause oder auf dem Feld zu besuchen. Ich nehme aber an, dass sie sich weder über Kabae noch über Tumbo oder meinen Bruder unterhalten. Aber vielleicht wissen sie auch tief im Innern, dass diese Söhne immer ihre Söhne sein werden, auch wenn sie sich bekriegen, und hoffen, dass sie eines Tages alle sicher nach Hause kommen werden. Bei den Gĩkũyũ gibt es ein Sprichwort, nach dem aus ein und demselben Schoß ein Mörder und ein Heiler kommen können.

Die Flucht meines Bruders in die Berge verändert unsere Beziehung zur unmittelbaren Umwelt. Aber ich muss Lehrgeld bezahlen. Zuerst können es weder die Frau meines Bruders noch ich fassen. Es scheint unmöglich, aber Kahanya, der beste Freund meines Bruders, der Mann, dem er das Tischlern beigebracht und den er als Gesellen in seiner Werkstatt angestellt hat, hat sich der Home Guard angeschlossen. Nein, das kann nicht sein, dass sich Kahanya denen anschließt, die meinen Bruder jagen. Es kann nicht sein, dass der Mann, der ein Mädchen aus einer Familie geheiratet hat, die den Kolonialismus am militantesten bekämpft – die Kĩhĩkas –, sich gegen das wendet, wofür seine Schwiegerleute stehen. Nein, Kahanya, dessen großer Bruder Ndereba Karanja Gacokis Tochter Nyagaki, eine meiner großen Halbschwestern, geheiratet hat, würde sich nicht gegen uns stellen. Ich weigere mich, das zu glauben.

Eines Tages begegne ich Kahanya, der eine weiße Armbinde trägt, die ihn als Angehörigen der Home Guard ausweist. Er wird von Gĩkonyo Marinda begleitet, einem anderen Home Guard, der ebenfalls zur Altersgruppe meines Bruders gehört. Die Begegnung findet auf dem Pfad statt, der damals an Edward Matumbĩs Haus vorüberführt und mitten durch grüne Maisfelder verläuft. Ich bleibe wie erstarrt stehen. Die beiden auch. Gĩkonyo starrt mich an, als würde ich das Böse in mir tragen. Kahanya aber grüßt mich, auch wenn er mich dabei nicht ansieht, und fragt dann: Setzt sich Good Wallace ab und zu mit dir in Verbindung? Ich sage nein, was nebenbei auch der Wahrheit entspricht. Er sagt mir spöttisch, höhnisch beinahe: Wir haben gehört, dass dein Bruder schon zum Captain aufgestiegen ist. Das weiß ich nicht, antworte ich und gehe meines Weges, und sie gehen lachend den ihren. Beide hatten, wie ich später erfuhr, den Eid als Mau-Mau-Anhänger geschworen. Sie hatten einfach die Seiten gewechselt. Wie soll ich solche Widersprüche in einem Kampf verstehen, den ich mir durch Ngandis Erzählungen als den Kampf zwischen Kolonialmacht und Antikolonialen, zwischen Gut und Böse vorgestellt habe. Was jetzt um mich herum passiert, ist alles nur verwirrend.

Eines Morgens gehe ich wie immer zu meinem Großvater hinüber. Auch wenn ich jetzt ein Mann bin, bin ich doch noch sein Schreiber und sein Glücksbringer. Er spricht nicht über die Flucht meines Bruders in die Berge, aber mir fällt auf, dass er über den morgendlichen Besuch nicht so erfreut ist wie sonst.

Bei anderer Gelegenheit sagt er mir, dass ich ihn so früh morgens nicht mehr besuchen müsse. Ein dritter Besuch bei hellem Tageslicht: Er macht deutlich, dass ich nicht mehr sein Glücksbringer bin, egal zu welcher Tageszeit. Sein geliebter Schreiber bin ich auch nicht mehr.

Zuerst bin ich verletzt. Er ist Mutters Vater; ich habe meinen Namen nach ihm; er hat sich im Dunkeln bei uns versteckt. Genau darum aber ging es. Großvater hatte bereits seinen geliebten Adoptivsohn Kĩmũchũ verloren und konnte jetzt auch Gĩcini verlieren, der sein eigen Fleisch und Blut war. Sein Enkel, der Sohn seiner Tochter, die auf seinem Land lebt, ist ein Mau-Mau-Guerilla. Ich bin traurig, dass ich meine Sonderstellung als sein Schreiber und Glücksbringer einbüße, aber irgendwie verstehe ich es. Das Haus meiner Mutter ist für andere zur Bedrohung geworden.

Wir aber bleiben eine eng zusammenhaltende Familie mit alleinerziehendem Elternteil. Und neben dem Trost, den mir das Haus meiner Mutter schenkt, habe ich die Schule. Obwohl ständig die Angst über mir schwebt, meinen Platz in Kĩnyogori zu verlieren, passiert es nicht. Ich bin dankbar. Ich suche Zuflucht im Lernen.

Es gab viele Grundschullehrer, die auf ihre Art zu meiner geistigen Entwicklung beitrugen, aber Mr. Samuel G. Kĩbicho hat mein Leben am stärksten geprägt. Er kam vom Kagumo Teacher Training College. Er wurde Schulleiter der wiedereröffneten Manguo-Schule, und der Wechsel nach Kĩnyogori fand unter seiner Leitung statt. Er war während der beiden letzten Jahre an der Manguo und Kĩnyogori mein Englischlehrer.

Unsere Sprachtexte in der fünften Klasse stammten aus den „Oxford Readers for Africa". In den Büchern traten zwei Figuren auf, John und Joan, die in Oxford wohnten, aber in Reading zur Schule gingen. Ich lernte, dass sie mit dem Zug zur Schule fuhren, und das machte mich neidisch. Selbstverständlich befand sich Oxford in England. Ich glaube nicht, dass einer unserer Lehrer je dort gewesen war, und so müssen ihnen die in den Texten erwähnten Orte ebenso fremd gewesen sein wie uns. Wir folgten John und Joan überall hin, vor allem nach London, wo sie sich natürliche, historische und architektonische Sehenswürdigkeiten anschauten: die Themse, das British House of Parliament mit Big Ben und die Westminster Abbey. In der Schule ging es jetzt nach dem allgemeinen, regierungsamtlichen Lehrplan für afrikanische Schulen, deshalb mussten die Lehrer die offiziell anerkannten Texte verwenden. Mr. Kĩbicho besaß die Fähigkeit, von den Texten abzuweichen und viele Beispiele aus unserer Alltagsumgebung einzuflechten. In englischer Grammatik war er exzellent. Er brachte mir die Struktur der Sprache nahe, und wie man einfache und komplizierte Sätze verwendet, oder wie man aus einem einfachen Satz einen Satz mit ansteigendem Schwierigkeitsgrad bildet. Vom Einfachen zum Schwierigen: Das war eine Ansicht, die mir im Gedächtnis haften blieb. Wenn das alles gewesen wäre, wäre er in meinem Leben nur ein guter Lehrer unter anderen geblieben.

Aber er hatte literarische Werke in seiner Privatbibliothek. Ich weiß nicht, wieso ihm mein Interesse an Lektüre auffiel, aber er gab mir eine vereinfachte Fassung von Dickens „Großen Erwartungen" zu lesen, die ich an Kenneth weitergab. Dann borgte sich Kenneth bei ihm „Lorna Doone" von Richard Doddridge Blackmore, und gab es an mich weiter. Man musste ein Buch zurückbringen, bevor man sich ein neues ausleihen durfte. Indem wir untereinander tauschten, was wir ausgeliehen hatten, hatten Kenneth und ich immer zwei Bücher zu lesen. Wir wurden begeisterte Leser und sprachen über das Gelesene. Robert Louis Stevensons „Schatzinsel" war das fesselndste und nachhaltigste von allen Büchern, die wir gelesen haben. Während die anderen immer gekürzt waren, war es bei diesem Buch nicht so, oder nur in geringem Maße. Wir haben es uns immer wieder ausgeliehen. Kenneth und ich unterhielten uns darüber; über die Geschichte, die Figuren – vor allem über John Silver und seinen Papagei. Ich identifizierte mich mit Jim Hawkins, seinen Hoffnungen und Ängsten, seiner Erfindungsgabe, wie er mit knapper Not davonkam. Wir lernten bestimmte Sätze und Lieder auswendig:

> Fünfzehn Mann auf des toten Manns Kiste,
> Jo-ho-ho und ne Buddel voll Rum,
> Teufel und Trunk strich den Rest von der Liste,
> Jo-ho-ho und ne Buddel voll Rum!

Manchmal sangen Kenneth und ich auf dem Schulhof zur Überraschung, Verblüffung und Neugier der anderen Schüler „Jo-ho-ho". Wir diskutierten die Möglichkeit, selbst zur See zu fahren und Piraten zu werden, aber leider gab es in Limuru nichts anderes als Flüsse und den Manguo-Sumpf, und Mombasa war ziemlich weit weg.

An Stevenson entzündete sich auch meine erste große literarische Auseinandersetzung. Ich gestand Kenneth, dass ich gern solche Geschichten schreiben würde wie Stevenson, doch dass man dazu die Erlaubnis zum Schreiben brauchte. Und um sich zum Schreiben zu qualifizieren, brauchte man höhere Bildung. Kenneth blieb unnachgiebig und erklärte, dass man zum Schreiben weder die Erlaubnis noch irgendeine andere Qualifikation benötigte. Ich konterte, dass man mit Sicherheit verhaftet werden würde, wenn man ohne Erlaubnis schrieb. Ich weiß nicht, warum mir dieser Gedanke, wegen seines Schreibens eingesperrt zu werden, in den Sinn gekommen ist. Vielleicht hatte Mzee Ngandi in unseren Gesprächen erwähnt, dass viele nationalistische Schriftsteller wie *Gakaara Wanjaũ*, *Mũgĩa* und *Stanley Kagĩka* nach den Gesetzen des Ausnahmezustands vom Kolonialstaat eingesperrt worden waren. Zeitungen in afrikanischen Sprachen waren verboten worden, und einige Herausgeber, wie Henry Muoria von der „Mũmenyereri", hatte man ins Exil getrieben. Was auch der Ursprung meiner Position gewesen sein mag, die Debatten zwischen Kenneth und mir waren ziemlich hitzig. Wir hätten das Problem ganz einfach lösen können, indem wir es Mr. Kĩbicho vortrugen, aber das taten wir nicht.

Irritiert von meiner Unnachgiebigkeit, sagte Kenneth, dass er ein Buch schreiben würde, um mir zu beweisen, dass man zum Schreiben keine Erlaubnis brauchte. Er verriet mir nicht, wovon das Buch handeln sollte oder ob er bereits angefangen hatte. Aber er wäre sowieso nicht weit gekommen. Bald wurde unsere Aufmerksamkeit voll und ganz von den Vorbereitungen auf die Kenya African Preliminary Exams in Anspruch genommen, die über unser Schicksal entscheiden sollten.

Die Kenya African Preliminary Exams waren gefürchtet. Nur ungefähr fünf Prozent aller Schüler, die die Prüfungen ablegten, fanden auch einen Platz an einer Oberschule oder einem Lehrerbildungsinstitut. Die Vorbereitungen auf die Prüfungen waren nervenaufreibend, zumal wir uns mitten im Krieg befanden. Ständig raubten uns Störungen zu unerwarteten Zeiten den Schlaf, und ich fragte mich immer, wie es meinem Bruder in den Bergen erging. Sich auf die Prüfungen vorzubereiten, war ein Problem. Ob sich die Fragen auf den Stoff eines Jahres bezogen oder auf die letzten beiden Jahre oder drei oder vier Jahre? Für Englisch hatten wir Schulbücher, für die anderen Fächer nicht. Wir waren von dem abhängig, was der Lehrer an die Tafel schrieb und wir von der Tafel abschrieben. Es gab, wenn überhaupt, nur wenige Schüler, für die es möglich gewesen wäre, die Mitschriften eines ganzen Jahres aufzubewahren.

Jedenfalls versuchte ich alles, was ich an Mitschriften hatte, wieder und wieder zu lesen. Selbst das war eine Quälerei. Manchmal hatten wir kein Paraffin für die Lampe. Dann musste ich beim Feuerschein lesen. Trockene Maisstängel sorgten zwar für schlagartig helle Flammen, brannten aber genauso schnell herunter. Also musste man ständig nachlegen. Es war ein regelrechter Wettkampf, in der Zeit, in der die Flammen gerade loderten, so viel wie möglich zu lesen. Es strengte meine Augen an, aber ich gewöhnte mich daran. Tageslicht war am besten. Doch da stand das Lesen im Widerstreit mit den häuslichen Pflichten, zu denen auch gehörte, Feuerholz für den Abend zu sammeln.

Die Prüfungen selbst waren eine sehr formale Angelegenheit. Sie wurden zumeist an einem zentralen Ort abgenommen, und die Kandidaten aus den verschiedenen Schulen mussten zusehen, wie sie dorthin kamen. 1954 war die Loreto Convent School in Limuru, drei Meilen von zu Hause entfernt, dieser zentrale Ort für unseren Kreis. Wir schätzten uns glücklich, weil andere über zehn Meilen zurücklegen mussten, um dorthin zu gelangen, und Transportmittel gab es so gut wie keine.

Die katholische Mission, der die Loreto School angegliedert war, war 1906 von italienischen Missionaren gegründet worden. Der weite Landstrich, der zur Kirche gehörte, war Teil von Tigoni, dem Mittelpunkt der Streitigkeiten, die 1953 zum Massaker von Lari führten. Und obwohl es ein Sprichwort gab, demzufolge kein Unterschied zwischen einem Priester und einem Siedler bestand, hatte sich der Zorn der Bevölkerung mehr gegen die Siedlungen ehemaliger Soldaten als gegen das Missionszentrum selbst gerichtet.

Ungefähr eine Woche vor den Prüfungen wurde ich aus tiefem Schlaf gerissen, als meine Mutter die Tür aufmachte. Mehrere Männer betraten das Haus. Sie trugen lange Mäntel und um die Hüften Gürtel, an denen Schwerter in Lederscheiden hingen. Einige trugen Gewehre über der Schulter. Einer von ihnen lächelte mich an. Ich traute meinen Augen nicht. Es war Good Wallace, mein großer Bruder, lebendig und lächelnd, eine Fackel in der Hand. Inzwischen war auch seine Frau mit dem Baby im Arm aus ihrem Haus herübergekommen. Ich zitterte aus Furcht und Freude. Er lebte und es ging ihm gut. Was aber, wenn ihnen die Home Guards auf den Fersen waren? Die Männer zeigten keinerlei Furcht. Sie redeten freimütig, wenn auch leise, und lachten sogar. Sie aßen etwas und tranken Tee. Sie mussten Wachen draußen gelassen haben, und es war ein ständiges Kommen und Gehen. Dann sagte mein Bruder zu mir: Hab keine Angst. Ich weiß, dass du bald deine Prüfungen hast. Ich bin hier, um dir Glück zu wünschen. Wie unsere Mutter immer sagt: Gib dein Bestes. Wissen ist unser Licht. Dann gingen sie, wie sie gekommen waren. Mutter schärfte mir ein, das, was ich gesehen hatte, niemandem zu erzählen. Nicht einmal meinem kleinen Bruder, der das Ganze verschlafen hatte. Am Morgen glaubte ich, aus einem seltsamen Traum zu erwachen.

Es tat mir leid, dass ich nicht alle Fragen gestellt hatte, die mir durch den Kopf schwirrten: über den Tag, an dem er dem Tod entkommen war; wie sie in den Bergen lebten; die Kämpfe, die sie gefochten hatten; oder über ihren Anführer Marschall Dedan Kĩmathi. Doch der Gedanke, dass mein Bruder das Risiko auf sich genommen hatte, verhaftet zu werden, um mir Glück zu wünschen, rührte mich sehr. Er war es gewesen, der mich immer davon abgehalten hatte, mit seinem Zimmermannswerkzeug zu spielen, und dessen Gesicht vor Freude gestrahlt hatte, sobald ich mich in ein Buch oder eine Zeitung vertiefte. Sein riskanter Besuch motivierte mich, noch fleißiger zu lernen, machte aber gleichzeitig meine Angst noch größer.

Ungefähr eine Woche später wurde aus meiner Angst schiere Panik, als Joseph Kabae, des Königs Gefolgsmann, in unserem Haus auftauchte. Er roch nach Alkohol, war aber ansonsten umgänglich wie immer. Es war früher Abend. Er trug einen Gürtel, an dem eine Pistole im Halfter hing. Er wäre zufällig vorbeigekommen und ihm wäre eingefallen, dass er uns noch nie besucht hätte. Deshalb wollte er mal hereinschauen, nur um zu fragen, wie es uns ginge, erklärte er. Mutter kochte ihm eine Tasse Tee, aber zu einer richtigen Unterhaltung zwischen Stiefmutter und Stiefsohn kam es nicht. Ich war mir sicher zu wissen, was Mutter durch den Kopf ging: warum so bald nach Good Wallaces nächtlichem Besuch? Die Fragen, die mich immer beschäftigten, waren wieder da: Warum war dieser Mann, der im Zweiten Weltkrieg gegen die Weißen gekämpft hatte, nicht draußen in den Bergen und kämpfte gegen die weißen Siedler? Dann sprach er mich plötzlich an: Ich weiß, du stehst kurz vor den Prüfungen. Hab keine Angst davor. Es sind nur Worte auf Papier; greif sie mit deinem Stift an. Der Stift ist deine Waffe. Dann zog er seine Pistole aus dem Halfter und hielt sie vor mein Gesicht. Er meinte, vielleicht weil er mir die Angst nehmen wollte, ich solle sie anfassen, aber ich tat es nicht. In Mutters Augen stand kalte Missbilligung, und als er gegangen war, seufzten alle erleichtert auf. Dass er so kurz nach Wallaces Besuch auftauchte, hinterließ eine Wolke der Furcht bei uns: Hatte er, als er die Waffe zog, nur geprahlt oder enthielt das eine Botschaft? Es war auffällig, dass er den Bruder in den Bergen nie erwähnte. Ich nahm es so positiv, wie möglich: Er war der Gebildetste in unserer Familie; vielleicht wollte er mir wirklich nur Glück wünschen. Sowohl der Guerilla als auch der Soldat des Königs hatten fast dieselben Worte zu mir gesprochen.

Am Abend vor den Prüfungen stieg dieselbe Angst in mir auf, die ich am Vorabend der Beschneidung empfunden hatte. Es war die Angst vor dem Unbekannten, bei dem die Folgen des Versagens klar, die des Erfolgs aber unklar waren. Diesmal würde nicht die ganze Gemeinde direkt daran beteiligt sein, diesmal war ich allein mit meinem Notizbuch. Der drei Meilen lange Fußmarsch nach Loreto lag vor mir, und ich hoffte, rechtzeitig dort zu sein.

Ich war nie zuvor in der Loreto Convent School gewesen, hatte aber deren Schüler schon gesehen. An dem Tag, als ich dorthin gehen wollte, um zum katholischen Glauben überzutreten, hatte mich Kenneths Mutter abgefangen. Und jetzt war ich doch hier, wenn auch aus einem anderen Grund. Der Unterschied zur Kĩnyogori war beträchtlich. Weites Land mit sauber gemähtem Rasen und ordentlich getrimmten Hecken umgaben die Gebäude von der Kirche bis zu den Klassenzimmern. Weiter draußen waren Koppeln mit Kühen zu sehen, die mit prallen Eutern friedlich grasten. Die Klassenzimmer waren durch Korridore miteinander verbunden, in denen man sich verlaufen hätte, wenn nicht einigen Mädchen die Aufgabe übertragen worden wäre, uns zum Prüfungsraum zu führen. Das größte Wunder aber war: Sie hatten Toiletten, bei denen man hinterher spülte, und alles verschwand. Bei uns in Kĩnyogori und früher in der Manguo gab es nur Latrinen. Die Mädchen erzählten uns, dass sie auch Duschräume hatten. Ihr Lebensstandard lag in allem weit über dem unseren. Ich konnte mich an keine Umgebung erinnern, die mich mehr eingeschüchtert hatte.

Die Schuluniformen aber waren am atemberaubendsten – rote Kleider, die so farbenfroh im Vergleich zu unserem langweiligen Khaki waren. Ich konnte den Blick nicht von den Mädchen abwenden: Sie sahen alle gleich schön, intelligent, strahlend, unschuldig aus, bereit, in einen himmlischen Engelschor aufgenommen zu werden. Ein oder zwei Nonnen im

Ornat wachten in der Nähe. Ich weiß nicht, was mehr einschüchterte, die Schule als Ganzes oder das Zimmer, in dem wir an Pulten saßen, die so angeordnet waren, dass es unmöglich war, einen Blick auf den Fragebogen des Nachbarn zu werfen. Ein weißer Bildungsbeamter aus Nairobi führte Aufsicht. Nach den einleitenden Anweisungen saß er vorn, ging aber manchmal durch die Reihen, um sicherzustellen, dass keiner mogelte. Die Prüfungen dauerten insgesamt vier Tage. Am ersten standen Einschreibung, Einführung und die Vergabe einer Nummer anstelle des eigenen Namens auf dem Programm. Die drei übrigen Tage waren jeweils einem oder zwei Fächern gewidmet: Mathematik, Englisch, Swahili, Geschichte, Erdkunde und Gesellschaftskunde. Ich war nervös, fast wie gelähmt, als ich auf den Prüfungsbogen vor mir sah und die Mädchen in Rot anschaute, die ganz in sich zu ruhen schienen. Aber in dem Augenblick, in dem ich den Stift ansetzte, spürte ich eine Art erregter Klarheit. Jeder Tag brachte dieselben Ängste und dieselben Versuche, ihrer Herr zu werden, und dann die Klarheit. Bei der Englischprüfung hatte ich eine unerwartete Wiederbegegnung mit meiner Vergangenheit. Bei den Fragen befand sich ein Text, mit dem unser Verstehen geprüft werden sollte. Lies das und beantworte die folgenden Fragen. Der Text stammte aus Stevensons „Schatzinsel". Der Textausschnitt enthielt weder den Buchtitel noch den Namen des Autors. Aber es waren Signalwörter und Sätze enthalten: „Fünfzehn Mann auf des toten Manns Kiste, / Jo-ho-ho und ne Buddel voll Rum". Das blieb anderen Kandidaten vielleicht unverständlich, und sie beschwerten sich hinterher, aber für Kenneth und mich, die wir den Kontext kannten, war es der Lohn für unsere außerschulische Lektüre.

Am vierten und letzten Tag war ich körperlich und geistig vollkommen ausgelaugt. Ich war erleichtert, als alles vorbei war.

Nun waren auch für mich die Jahre an der Kĩnyogori vorüber. Das Ringen um Bildung, von der Kamandũra School, über die Manguo Karĩng'a bis zur Kĩnyogori Intermediate, einer Regierungsschule; das Auf und Ab im Haus meiner Mutter; die Kriegstrommeln im Land – all das hätte mich von meinem Bildungspfad abbringen können. Jetzt war es Zeit, sich von der Schule und von der Geschichte, die sie mit sich trug, zu verabschieden. Leider hieß das auch, sich von Mr. Kĩbicho und seiner Bibliothek zu verabschieden.

Die Wochen des Wartens auf die Prüfungsergebnisse gehörten zu den längsten meines Lebens. Wir befanden uns nicht länger unter dem Schutzschirm einer Schule. Wir waren demselben ewigen Rhythmus der Spannungen ausgeliefert, der die gesamte Bevölkerung verhexte. Immer wieder wurde meine Mutter zu Verhören zum Home-Guard-Posten einbestellt. Offensichtlich hatte jemand die geheime Bedeutung von „mbembe" verraten. Aber Mutter blieb immer bei ihrer Lüge: Sie hatte auf ihrem Maisfeld gearbeitet, und Mais war Mais; sie verstand überhaupt nicht, wieso Mais etwas anderes bedeuten sollte. Mutter war selbst in schwierigsten Lagen nicht zu erschüttern.

Da ich jetzt nicht mehr mit Lernen und Prüfungen beschäftigt bin, beginnt mein Verstand zu wandern. Ich fürchte, dass das Haus meiner Mutter untergeht, aber am meisten habe ich um meinen Bruder Angst, der draußen in den kalten Bergen ist, und diese Angst wird auch dadurch nicht kleiner, dass ich an sein aufmunterndes Lachen in der Nacht denke, in der er nach Hause gekommen war, um mir Glück zu wünschen. Dieser Besuch entsprach ganz dem alten Wallace – er tat immer das Unerwartete, zumindest sah ich das so. Es hatte eine Zeit gegeben, da hatte ich ihn mit meinen Kinderaugen als Gelehrten gesehen, weil er die Nacht hindurch lernte, die Füße in einer Schüssel mit kaltem Wasser. Doch dann wurde aus ihm ein Tischler, und jedes Mal, wenn ich in der Bibel von Joseph las, dem Vater von Jesus, musste ich an Good Wallace denken. Und jetzt hatte er alles, die Werkstatt, das gebrauchte Auto, das er gerade gekauft hatte, seine Frau und sein Kind, für das raue Leben eines Freiheitskämpfers aufgegeben. In Wahrheit hatte ich nie einen Krieger in Wallace gesehen. Er kam mir immer verletzbar vor und obwohl er beträchtlich älter als ich war, glaubte ich immer, ihn beschützen zu müssen.

Vor allem bei einem Mann hatte ich das Gefühl, dass er ihn in einer körperlichen Auseinandersetzung besiegen könnte. Er war ungefähr so alt wie mein Bruder, und es lag an der Art, wie er sich kleidete, wie er sich benahm, wie er redete und wie er hieß – Mũturi, „Grobschmied“, was bedrohlich klang. Ich ging damals noch auf die Kamandũra. Ich wollte meinen Bruder vor der Gesellschaft dieses Mannes warnen, vor allem, nachdem ich erfahren hatte, dass sie sich kannten, wusste aber nicht, wie ich es anstellen sollte. Ich ging das Thema behutsam an, fragte ihn, ob sie sich in jüngster Zeit begegnet waren, als wäre ich nur daran interessiert, etwas über ihn zu erfahren. Mein Bruder schien sich aber wegen Mũturi keine großen Sorgen zu machen, und meinte, ich solle mich auf meine Bücher konzentrieren, anstatt mir über die Angewohnheiten von Erwachsenen Gedanken zu machen. Seine Gleichgültigkeit der Gefahr gegenüber, die ich deutlich sah, beunruhigte mich noch mehr, und ich hörte nicht auf, mir Sorgen zu machen, bis ich eines Tages mitbekam, dass Kahanya ihm gratulierte, weil er Mũturi in einer Prügelei zu Boden gebracht hatte.

Jetzt drehen sich ähnliche Ängste um Kahanya. Er wird meinen Bruder mit Sicherheit übers Ohr hauen, und ich habe keine Möglichkeit, Wallace vor dem Verrat seines Freundes zu warnen. Nur, wie können Freunde einander betrügen? Ngandi, der alles zu wissen schien, sogar das, was sich in den Bergen abspielte; ja, Ngandi, der uns so detaillierte Geschichten über die Taten von Dedan Kĩmathi, *Stanley Mathenge* und General China erzählt hat, als wäre er dabei gewesen, könnte das sicher erklären. Vielleicht wusste er sogar, wie man eine Nachricht in die Berge übermitteln konnte. Aber er kommt nicht mehr in das Haus meines Bruders. Vielleicht sollte ich ihn suchen oder ich treffe ihn hoffentlich zufällig auf der Straße? Aber mir fällt ein, dass ich mit niemandem darüber reden darf, wo mein Bruder steckt. Also werde ich ihn nicht wiedersehen. Ich muss mit diesen Widersprüchen allein klarkommen.

Ich fange an, mir selbst Nachrichten und Informationen zu besorgen, anstatt darauf zu warten, dass jemand zu mir kommt. Für Zeitungen fehlt mir das Geld. Ich mache mich daran, bedrucktes Papier zu sammeln, wo immer ich welches finde. Die indischen Läden sind die beste Quelle. Die Ladenbesitzer benutzen häufig Tageszeitungen, um für ihre Kunden Zucker und andere Waren und Nahrungsmittel darin einzuwickeln. Sogar auf den Müllplätzen finde ich die eine oder andere Zeitungsseite, manchmal zerrissen, aber ab und zu auch ein paar fortlaufende. Die Nachrichten sind nicht immer aktuell. Aber da habe ich keine Wahl. Ich will die Dinge so zusammensetzen können, wie Ngandi stets lokale, nationale und internationale Ereignisse miteinander verband. Die Geschichten über die Mau Mau als atavistisch, fortschrittsfeindlich, antireligiös und rückwärtsgewandt sind das genaue Gegenteil von dem, was ich von meinem Bruder weiß, und mit seinem mutigen Akt der Heimkehr, um mir Glück zu wünschen, hat er es bewiesen. In den anderen Berichten geht es meist um Siege der Regierungstruppen; und es wird die Zahl der getöteten, gehängten oder gefangenen Mau-Mau-Guerillas genannt, deren prominentestes Opfer Mitte Januar General China war.

Der einzige beständige Trost ist, dass der Name meines Bruders bei den Gefallenen fehlt. Ich möchte, dass er als Sieger nach Hause kommt, wie Kabae nach dem Zweiten Weltkrieg.

Ich finde keine gedruckten Nachrichten über Siege der Mau Mau, wie Ngandi sie uns in sehr überzeugenden Einzelheiten berichtet hat. Auch Geschichten über die Unterstützung aus dem Ausland fehlen, von der Ngandi behauptet hat, dass Ägypten, Äthiopien, Russland und andere europäische Mächte einschließlich London sie angeboten hätten. Die einzigen Nachrichtensplitter, die ich über London finde, handeln vom Besuch einiger Parlamentsmitglieder und davon, dass die Kolonialminister Oliver Lyttelton und *Alan Lennox-Boyd* die Plätze getauscht haben. Ansonsten ist immer noch Churchill an der Macht, der weitere britische Bataillone schickt und andere abzieht. Andere Artikel konfrontieren mich mit der Geschichte der Operation Anvil, dem teuflischen Plan General Erskines Tausende Gĩkũyũ, Embu und Meru aus Nairobi zu vertreiben, wie es der Kolonialstaat schon früher mit den Menschen im Rift Valley gemacht hat. Da Limuru nicht weit von Nairobi entfernt liegt, erfährt es die Auswirkungen der Operation Anvil das ganze Jahr hindurch, wie andere Unruhen in der Hauptstadt auch. Das Herz wird mir warm, als ich auf Nachrichten stoße, dass die französischen Truppen in Indochina bei Dien Bien Phu von General Giap geschlagen worden sind, was ungefähr zur gleichen Zeit geschah, als die Operation Anvil im Gange war, und ich hoffe, dass Kĩmathi einen ähnlichen Sieg über die Briten erringt. Dann würde mein Bruder nach Hause kommen. Aus einem anderen Fetzen entnehme ich, dass Eisenhower über etwas, das sich „Brown versus Board of Education" nennt, das Ende der Rassentrennung an Schulen in Amerika angeordnet hat. Das verstehe ich nicht, weil ich noch nie gesehen oder auch nur davon geträumt habe, dass es eine Schule geben könnte, in der afrikanische, asiatische und europäische Schüler gemeinsam lernen. Die asiatische Schule in Limuru wird von einer Steinmauer umschlossen, ist ein abgeschlossener Raum hinter den Läden. Die Schule gehört zum Einkaufszentrum. Ich habe nie gesehen, dass ein indischer Schüler barfuß sechs Meilen zur Schule gerannt wäre. Und was die europäischen Schulen angeht: Die sind unsichtbar. Ich habe nie eine zu Gesicht bekommen.

Dies und jenes zu einer zusammenhängenden Geschichte zu verknüpfen, wie Ngandi das gemacht hat, ist schwierig: Es ist, als sollte man ein Puzzle zusammensetzen, bei dem einige Teile fehlen. Ngandi wäre es vielleicht genauso gegangen, aber er hat die fehlenden Teile mit seiner blühenden Fantasie gefüllt. Es ist schon in Ordnung, wenn ich nicht so gut wie der Meistererzähler bin, tröste ich mich, weil ich meine Geschichten keinem Publikum vortragen muss, das begierig darauf ist, mir aus der Hand zu fressen. Dennoch probiere ich mein Wissen und meine Fähigkeiten als Erzähler an Kenneth aus. Kenneth aber schluckt nicht einfach alles: Er zweifelt an, was aus meinem Munde kommt, legt die bedrohlichen Lücken in meinem Bericht über die Ereignisse in Kenia und der Welt bloß. Doch selbstständig mit Sinn zu füllen, was mich umgibt, und es dann gegen Kenneths Skepsis zu verteidigen, gibt mir das besondere Gefühl, erwachsen zu sein, eigenständig.

Ungefähr zu dieser Zeit führte der Tod zum ersten Mal seinen Tanz um mich herum auf. Das war, nachdem ich meine Freundschaft mit Ndũng'ũ, meinem zweiten Initiationskameraden, erneuert hatte. Er war von der Schule gegangen und lebte nicht wie wir in der Angst vor den Prüfungsergebnissen. Auch wenn er ein Schulabbrecher war, besaß Ndũng'ũ einen scharfen Verstand und eine wache Intelligenz, die ihn später, nach der Unabhängigkeit, zu einem der erfolgreichsten Geschäftsleute in Limuru, zum Grundbesitzer und Stadtrat machten. Damals aber schüttelten die Leute nur den Kopf, wenn es um seine Zukunft ging.

Ein Mann zu sein hieß, dass ich ein Erwachsener war, der fähig ist, seine eigenen Entscheidungen zu treffen. Ich konnte über Nacht fortbleiben, ohne die Eltern davon unterrichten zu müssen. Meine Mutter aber ließ nicht von ihrer mütterlichen

Fürsorge für mein Wohlergehen und kontrollierte, mit wem ich Umgang hatte. Als Alleinerziehende wollte sie sich nicht mit endlosen Auseinandersetzungen mit den Nachbarn herumärgern müssen. Sie vertrat die Ansicht, dass man derartige Konflikte am besten vermied, wenn man unter sich blieb oder ansonsten seine Freunde klug auswählte. Sie hatte nichts gegen meine Freundschaft mit Ndũng'ũ, weil er mit uns verwandt war, aber irgendwie war sie doch über alle meine Unternehmungen unterrichtet.

Kĩmũchũ hatte vor seiner Hinrichtung ein L-förmiges Steinhaus mit Wellblechdach gebaut. Das Haus stand größtenteils leer, weil Ndũng'ũs Stiefmutter normalerweise in ihrem Laden auf dem Markt in Limuru übernachtete. Ndũng'ũ wohnte in dem Zimmer im kürzeren Schenkel des L, und auch ich verbrachte manchmal die Nacht dort. Für mich war er eine gute Gesellschaft und er hatte mir in den weltlichen Dingen einiges voraus, vor allem, was Mädchen anging.

In jenem Monat war es sehr kalt. Wir machten nie die Fenster auf. Um das Zimmer zu heizen, verwendeten wir einen Holzkohleofen. In besonders eisigen Nächten legten wir mehr Kohle auf, und wenn wir ins Bett gingen, schafften wir den Ofen nicht nach draußen und machten auch die Fenster nicht auf. Langsam sank ich in tiefen Schlaf. Irgendwann am Morgen hörte Ndũng'ũ ein schwaches Klopfen an der Tür und an den Fenstern. Er konnte sich aufraffen, über den Boden kriechen und irgendwie die Tür öffnen, bevor er wie ein Drogenbenebelter auf dem Fußboden zusammenbrach, auf dem auch ich schon halb bewusstlos lag. Die frische Luft muss uns wiederbelebt haben, denn als ich die Augen aufschlug, stand meine Mutter in der Tür. Bis heute weiß ich nicht, wie wir aus dem Bett auf den Fußboden gefallen sind. Ndũng'ũ und ich wurden gerade noch rechtzeitig vor dem Erstickungstod gerettet.

Mutter war sehr still, während ich ihr zu unserem Haus folgte. Später erklärte sie mir, wie unwohl ihr gewesen war, weil es schon spät am Morgen und ich immer noch nicht nach Hause gekommen war. Sie befürchtete, dass die Home Guards mich verhaftet haben könnten und ging zu Ndũng'ũ hinüber, um es herauszufinden. Als sie mich neben dem noch glühenden Holzkohleofen liegen sah, war sie bestürzt.

Als ich später erfuhr, dass ihre erstgeborene Tochter, ihr erstgeborenes Kind, in ein Feuer gefallen und an den Verbrennungen gestorben war, wurde mir klar, welch tiefen Schock es ihr versetzt haben musste, mich dort liegen zu sehen. Und das erklärte natürlich auch, warum sie immer etwas überreagierte, wenn sie, als wir noch Kinder waren, meinen kleinen Bruder und mich am Feuer spielen oder einen brennenden Zweig halten sah.

Die Intuition meiner Mutter verblüffte mich immer wieder. Ich dachte daran, wie sie ins King George VI Hospital gekommen war, als ich sie am meisten brauchte. Und jetzt hatte sie uns vor einer Kohlenmonoxidvergiftung bewahrt. Hinterher wollte sie nie wieder etwas davon hören, dass ich in einem Steinhaus übernachtete.

Kenneth, mein zweiter Initiationskamerad, und ich trafen uns oft, um über den Lauf der Welt zu diskutieren, meistens aber, um Aufzeichnungen über unsere Prüfungen zu vergleichen und über die Ergebnisse zu rätseln und uns ab und zu gegenseitig zu bemitleiden. Nach solchen Tagen sagten wir uns, dass es besser wäre, die Prüfungen zu vergessen. Also nahmen wir unser unterbrochenes Streitgespräch über das Schreiben und dafür ins Gefängnis geschickt zu werden wieder auf, und wir hielten beide an unseren jeweiligen Positionen fest. Er wiederholte, dass er das Buch schreiben würde, um zu beweisen, dass ich falsch lag. Er wollte jedoch nicht preisgeben, ob er bereits damit angefangen hatte oder wann er damit anfangen würde. Also gingen die Streitgespräche weiter, über Bücher, über das Land, über die Welt. Wir schienen nie einer Meinung zu sein, und trotzdem trafen wir uns und stritten.

An den Sonntagen gingen wir zum Gottesdienst in der Kamandũra. Kenneth hatte eine kleine Bibel in englischer Sprache dabei, in die wir abwechselnd hineinschauten. Der Prediger las in Gĩkũyũ aus der Bibel, und wir lasen den Text in Englisch. Wir verstanden das Gĩkũyũ vollkommen, konnten auch fließend Gĩkũyũ lesen, aber irgendwie wurde es für uns mehr und mehr üblich, es so zu machen.

Eines Sonntags im Dezember 1954 beschlossen wir, statt nach dem Besuch der Kamandũra-Kirche heimzukehren, am Nachmittag zu einem Freiluftgottesdienst in Ndeiya zu gehen. Das war etwa sechs Meilen von zu Hause entfernt. Die Freiluftgottesdienste, die immer nach den formalen Gottesdiensten in der Kirche stattfanden, wurden sonntags immer üblicher. Diese Veranstaltungen standen in keiner direkten Verbindung zu irgendeiner religiösen Gruppierung. Die persönliche Beziehung zu Gott stand stärker im Mittelpunkt als die konfessionelle Zugehörigkeit. Eher waren diese Gottesdienste Erweckungsversammlungen, bei denen sogar Laien vortreten und zu Predigt und Gebeten beitragen durften. Sie fielen mit einer fundamentalistischen Wiedererweckungsbewegung zusammen, die kurz vor der Ausrufung des Ausnahmezustands über das Land gekommen war. Jetzt schien sich diese Tendenz zu intensivieren; fast schon als Alternative zum Kolonialstaat und zur Mau-Mau-Bewegung. „Jesus ist mein persönlicher Erlöser" lautete der Slogan vieler Anhänger. Die jungen Leute wurden regelrecht süchtig danach, und ich erinnere mich, wie Mädchen sich nach ihrer Erweckung von ihrem weltlichen Schmuck, von Perlenketten und Ohrringen, trennten. Wer aus einer wohlhabenden Familie kam und sich für modern hielt, dem gab die Erlösung Gelegenheit, sich in Gesellschaft anderer Menschen, sogar Männern, zu bewegen, denn Jesus würde nicht zulassen, dass sie irdischen Versuchungen anheimfielen. Ich weiß nicht, warum sie auf Luganda „Tukutendereza Yesu, Yesu we Mlokozi" („Wir lobpreisen Jesus, Jesus den Erlöser") sangen, es mag aber damit zu tun gehabt haben, dass diese Spielart des Fundamentalismus ihren Ursprung in Uganda und Ruanda gehabt hatte. Bedenken und Verbote kamen erst auf, als bei ihnen die Zahl ungewollter und ungeplanter Schwangerschaften ein bisschen überproportional zunahm und weder Beichten noch Schuldzuweisungen an den Teufel die elterlichen Sorgen beschwichtigen konnten.

Diese sonntäglichen Freiluftgottesdienste waren auch deshalb so beliebt, weil sie zu den wenigen öffentlichen Zusammenkünften gehörten, für die keine regierungsamtliche Genehmigung erforderlich war. Sie besaßen den vollen Segen des Staates, weil es in ihnen um Jesus und nicht um Kenyatta ging, um geistige und geistliche Erlösung und nicht um die politische Befreiung vom kolonialen Übel.

Es war ein sonniger Tag, Gesang und Gottesdienst waren gut. Einige Prediger besaßen die Fähigkeit, verschiedene Verse der Bibel so auszulegen, dass das, was um uns herum geschah, Sinn ergab. Die Zeichen von Krieg und Hader und Hunger und falschen Propheten waren in der Bibel als Vorzeichen der Wiederkehr Jesus Christus vorhergesagt worden. Einige Predigten und Lieder machten mir Mut und befreiten mich von den Ängsten, die ich mit mir herumtrug.

Es war am späten Nachmittag, als wir uns auf den Rückweg machten, doch anstatt den Weg zu gehen, auf dem wir gekommen waren, beschlossen wir, eine Abkürzung durch den Wald von Ngũirũbi zu nehmen. Ich weiß nicht mehr, ob wir über den Gottesdienst sprachen oder über Literatur und meine Erzählungen stritten, die ich aus Zeitungsausschnitten zusammengeklaubt hatte, aber egal, was es war, plötzlich hörten wir den Befehl stehen zu bleiben.

Vor uns stand ein weißer Soldat im Tarnanzug und richtete ein Gewehr auf uns. Er bedeutete uns, die Hände über den Kopf zu heben und langsam dorthin zu gehen, wo bereits andere zusammengepfercht waren. Erst da sahen wir vor uns die

Leute, die am Boden hockten und die Hände hinter dem Kopf gefaltet hatten. Der Soldat war nicht allein. Auf beiden Seiten im Wald entdeckte ich viele weitere Soldatenaugen. Andere bewachten die hockende Menge mit Gewehren und einem Schäferhund. Als wir uns setzten, erkannten wir, dass viele, die hier festgehalten wurden, wie wir den Gottesdienst besucht hatten. Am Waldrand, ein paar Meter von uns entfernt, waren ein großes, grün lackiertes Militärfahrzeug und ein kleineres, ein Jeep, geparkt. Kenneth und ich waren ins Netz einer groß angelegten Massenüberprüfung gegangen.

Die verhörten Leute wurden in drei Gruppen eingeteilt: die Üblen, die Übleren und die Übelsten. Die Gruppe der Übelsten wurde von einem fetten weißen Soldaten mit Schäferhund bewacht, der sehr bedrohlich aussah und keuchte, als dürstete ihn nach Blut. Selbst aus der Entfernung ließ das Tier den Schrecken der Begegnung mit Kahahus Hund wieder hochkommen. Als Kenneth an die Reihe kam, wurde er den Üblen zugeteilt. Wie war ein Weißer in der Lage, einer Person ins Gesicht zu sehen und dann zu entscheiden, zu welcher Gruppe diese Person gehörte? Ich entdeckte die Antwort auf diese Frage, als ich an der Reihe war. Neben dem Jeep stand ein Zelt, in dem ein Mann saß, der von Kopf bis Fuß in ein weißes Tuch mit zwei Augenschlitzen gehüllt war. Das war der gefürchtete „gakũnia“, der Kapuzenmann. Es jagte einem Schauder durch den Körper, wenn man von einem gesichtslosen Augenpaar von hinten angestarrt wurde. Ich ging davon aus, dass sie mich, wenn sie mit mir fertig waren, in Kenneths Gruppe stecken würden, weil ich genau wie er die Schuluniform trug.

Zu meiner Überraschung aber kam ich in die zweite Gruppe der Übleren, denen man noch weitere Fragen stellen würde. Nach der zweiten Runde wurden die Verdächtigen der Gruppe der Üblen oder der Gruppe der Übelsten zugeteilt, und die Letzteren wanderten in ein Konzentrationslager. Ich blieb so ruhig wie möglich, aber im Innern schlotterte ich vor Angst.

Ich wusste, an welcher Last ich trug. Was sollte ich sagen, wenn sie mich nach meinem Bruder Wallace Mwangi fragten? Sein letzter und einziger Besuch war mir immer noch lebendig. Hatte ihn jemand dabei beobachtet? Soweit ich wusste, waren weder meine Mutter noch die Frau meines Bruders wegen seines Besuches verhört worden.

Ich stand vor dem weißen Soldaten, nicht weit vom Kapuzenmann entfernt. Er fragte, ob ich Englisch verstünde, und ich antwortete Ja, weil ich darauf hoffte, dass das seine Anerkennung finden würde.

„Wo bist du gewesen?"

„Bei einem christlichen Freiluftgottesdienst."

„Das heißt ‚Effendi'", brüllte er mich an.

„Effendi."

„In welche Schule gehst du?"

„Kĩnyogori Intermediate School. District Education Board. Ich habe meine KAPE abgelegt und warte auf die Ergebnisse."

„Hast du Brüder?"

„Ja."

„Das heißt ‚Effendi'", sagte er.

„Ja, Effendi."

„Wie viele?"

„Mein Vater hat vier Frauen. Ich habe ungefähr zehn …"

„Das heißt ‚Effendi'."

„Zehn, Effendi."

„Sind alle Brüder zu Hause? Was machen sie?"

„Zwei arbeiten für die Regierung", sagte ich, dachte an Joseph Kabae und Tumbo und ignorierte die erste Frage. „Einer, Joseph Kabae, war bei den KAR, Soldat im Zweiten Weltkrieg für King George", fügte ich hinzu, um ihn mit unseren Verbindungen zu den Briten zu beeindrucken.

Aber ich hatte vergessen, „Effendi" zu sagen. Den Schlag ins Gesicht fühlte ich mehr, als dass ich ihn kommen sah. Ich schwankte, blieb aber auf den Beinen.

„Das heißt ‚Effendi'!"

„Ja, Effendi!", sagte ich mit Tränen in den Augen. Ich war jetzt ein Mann; zu weinen stand mir nicht zu. Man erwartet von einem Mann aber auch, dass er sich wehrt, sich und die Seinen verteidigt, doch ich bekam nicht einmal eine winzige Verteidigungsgeste zustande.

Aus irgendeinem Grund verstand er meine Weigerung zu weinen oder zu schreien als Trotz und drosch noch mehr auf mich ein. Ich fiel. Ich wusste nicht, ob ich wieder aufstehen oder am Boden liegen bleiben sollte, aber selbst diese Unentschlossenheit schien seine Wut noch anzustacheln.

„‚Simama', steh auf."

Ich stand auf, schlotterte vor Angst, erst recht, als ich den Soldaten mit dem Hund auf uns zukommen sah, als wäre jetzt er an der Reihe, sich mit mir zu befassen. Er sagte etwas zu meinem Peiniger, dann ging er wieder zu seiner Herde zurück. Sie mochten über etwas gesprochen haben, das nichts mit mir zu tun hatte, aber meine Angst blieb.

Mein Peiniger beriet sich eine Weile mit dem Kapuzenmann. Dann kam er zu mir zurück.

„Hast du Brüder, die nicht zu Hause sind?"

Bienen summten in meinem Bauch. Ob ich lügen sollte? Ich beschloss, auf Zeit zu spielen.

„Verzeihung, Effendi! Was haben Sie gesagt?"

„Hast du Brüder, die nicht zu Hause sind?"

Es hatte keinen Sinn auszuweichen oder zu lügen. Ich würde ihm eine wahre Lüge erzählen und an ihr festhalten.

„Ich habe einen Bruder, der nicht zu Hause ist, Effendi."

„Sein Name?"

„Wallace Mwangi."

„Effendi!"

„Effendi."

„Wo steckt er?"

Ich dachte an Mutters Mahnung.

„Das weiß ich nicht, Effendi, er ist, glaube ich, weggelaufen", sagte ich.

„Wohin?"

„Als er weglief, war ich in der Schule, und niemand weiß, wo er ist."

„Kommt er zu Besuch?"

„Nein, Effendi", sagte ich ohne zu zögern. Ich dachte daran zu sagen, dass wir fürchteten, die Regierung hätte ihn getötet, beherrschte mich aber.

Er unterhielt sich wieder mit dem Kapuzenmann. Offensichtlich hatte mich gerettet, dass ich das Wenige zugegeben hatte, was alle über meinen Bruder wussten. Als er zurückkam, winkte er mich zur Gruppe der Üblen hinüber, denen man bald erlauben würde zu gehen.

Ich schlotterte nach dieser Tortur, war aber auch ein bisschen stolz, dass ich nicht geweint hatte. Schweigend liefen Kenneth und ich nach Hause. Wir trauten uns nicht zurückzusehen. Selbst als wir hinter uns Schüsse und Schreie hörten, blickten wir nicht zurück. Ich erfuhr nie, was mit denen passiert war, die zurückbleiben mussten. Wir konnten nur raten, behielten aber unsere Mutmaßungen für uns.

Trotzdem stand fest, dass der Mann unter dem Umhang ein Einwohner von Limuru war, vielleicht sogar ein Nachbar der Menschen, die er ins Lager oder in den Tod schickte. Obwohl ich schlotterte, war ich froh, nicht mehr gesagt zu haben.

Kenneth und ich hatten nicht viel darüber zu reden, was sich gerade ereignet hatte. Solche Szenen waren, wenn auch mit unterschiedlichen Einzelheiten, ganz alltäglich, aber es war das erste Mal gewesen, dass wir selbst zu den Personen dieses Dramas gehörten. Die Tatsache, dass wir unterschiedlich behandelt worden waren, mag eine gewisse Distanz zwischen uns hervorgerufen und zu unserem Schweigen beigetragen haben. Jeder in seinen Gedanken verloren, bemerkten wir nicht, dass wir nur noch einen Hang hinauf mussten, bevor wir zu Hause wären. Wir brauchten aber beide noch Zeit, um mit dem klarzukommen, was wir gerade erlebt hatten.

Es war noch früh am Nachmittag, und wir beschlossen, einen Umweg über die Manguo zu machen und nachzusehen, ob der Schulleiter, Mr. Kĩbicho, uns ein paar Bücher leihen würde, auch wenn wir nicht länger Schüler seiner Schule waren. An der Kĩnyogori waren noch keine Häuser für die Lehrer gebaut worden, weshalb sie noch in den alten in Manguo wohnten. Obwohl wir uns mit der Bitte um Bücher tarnten, hofften wir insgeheim doch, dass Mr. Kĩbicho uns etwas, irgendetwas zu unseren Prüfungen sagen könnte. Er war nicht zu Hause. Wir hatten nicht daran gedacht, dass er während der Ferien normalerweise nach Hause nach Nyeri fuhr.

Enttäuscht nahmen wir den Pfad, der am Haus des stellvertretenden Schulleiters Stephen Thiro vorüberführte, der uns gesehen haben musste, weil er an die Tür kam und nach uns rief. Er bat uns herein. Nach der Nervenprobe dieses Tages war es angenehm, im Haus unseres Lehrers einen Tee zu trinken.

„Kenneth", sagte er lächelnd, „du hast bestanden."

Das kam plötzlich und unerwartet. Und was ist mit mir?, dachte ich. Aber er sah mich nicht an.

„Wir wissen aber nicht, für welche Oberschule du zugelassen bist", fuhr er fort, die Augen immer noch auf Kenneth gerichtet.

Ich konnte nicht erkennen, ob Kenneth sich freute oder nicht. Aber meine Bauchmuskeln waren angespannt. War ich durchgefallen?

„Und du, du bist an der Alliance High School angenommen", sagte er und lächelte über das ganze Gesicht. „Die Alliance High School veröffentlicht ihre Zulassungen früher als andere Schulen."

Ich weiß nicht, wie ich den Tag mit seinem extremen Auf und Ab verkraften soll. Die Nachricht will nicht bei mir ankommen. Ich weiß nicht, wie ich mich darüber freuen soll. Selbst als ich nach Hause gehe und sage, dass ich die KAPE bestanden habe und an der Alliance High School angenommen worden bin, stellt Mutter nur eine einzige Frage: Ist das das Beste? Und ich kann nicht antworten, was ich eigentlich antworten möchte – dass es mehr ist, viel mehr, als ich erwartet hatte. Um ehrlich zu sein, war die Alliance High School nicht die Schule meiner Wahl; Mr. Kĩbicho muss sie auf dem Antragsformular als eine der Schulen meiner Wahl eingetragen haben. Die anderen, die Frau meines Bruders, meine Schwestern und mein kleiner Bruder hören zum allerersten Mal von dieser Alliance High School. Aber sie freuen sich, dass ich bestanden habe und eine Oberschule besuchen werde. Die Nachricht verbreitet sich rasch in unserer Gegend. Ich bin der Einzige aus der gesamten Limuru-Region, der in diesem Jahr an der Alliance High School angenommen worden ist. Aber langsam, ganz langsam, mache ich meinen Frieden mit meinem Schicksal, vor allem, nachdem Reverend Stanley Kahahu zu meiner Mutter kommt und ihr sagt, dass ich mich gut geschlagen habe. So richtig kann ich es erst glauben, als ich später Mr. Kĩbicho besuche und er mir gratuliert und sagt, dass die Alliance High School die beste Oberschule im Land ist, dass nur die Besten angenommen werden, bevor er mir ein Päckchen gibt, das Informationen über das Schulgeld und andere Dinge enthält.

Und dann die brutale Wirklichkeit. Mutter kann das Schulgeld nicht aufbringen, und jeder weiß es. Der Bruder, der in der Lage gewesen wäre, zu helfen, ist in den Bergen! Gerüchte kommen auf, nach denen die Reichen und die Loyalisten mit Sicherheit die Regierung drängen würden, dem Bruder eines Mau-Mau-Guerillas den Besuch solch einer prestigeträchtigen Oberschule zu verweigern. Ich weiß nicht, wie ich mit diesen Gerüchten umgehen soll, die meine Ungewissheit nur vergrößern. Warum, warum nur sollte sich irgendjemand mit anderen gegen mich zusammentun, wenn ich doch so hart dafür gearbeitet habe, um so weit zu kommen? Ich denke an all die Tage und Nächte, in denen ich gelesen oder im flackernden Schein des Feuers meine Hausaufgaben gemacht habe, an die Nächte, in denen ich nicht lesen konnte, weil wir kein Feuerholz oder Paraffin mehr hatten.

Unerwartete Hilfe kommt ausgerechnet von jemandem, von dem ich sie nie erwartet hätte: Njairũ, ein von der Regierung eingesetzter Dorfvorsteher, dem der Ruf nachgeht, ein harter Antreiber zu sein, der die Zwangsarbeit und die Teilnahme an den Barazas mit aller Härte durchsetzt, der wohlbekannte Anführer der verhassten Home-Guard-Einheit, die meinen Bruder sofort töten würde, wenn sie ihn fände. Er macht den Gerüchten ein Ende. Nichts und niemand wird dich davon abhalten, die Alliance High School zu besuchen, sagt er. Persönlich spricht er bei all meinen Halbbrüdern vor, um ihnen die Bedeutung dessen klarzumachen, was ich erreicht habe. Einige leisten freiwillig ihren Beitrag. Den Zögernden macht Njairũ die Hölle heiß.

Die eine oder andere Spende kommt herein, und schließlich habe ich die erforderliche erste Summe zusammen, die aber nicht für das ganze Schuljahr reicht. Das ist im Augenblick wunderbar; die anderen Hürden werden wir nehmen, wenn wir vor ihnen stehen. Ich besitze einen neuen Satz Kleider und eine Holzkiste. Ich habe alles, was ich brauche, fast alles. Ein Paar Schuhe und lange Strümpfe sind ebenfalls gefordert, und ich bekomme das Geld einfach nicht zusammen. Man kann um

Spenden für die großen Dinge wie das Schulgeld bitten: Bildung ist immer als persönliches und gemeinschaftliches Ideal angesehen worden. Aber Geld für Schuhe und Strümpfe?

Ich hatte noch nie im Leben ein Paar Schuhe besessen oder getragen, mit einer Ausnahme: als ich Schuhe und Hosen meines großen Bruders anprobierte, die mir viel zu groß waren, und er mich dabei erwischte, wie ich durch den Hof stolzierte, während mein kleiner Bruder lauthals schrie, dass er nun an der Reihe wäre. Als ich dann ziemlich herbe Vorhaltungen zu hören bekam, lachte mein kleiner Bruder mich aus. Bis dahin war ich mein Leben lang immer nur barfuß gelaufen. Die Erwartung, zum ersten Mal Schuhe tragen zu dürfen, war ebenso groß wie damals, als mir meine Mutter das erste Hemd und die ersten Shorts für die Grundschule in Kamandũra kaufte. Zwischen mir und der Oberschule steht nun ein Paar Schuhe.

Meine Schwester Njoki hilft mir aus der Klemme. Njoki ist die Stillste im Haus meiner Mutter. Sie brütet viel vor sich hin. Das Leben hat es nicht gut mit ihr gemeint. Sie war einmal in einen Traktorfahrer aus Ngeca verliebt. Er gehörte zu den Arbeitern, die den Limuru-Tunnel unter dem Land hindurch bauten, das einem gewissen Mr. Buxton gehörte, einem der Soldaten, die sich nach dem Ersten Weltkrieg in der Gegend ansiedelten. Vor dem Tunnelbau brauchte der Zug sehr lange, bis er um den Berg herumgefahren war. Durch den Bau des Tunnels nach dem Zweiten Weltkrieg wurden alle möglichen Gerüchte in die Welt gesetzt – dass die Weißen in die natürliche Ordnung eingriffen, dass sie etwas Böses gegen die Afrikaner im Schilde führten. Warum sollte das ganze Ding sonst so geheim sein? Wie dem auch war, diejenigen, die an diesem Projekt arbeiteten, erfreuten sich eines gewissen Prestiges, vor allem die Fahrer. Meine Schwester war glücklich, als ihr Traktorfahrer uns besuchte und von dem Dynamit erzählte, das man zum Sprengen der Felsen verwendete. Er erzählte von den Gefahren, denen er täglich ins Auge sah, und sagte sogar, dass einige Menschen von den Felsen und dem Dynamit getötet worden waren. Die Gefahr, unter der er arbeitete, und sein Mut betörten Njoki noch mehr. Sie war um vieles lebendiger: Sie lachte und tanzte. Nur fand ihre Liebe nicht die Zustimmung meines Bruders Wallace. Seine Freunde und er redeten ihr den Mann ihrer Wahl aus; stattdessen heiratete sie einen betuchteren Anwärter, der einen Lastwagen besaß und einen Liefervertrag für Laterit zur Straßeninstandsetzung hatte. Die Ehe ging in die Brüche und endete mit der Scheidung. Inzwischen hatte sie auch ihre erste Liebe, den Traktorfahrer, verloren. Die Nachricht von seinem Tod durch herabfallende Felsen im Tunnel und die gescheiterte Ehe nahmen ihr die Lebensfreude. Sie verdiente ihr weniges Geld, indem sie auf den Teeplantagen auf der anderen Seite der Eisenbahngleise oder auf Kahahus Chrysanthemenfeldern arbeitete.

Jetzt gibt sie alles her, um mir die geforderten Schuhe und Strümpfe zu kaufen. Ich bin gerührt. Anstatt mich zu bedanken, sage ich ihr, dass es mir sehr leid tut, sie einmal mit einem Chamäleon, das ich auf einen Stock gespießt hatte, durch das Chrysanthemenfeld gejagt zu haben. Sie hatte, wie viele in unserer Gegend, furchtbare Angst vor Chamäleons. Ich habe mich deswegen immer schuldig gefühlt, aber sie hat es offensichtlich völlig vergessen, und es dauert einige Sekunden, bevor sie begreift, wovon ich rede. Und dann bricht sie in Lachen aus. Ein donnerndes, lang anhaltendes Lachen. Es ist so wunderbar, sie lachen zu sehen, zu sehen, wie die Schwermut aus ihrem Gesicht verschwindet, zu sehen, wie hübsch sie eigentlich ist, und immer, wenn ich Schuhe anhabe, werde ich künftig an dieses Lächeln und das Lachen denken müssen.

Ich packe alles in die Holzkiste. Die Alliance High School ist eine Internatsschule: Ich werde nur in den Ferien nach Hause kommen. Ich bin bereit. Ich wünschte, ich könnte mich von Wallace Mwangi verabschieden, meinem Bruder, der draußen in der Kälte der Berge ist, bin aber davon überzeugt, dass er die

Nachricht auf demselben Weg bekommen wird, auf dem er von meinen Prüfungen an der Loreto erfahren hat.

Zwei Menschen muss ich noch besuchen, bevor ich abreise. Meinen Großvater. Ungeachtet dessen, was sich zwischen uns ereignet hat, ist er immer noch mein einziger Großvater, und ich trage seinen Namen. Meine Mutter ist seine Tochter und gleichzeitig – symbolisch – meine Tochter. Es ist Nachmittag und er sitzt auf der Veranda seines Hauses in einem Sessel. Er bittet Mũkami, mir einen Stuhl zu bringen. Sie holt ihn und gleich danach ein Glas heiße Milch. Ich berichte ihm die Neuigkeit, auch wenn mir klar ist, dass er es weiß, weil ich seit Wochen das Gesprächsthema des ganzen Kreises bin. Ich habe das Gefühl, als befreite ihn mein Besuch von einer Last.

Aber du kommst uns doch in den Ferien besuchen, fragt er. Und dann gelingt es ihm nicht mehr, seine Gefühle zu beherrschen, er lächelt und ruft laut zu seiner Frau hinüber: Ich wusste, dass er lesen kann. Er konnte genau aufschreiben, was ich dachte. Er hat meinen Gedanken Kleider gegeben. Mach's gut. Und halt den Stift weiter so gut fest. Er tut so, als spuckte er sich auf die Brust, eine Geste, die mich segnen soll. Dann sagt er Mũkami, dass sie „das Päckchen" bringen soll. Es ist seine Brieftasche. Er schenkt mir Geld, damit ich mir auf dem Weg in die neue Schule etwas kaufen kann. Es geht mir gut. Er hat einst mir und meinen Fähigkeiten vertraut und mich zu seinem Schreiber und Glücksbringer gemacht.

Der andere Mensch? Mein Vater! Auch wenn ich es mir nicht eingestanden habe, plagt mich doch das Gefühl der Entfremdung, und das hässliche Bild unserer letzten Begegnung steht mir noch vor Augen. Ich muss ihn einfach sehen. Ich weiß zwar nicht, welche Worte zwischen uns fallen werden, aber ein flüchtiger Gedanke hat sich plötzlich in eine unwiderstehliche Sehnsucht verwandelt. Als ich den Fuß in das Gehöft setze, das Gehöft, das mir in der ersten Hälfte meiner Kindheit Spielplatz war, spüre ich, wie mir das Herz stockt. Ich kehre zum ersten

Mal seit meiner Vertreibung auf das alte Anwesen zurück. Mutters ehemalige Hütte steht noch, doch sprießen inzwischen grüne Pflanzen auf dem Dach und um die Wände herum und verkünden lautstark Verlassenheit. Meine Gedanken eilen zu den Anfängen zurück, zu den Spielen meiner Kindheit. Es ist ein sonniger Tag, aber aus irgendeinem Grund kommt mir das Lied in den Sinn, das wir immer gesungen haben, um den Regen zu begrüßen. Beim gedämpften Klang von Regentropfen auf dem Strohdach rannten wir in den Hof hinaus.

Regen ich bitte dich komme
Ich opfere dir auch einen Bullen
Hat eine Glocke um den Hals
Die singt ding-dong ding-dong.

Bilder über Bilder aus der Vergangenheit. Tränen und Lachen. Alle Geschwister, die zu Hause sind, begrüßen mich und drängen sich um mich. Zuerst gehe ich in die Hütte Wangarĩs, das Haus der Erstfrau, und bevor ich auch nur ein Wort sagen kann, fragt Wabia, meine blinde Halbschwester: Ist das Ngũgĩ? Ja, sage ich mit einem Lächeln, das sie nicht sehen kann, das ich ihr aber gern schenke, ich bin's. Hier, in dieser Hütte, fanden die nächtlichen Vorstellungen mit Geschichten, Rätseln und Sprichwörtern statt, und die Diskussionen über nationale Angelegenheiten und Dinge aus der weiten Welt. Wangarĩ bedauert, dass sie nichts zu essen für mich hat, aber sie würde mir Brei kochen, wie sie das früher gemacht hat. Nein, nein, das ist nicht nötig. Ich verabschiede mich von ihr und Wabia. Dann gehe ich zum Haus der Zweitfrau, dem Haus meiner zweiten Mutter Gacoki. Sie ist keine Frau, die viele Worte macht, sie ist immer noch so schüchtern wie eh, aber sie traut sich zu fragen: Ist diese Alliance in einem anderen Land? Das ist nur so dahingesagt, sie freut sich einfach, dass ich sie besuche. Und schließlich gehe ich zu Njeris Haus. Auch sie ist so wie immer, starkknochig, geschwätzig, tadelt mich, dass ich meinen Besuch nicht angekündigt habe, und weil sie jetzt nicht vorbereitet ist, kann sie mir auch nichts zu essen anbieten. Aber sie will mir Eier geben, die ich in die Schule mitnehmen kann. Nein, nein, antworte ich und denke an die Zeit mit den Bono Mayai.

Zuletzt gehe ich zu meinem Vater. Er sitzt in Njeris Hütte auf einem Stuhl. Außer: Gut gemacht und du hast meinen Segen, hat er nichts zu sagen. Ich weiß, dass ihm viele andere Älteste zu den Leistungen seines Sohnes gratuliert haben, aber die Verlegenheit hindert ihn daran, mehr zu sagen. Ich weiß, dass er mir nichts Materielles geben kann, und er tut auch nicht einmal so, als wollte er. Er ist wirklich leer und ausgebrannt. Ich bin aber nicht hier, weil ich Geld oder Geschenke von ihm haben will. Ich möchte vielmehr mir selbst etwas schenken. Ich möchte mein neues Leben nicht mit Groll im Herzen beginnen. Mit meinem Besuch zeige ich ihm, dass ich ihm verzeihe, auch wenn er nicht um Verzeihung gebeten hat. Ich glaube wie Mutter daran, dass Zorn und Hass das Herz zerfressen. Ich möchte, dass meine Taten für mich sprechen, positive Handlungen sollen meine einzige Vergeltung sein. Gesagt wird nicht viel. Aber als ich gehen will, steht er auf und begleitet mich ein paar Schritte. Dann macht er etwas, das ich ihn nie habe tun sehen: Er nimmt mich mit den Müllhaufen hinauf, warnt mich vor den stechenden Pflanzen, die wir „thabai" nennen. Wir stehen oben und sehen den Hang hinunter, den ich so gut kenne, den Hang, über den ich oft meine Brüder und Schwestern zur Arbeit auf den Teeplantagen, die den Weißen gehörten, gehen und sich verstreuen sah. Auf diesem Hügel konnte man die Sirene der 1938 errichteten Limuru Bata Shoe Company hören. Und diese Sirene, King'ora, ist in all den Jahren unsere Uhr gewesen, hat uns den Ablauf des Tages markiert: Die Morgensirene verkündete den Anbruch des Tages, die Mittagssirene die Mittagspause und die letzte den Anbruch der Nacht. Wir reden über das Vorher und Nachher der Sirenen.

Das war derselbe Hügel, von dem aus meine Mutter die indischen Geister gesehen haben wollte, die Lichter in Händen hielten und in der Finsternis umhergingen. Ja, so viele Erinnerungen: wie wir von den brennenden Nesseln gestochen wurden, wie wir unsere Hunde im Gebüsch um den Müllhaufen versteckten und meine Mutter sie zu den indischen Läden zurückgebracht hat! Auch mein Vater hängt seinen Gedanken nach, als schaute er über das Land, das einst ihm gehörte, und den Weg, den er seit seiner Flucht aus Mũrang'a hinter sich gebracht hat. Oder seine Reise durch die Zeit von seiner Geburt an, als Kenia noch nicht Kenia war, bevor es Nairobi oder Limuru oder irgendeine Stadt im Hinterland der Küste gab; seine Reise durch den Ersten und Zweiten Weltkrieg, und nun die Mau Mau und seine Söhne, die auf beiden Seiten kämpfen. Ich wünschte, dass ich sagen könnte: Was denkst du darüber, Vater, aber ich spreche es nicht aus. Er bricht das Schweigen, aber nicht das Schweigen über die Vergangenheit. Du hast dich gut geschlagen, sagt er zu guter Letzt. Die Straße, die vor dir liegt, ist lang. Du wirst mit Buckeln und Schlaglöchern zu tun haben. Manchmal wirst du hinfallen. Es geht darum, wieder aufzustehen und weiterzugehen. Sein Tonfall ist sachlich. Aber irgendwie habe ich das Gefühl, dass er das auch zu sich selbst sagt. Und in meinem Herzen sage ich: Danke. Ich bin frei. Ich bin kein Gefangener von Zorn und Groll mehr.

Alles ist bereit. Ich habe meinen Freund Kenneth besucht. Er ist an der Kambũi Teacher Training School zugelassen worden. Wie meine Klassenkameraden Mũrage Chege, Mũturi Ndiba und Kamĩri Ndotono auch. Harry Thuku kam von der Kambũi, die einst der Hort der Gospel Missionary Society war, bevor sie sich 1946 mit der Church of Scotland Mission zur Presbytarian Church vereinigte. Kenneth ist enttäuscht, dass man ihn nicht zur Oberschule zugelassen hat, vergisst aber dennoch nicht, unseren Streit über Literatur und Gefängnis anzusprechen. Ich werde trotzdem dieses Buch ohne Erlaubnis schreiben, sagt er, nur um dir zu beweisen, dass du Unrecht hast.

Mutter sagt mir, dass sie mich nicht zum Zug bringen wird. Mach's gut und gib immer dein Bestes, dann wird es dir gut gehen. Meine Schwestern, die Frau meines Bruders und mein kleiner Bruder bringen mich zum Bahnhof. Ich entdecke, dass Liz Nyambura, die jetzt im letzten Jahr an der Alliance Girls High School ist und früher, in meiner Anfangszeit an der Kamandũra, ein Mathewunder war, und Kenneth Wanjai wa Jeremiah, der schon in die zweite Klasse der Alliance High School geht, am selben Tag nach Kikuyu zurückkehren. Ich geselle mich zu ihnen.

Auf dem Bahnsteig geht es sehr geschäftig zu, aber möglicherweise nicht so geschäftig wie in jenen Tagen vor langer Zeit, als der Bahnsteig in Limuru ein gesellschaftliches Zentrum war. Ich denke an die Tage, als meine Schwestern und Brüder immer den Hang vom Haus unseres Vaters hinabgerannt sind, um den Zwölfuhrzug nach Kampala oder Kisumu abzupassen. Wie sehr habe ich sie damals beneidet und mir den Tag herbeigewünscht, an dem ich erwachsen würde und mit anderen jungen Männern und Frauen zum Bahnhof jagen könnte! Und jetzt bin ich hier, nicht um den Zug zu sehen und dann wieder zu gehen, sondern um mit ihm zu fahren.

Alle Anwesenden glauben, dass ich wegen meiner nächsten Schule aufgeregt bin; nur mein kleiner Bruder weiß, was ich wirklich empfinde. Zum ersten Mal in meinem Leben werde ich einen Personenzug besteigen. Ich denke an die Zeit, als ich nicht mit dem Zug nach Elburgon reisen konnte. Ich denke daran, wie mein Bruder, der mit dem Zug gefahren ist, hinterher von den Wundern des Zugfahrens erzählte, um mir zu zeigen, dass er mir etwas voraus hatte. Er wusste, dass ich auf ihn neidisch war. Er weiß aber nicht, dass ich auch auf John und Joan neidisch war, die fiktiven Schulkinder, die in Oxford wohnten und mit dem Zug zur Schule in Reading fuhren. Jetzt ist meine Zeit gekommen. Jetzt mache ich genau das. Ich fahre mit dem Zug zur Schule. In eine Internatsschule. Die Alliance High School, Kikuyu. Zwölf Meilen entfernt, aber es ist, als sollte ich mit dem Zug ins Paradies fahren. Dieser hier ist sogar noch besser. Er wird meine Träume in Zeiten des Krieges mitnehmen.

Endlich fährt der Zug ein. Wir gehen zu den Waggons, die nicht mit den Bezeichnungen „Nur für Europäer" oder „Nur für Asiaten" versehen sind. Die Wagen der dritten Klasse sind nicht einmal mit „Nur für Afrikaner" gekennzeichnet. Wanjai, Liz und die anderen steigen ein und zeigen einem europäischen Eisenbahnbeamten ein Stück Papier. Jetzt bin ich an der Reihe. Der Beamte hält mich an. Pass? Was für einen Pass? Er verlangt einen Pass zu sehen, der mir erlaubt, von Limuru nach Kikuyu zu fahren, das doch nur zwölf Meilen weit weg ist. Es handelt sich um ein neues Gesetz unter dem Ausnahmezustand. Kein Angehöriger der Gĩkũyũ, Embu oder Meru darf ohne einen von der Regierung ausgestellten Pass in einen Zug steigen. Davon war jedoch in keinem Informationsblatt des Papierstapels aus der Schule die Rede. Interventionen von Wanjai und Liz Nyambura bleiben ergebnislos. Die einzige Zusicherung, die Wanjai mir machen kann, ist, dass er der Schule über dieses Missgeschick berichten wird. Aber seine Worte kommen nicht bei mir an; sie können die Wunde in meinem Herzen nicht heilen. Inzwischen gibt es ziemlichen Aufruhr um mich herum; verschiedene Leute äußern unterschiedliche Meinungen.

Ich stehe da mit meinem Gepäck auf dem Bahnsteig und sehe zu, wie der Zug mit meinen Träumen, aber ohne mich, davonfährt, mit meiner Zukunft, aber ohne mich, bis er verschwunden ist. Ich weine. Ich will nicht, weil ich ein Mann bin, weil ich nicht weinen darf, aber ich kann nichts dagegen machen. Dem weißen Soldaten, der mich mit Schlägen traktiert hat, ist es nicht gelungen, mich zum Weinen zu bringen; aber dieser weiße Beamte, ein Eisenbahnangestellter, der mir eine Zugfahrt verweigert, der hat es geschafft. Diejenigen, die mich bemitleiden könnten, benötigen selbst Mitleid. Ich weiß nicht, wie Mutter das aufnehmen wird, denn mein Traum war auch der ihre.

Und dann betritt wie aus dem Nichts ein afrikanischer Hilfsbahnhofsvorsteher die Szenerie. Jemand muss ihn informiert haben. Er heißt, wie ich später herausfinde, Chris Kahara. Jahre später, nach der Unabhängigkeit, wird er Bürgermeister von Nairobi werden. Jetzt aber ist er einfach der Assistent des Bahnhofsvorstehers in seiner offiziellen, weißen Uniform, einem weißen Pullover zur weißen Hose. Er sagt, dass ich aufhören solle zu weinen; er wird sein Möglichstes tun, damit ich nach Kikuyu komme. Nur werde ich wahrscheinlich den Schulbus verpassen. Aber ich könnte durch den Ondirĩ-Sumpf zu meinen Träumen laufen. Noch bevor er ausgeredet hat, fährt ein Güterzug ein. Das ist nicht der schöne Personenzug, auf den ich gehofft habe, aber ich folge ihm zum letzten Waggon. Er hat Absprachen getroffen. Ich steige in den Waggon. Um mich herum stapeln sich Werkzeug und Arbeitskleidung. Ich kann Schweiß riechen, aber das macht nichts. Der Waggon hat keine Fenster, und ich kann die Landschaft nicht sehen. Ich bin taub vor Furcht, dass irgendetwas geschieht, das mich abhält, meine Träume einzuholen.

Schließlich komme ich im Bahnhof von Kikuyu an. Auch er wurde 1899 errichtet, wie der von Limuru. Irgendjemand macht mir die Hintertür auf, tut so, als prüfte er einfach die Werkzeuge, murmelt etwas wie „Hier ist es", und ich springe mit meiner Kiste hinaus. Der Mann lächelt, schließt die Tür und geht.

Da stehe ich auf dem Bahnsteig und sehe dem Güterzug nach, diesmal voller Erleichterung und Dankbarkeit. Ich sehe mich um und entdecke einige Läden. Ich nehme meine Kiste und schleife sie hinüber. Ich kann gar nicht glauben, dass das wirklich die Kikuyu Township sein soll. Sie besteht aus zwei Reihen indischer Läden, die denen in Limuru sehr ähnlich sehen, aber es sind viel weniger. Doch ich interessiere mich nicht für die indischen Händler hinter den Ladentheken und ihre afrikanischen Kunden. Ich mag ein Hindernis überwunden haben, muss mich aber jetzt um ein anderes kümmern.

Auf dem Informationsblatt, das ich erhalten hatte, stand, dass ein Schulbus uns vom Bahnhof abholen würde. Ich komme zu spät. Der Bus muss ohne mich abgefahren sein. Ich weiß nicht, wo sich die Schule befindet und wie weit es bis dorthin ist. Ich gehe auf einen Fremden zu, der mich misstrauisch ansieht und dann auf eine Straße zeigt, und dabei murmelt, dass man durch den Ondirĩ-Sumpf muss. Dann geht er weg. Ich soll durch den Ondirĩ-Sumpf stapfen, wie ich es damals in Manguo gemacht habe, nur dass ich damals nichts zu tragen hatte, das schwerer war als ein Vogelei oder ein Bündel nasser Kleider. Jetzt habe ich eine Kiste mit meinen Habseligkeiten bei mir. Und dann fällt mir die Geschichte über Ondirĩ wieder ein, die ich einmal in „Mwendwa nĩ iri" gelesen habe, und Ngandis Geschichten über Leute, die im Morast verschwanden und nie wieder gesehen wurden. Ob das derselbe Ondirĩ war? Nein, ich werde nicht durch den Ondirĩ-Morast waten, egal was geschieht. Ich werde mich an die Straße halten.

Ich will gerade auf die Straße zugehen, die mir der Fremde gezeigt hat, als der Schulbus kommt, um die Schüler vom Mombasa-Zug abzuholen, der in diesem Augenblick einfährt. Ich gehe zum Schulbus. Der Lehrer, Mr. James Stephen Smith, der kommissarische Schulleiter, wie ich später erfahre, schlägt meinen Namen in seiner Liste nach und sagt, dass ich einsteigen soll wie die anderen auch.

Erst als ich in den Bus gestiegen bin und mich gesetzt habe, seufze ich erleichtert und wage es, nach vorn zu schauen. Eine neue Welt. Eine neue Reise. Einige Minuten später, an einer Abzweigung von der Kikuyu Road, sehe ich eine Tafel mit großen Buchstaben, die mir so persönlich erscheinen, dass ich glaube, sie sind nur für mich bestimmt. WILLKOMMEN AN DER ALLIANCE HIGH SCHOOL. Ich höre Mutters Stimme: Ist das das Beste, was du erreichen kannst? Und ich antworte ihr von ganzem Herzen: Ja, Mutter, weil ich weiß, dass sie mich in Wahrheit um eine Erneuerung unseres Paktes bittet, Träume zu haben, selbst in Zeiten des Krieges.

Irvine, Kalifornien,
am 12. Februar 2009

Dank

Dank an Njeeri wa Ngũgĩ, die den Vorschlag zu diesem Buch gemacht hat; an Gloria Loomis, die mir gesagt hat, dass es nicht länger warten dürfe; Kĩmunya, meinen Assistenten in Kenia; Kenneth Mbũgua, der Bilder und Informationen über unsere Schulzeit beisteuerte; Charity W. Mwangi, die mir Informationen über Kĩambaa und Banana Hills gab; Neera Kapila für Informationen über Bahnstationen und das Bild der indischen Familie; und wie immer meiner Assistentin Barbara Caldwell, für ihre Suche in Bibliotheken, im Internet und für ihr Lektorat.

Calibans Bücher

Ein Nachwort

„... und immer, wenn ich Schuhe anhabe, werde ich künftig an dieses Lächeln und das Lachen denken müssen."

Während der nigerianische Nobelpreisträger Wole Soyinka im 1981 erschienenen ersten Band seiner Lebenserinnerungen „Aké. Die Jahre der Kindheit" offen lässt, ob er auf dem Weg zur Abeokuta Grammar School – einem Pendant zur hoch angesehenen Alliance High School Ngũgĩ wa Thiong'os – Schuhe im Gepäck hatte, gibt der Kenianer Auskunft über diese vermeintliche Nebensächlichkeit: Er tritt mit Schuhen hinaus ins Leben jenseits des Hauses der Mutter und der Mauern seiner Grundschule. Er erzählt die anrührende Geschichte, wie er in den Besitz seines ersten Paars Schuhe gekommen ist, macht damit wie nebenher den Unterschied deutlich, den seine Kindheit von der vergleichsweise noblen des Nigerianers trennt. Gleichzeitig wird deutlich, wie ähnlich Kindheit trotz gravierender sozialer Unterschiede in allen britischen Kolonien war. Und wenn der Nigerianer mit zauberischer Stimme von der Welt seiner Kindheit fabuliert, setzt Ngũgĩ wa Thiong'o auf den sachlichen Bericht. Stellt Wole Soyinka sich mit seinem „Ich" in den Mittelpunkt seiner kindlichen Welt, so beobachtet der Kenianer eher aus der Mitte heraus, nimmt sein „Ich" zurück und geht in der Welt auf, die ihn umgibt. Hier spiegelt sich der Wunsch, der ihn sein ganzes Leben lang begleitet, wird sein Bedürfnis offenbar: eins zu sein mit denen, die ihn umgeben, die ihn tragen. Darin ist er einem anderen Großen der modernen afrikanischen Literaturen ähnlich: Dem leisen Chinua Achebe, dem Landsmann Soyinkas. Auch Ngũgĩ wa Thiong'os realistische Schreibweise kommt der des knapp zehn Jahre Älteren nahe, und seine frühen Romane verraten deutlich das literarische Vorbild, an dem sich der damalige Student am Makerere University College in Kampala, das in jener Zeit eine „Außenstelle" der University of London war (und seit der Unabhängigkeit 1962 die Universität Ugandas ist), orientierte. Welche Bedeutung der junge Ngũgĩ wa Thiong'o schon in dieser Zeit für die modernen Literaturen Ostafrikas besaß, wird unter anderem an der Tatsache sichtbar, dass sein Stück „The Black Hermit" (UA 1962) anlässlich der Unabhängigkeit Ugandas in Kampala zur Aufführung kam. In diesem Stück schreibt Ngũgĩ wa Thiong'o gegen die ob der Unabhängigkeit vorherrschende Euphorie an. Er zeichnet ein illusionsloses Bild der Wirklichkeit und verweist auf die großen Schwierigkeiten des vor den unabhängig gewordenen Ländern liegenden Weges, der nur erfolgreich zu bewältigen sein wird, wenn die neuen Eliten die Bindung und die Zugehörigkeit zum Volk und ihren Wurzeln, ihrer Vergangenheit, nicht verlieren. In dieser Mahnung stimmt er mit Wole Soyinka überein, der in seinem zwei Jahre zuvor anlässlich der Unabhängigkeit Nigerias uraufgeführten Stück „A Dance of the Forests" (UA 1960) ebenfalls davor warnt, mit der Vergangenheit abzuschließen, weil aus ihr die Zukunft geboren wird.

Ngũgĩ wa Thiong'os Rückschau auf den Anfang eines inzwischen über siebzig Jahre währenden Lebens ist eine Bestimmung des eigenen Platzes in dieser Welt – Gĩkũyũ, Kenianer, Afrikaner, Weltbürger – wie der durchlebten Zeit:

Als er am 5. Januar 1938 in dem Dorf Kamĩrĩthũ, nordwestlich von Nairobi im Kreis Limuru auf die Welt kam, erschien in Berlin die deutsche Übersetzung des Buches „Den afrikanske Farm" der Baroness Blixen unter dem bezeichnenden Titel „Afrika, dunkel lockende Welt".

Die wohlhabende Dänin sei hier nur deshalb erwähnt, weil mit dem bekannten Film „Jenseits von Afrika“, der 1985 nach ihrer literarisch eher schlichten, autobiographisch eingefärbten Erzählung entstand, neuerlich das Bild festgeschrieben wurde, das Afrika aus Sicht der Europäer als „dunkel lockenden Kontinent“, als „Herz der Finsternis“, als Folie, auf der sich europäisches Leben und Schicksal gestaltet, erscheinen lässt.

Im Film spricht kein einziger der vielen mitwirkenden Afrikaner auch nur ein einziges Wort – Afrika, der sprachlose, mithin kulturlose Kontinent! Dass man in Europa von diesem Kontinent wenig anderes sieht und wahrnehmen will als Krisen, Kriege, Katastrophen und ihn eher mit wilden Tieren und atemberaubenden Landschaften assoziiert denn mit Menschen und ihren vielfältigen Kulturen, beweist lediglich die Arroganz, mit der der Westen diesen Kontinent, seine Länder, Kulturen, Gesellschaften und Menschen seit Jahrhunderten ächtet. Auch dagegen wird Ngũgĩ wa Thiong'o später die Stimme erheben.

Überhaupt ist die Sprache, das Sprechen, das Erzählen, im Laufe der Jahrzehnte des Schreibens und Lebens als homo politicus immer mehr zu seinem eigentlichen Thema geworden: Von seinem ersten Roman „Weep Not, Child“ (1964) bis zu diesem ersten Teil seiner Autobiographie – sieht man einmal vom Gefängnistagebuch „Detained. A Writer's Prison Diary“ (1981) ab – zieht es sich wie ein roter Faden unterschwellig durch die Werke dieses gemeinsam mit Meja Mwangi wichtigsten zeitgenössischen Autors Kenias.

Ngũgĩ wa Thiong'o wird in eine Zeit des Aufbruchs hineingeboren. Der Zweite Weltkrieg verändert das Antlitz der Erde wie kein historisches Ereignis zuvor. Unbekümmert neugierig und kindlich unbefangen nimmt der Junge wahr, wie – zunächst über das abendliche Geschichtenerzählen, das ihn für sein Leben prägen wird – eine unbekannte Welt in seinen Alltag eindringt. Scheinbar Gesichertes wird in Frage gestellt, Neues tritt in das Leben des Kindes: Orte, Länder, Kontinente gar, und Personen, die allesamt erst viel später zur berechenbaren Größe werden und dem Jungen zunächst unwirklich und unverständlich erscheinen. Ein weiteres Ergebnis des Zweiten Weltkrieges zeigt sich im aufkommenden Widerstand gegen die koloniale Herrschaft, der sich erstmals in der Forderung nach Unabhängigkeit und staatlicher Selbstständigkeit artikuliert.

In diesen Zeitläuften unternimmt Ngũgĩ wa Thiong'o seine ersten Schritte, und als er im Alter von neun Jahren in die Schule kommt, gerät er unversehens in die gesellschaftlichen Auseinandersetzungen der Zeit: nicht nur im Hinblick auf die Art der Schulbildung an der Kamandũra oder der Manguo, von der er berichtet, sondern vor allem im Hinblick auf die Rolle, die Sprache künftig in seinem Leben spielen wird. Der Junge gerät in einen Konflikt, den er zunächst nicht begreifen kann und der ihn doch sein ganzes Leben begleiten wird. In seiner Person stehen sich das Gĩkũyũ, seine Mutter- und Vatersprache, die Sprache seiner Tradition und der Geschichte seines Volkes auf der einen Seite, und das Englische als Sprache der Moderne, des Fortschritts und der Teilnahme und Teilhabe an der Welt auf der anderen exemplarisch gegenüber. Letztere ist zugleich die Sprache der Unterdrücker, der Kolonisatoren.

Ein weiteres Mal vollzieht sich hier die Geschichte, die William Shakespeare im „Sturm" anhand der Beziehung von Caliban und Prospero beschreibt – nachdem Caliban Prospero seine Insel gezeigt hat und ihm freundlich und ohne Arg zu Diensten gewesen ist, belegt er ihn schließlich desillusioniert mit einem Fluch: „Ihr lehrtet Sprache mir,/ und mein Gewinn ist,/ dass ich weiß zu fluchen./ Hol der Teufel euch für's Lehren eurer Sprache." So weit ist Ngũgĩ wa Thiong'o damals noch nicht. Bis er diesen Fluch des Caliban in Handlung umsetzt, sollen noch Jahre ins Land gehen. Denn zunächst widmet er sich, ebenso eifrig wie natürlich, dem Studium der neuen Sprache, entdeckt – wie zuvor in der Muttersprache – ihre Musik, die Bilderwelten mit ihrem Zauber, dem grausigen wie dem heimeligen, und ist stolz, als ihm auf seinen ersten in englischer Sprache verfassten Brief die koloniale Obrigkeit schriftlich antwortet. Erst später, viel später, wird ihm klar, wie wichtig Sprache für die Identität ist, für das Gefühl der Zugehörigkeit, nach dem er sich schon als Kind immer wieder sehnt. Es ist die Frage danach, wer er ist, das damit verbundene Erinnern der Herkunft, des Ursprungs, der traditionellen Verwurzelung. Erst als Erwachsener wird er begreifen, dass mit der Kolonisierung das Auslöschen der Erinnerung verbunden ist, und dass Sprache im kolonialen Zusammenhang Mittel zur Zerschlagung der afrikanischen Identität ist. Als fast Fünfzigjähriger zieht er 1986 die Konsequenz aus diesen Einsichten und beschließt, zukünftig das Gĩkũyũ, die Muttersprache, als Sprache seiner Literatur zu verwenden. Er geht damit weit über alle ähnlichen Ansätze seiner afrikanischen Schriftstellerkollegen hinaus. Fortan erscheinen alle seine Werke zunächst in Gĩkũyũ, bevor er sie durch Übersetzungen, die er zum Teil selbst besorgt, einem weltweiten Publikum zugänglich macht.

Am Anfang jedoch beseelt ihn die Aussicht auf Bildung und eine Schuluniform. Er staunt, als er lesen lernt, und entdeckt im Alten Testament eine neue Bildwelt und Symbolik, die ihn begleiten wird und auch in seinen literarischen Werken als vielfältiger Bezug sichtbar bleibt. Im Laufe der Schulzeit erweitert sich seine Lektüre um Robert Louis Stevenson, Charles Dickens, Rider Haggard, William Shakespeare, George Bernard Shaw, Joseph Conrad, D.H. Lawrence, Edgar Wallace und viele andere. Nicht ein afrikanischer Autor dieser Zeit ist darunter, obwohl bereits einiges, wenn auch wenig, vorlag. Erst in Kampala, am University College, an dem er Englische Sprache und Literatur studiert, kommen afrikanische und karibische Autoren hinzu. Vor allem Chinua Achebe wird ihm zum fernen Lehrer.

Doch bleibt die Indoktrination in die Kultur der Kolonialmacht, die Aussicht auf Bildung und somit Teilhabe verspricht. Denn das Streben der Kolonialmacht war darauf ausgerichtet, willfährige Untertanen hervorzubringen. Nützlich, hilfreich und verfügbar soll er sein und mich verstehen, sagt Robinson Crusoe, als er sich den anderen Menschen untertan macht. „Und Freitag heißt du, weil ich dich an einem Freitag entdeckte, und mein Name ist Herr."

Die Namensgebung verändert die Identität, schafft eine neue: Aus Ngũgĩ wa Wanjikũ wird erst Ngũgĩ wa Thiong'o und später James Ngũgĩ. Schon diese Namensänderung bei Schuleintritt entfremdet ihn: Er erhält den Namen des Vaters, obwohl er zu diesem im Wesentlichen keine Bindung besitzt, denn sein Dasein wird von der Mutter bestimmt. Und als er später zu James Ngũgĩ wird – er wird nie ein sonderlich gläubiger Christ sein –, geschieht dies im Streben nach Bildung und eingedenk des Schwurs, den er der Mutter geleistet hat. Allmählich verbindet sich mit der Chance auf Bildung – der Aneignung der englischen Sprache und Kultur – die Möglichkeit sozialen Aufstiegs aus der Armut der bäuerlichen Verhältnisse. In gewisser Weise ist ihm hier sein Halbbruder Joseph Kabae ein Beispiel, obwohl er ihn zunehmend kritischer sieht. Natürlich kann der Heranwachsende die Folgen noch nicht ermessen. Bis 1970 bleibt er bei James Ngũgĩ. Seine ersten Romane erscheinen unter diesem Namen, er legt ihn erst mit dem Erzählband „Secret Lives" (1975) und dem Roman „Petals of Blood" (1977) ab und kehrt zum Namen des Vaters zurück.

Auch hier gibt es eine kürzere Geschichte zu erzählen: Gegen Ende der sechziger Jahre war Ngũgĩ bereits auf dem Weg „nach oben", sah sich selbst als Mitglied der Führungselite seines nunmehr unabhängigen Landes. Dem Schul- und Oberschulbesuch waren das Studium in Kampala und anschließend in Leeds sowie der akademische Aufstieg bis zu Professur und Leitung des anglistischen Instituts an der Universität Nairobi gefolgt. Doch ging damit erneut die Erfahrung der Entfremdung einher. Er begriff, dass Bildung allein nichts bedeutet, wenn sich damit eine Entfernung von denen verbindet, die einen tragen. Folgerichtig wurde sein Auftreten immer kritischer, was angesichts der enttäuschten Erwartungen in die Unabhängigkeit nicht verwundert und ihn mit den besten Intellektuellen des afrikanischen Kontinents eint. Je mehr sich seine Überzeugung ausprägte, dass zur Aufgabe des Künstlers und Intellektuellen gehört, in die Auseinandersetzungen seiner Zeit einzugreifen und die Stimme seiner Kunst zu erheben, und es dabei nicht Auftrag der Kunst sei, Vergangenheit und Gegenwart zu erklären, sondern sie in ihrem eigentlichen, inneren Wesen und Zusammenhang darzustellen, desto mehr geriet er in Konflikt mit dem gesellschaftlichen Status quo des postkolonialen Kenia. Als ihn schließlich die Generalversammlung der presbyterianischen Kirche Ostafrikas wegen seiner Kritik an der Rolle der Kirche bei der Kolonisierung und der Vernichtung der indigenen Kulturen angreift und ihm Heuchelei vorwirft, weil er die Zugehörigkeit zur Kirche in seinem Namen – James – trage, legt er ihn ab.

In einem Streit mit seinem Freund Kenneth vertritt er die Meinung, dass Bücher nur schreiben dürfe, wer dazu Qualifikation und Erlaubnis besitze. Er konnte nicht ahnen, wie sehr er damit auf das eigene Schicksal vorgriff.

Es war das Jahr 1977. Seine literarische Befähigung hatte Ngũgĩ wa Thiong'o mit seinen Romanen, Theaterstücken und Erzählungen mehr als hinreichend unter Beweis gestellt. Er gehörte längst zu den renommierten Autoren des subsaharischen Afrika, und solange er in englischer Sprache schrieb, hatte auch niemand etwas dagegen einzuwenden. Das änderte sich, als er gemeinsam mit den Bauern seiner Heimatregion für die Eröffnung eines Kultur- und Bildungszentrums ein Theaterstück einstudierte, das er in Gĩkũyũ geschrieben hatte: „Ngaahika Ndeenda" („I Will Marry When I Want"). In diesem Stück leiht der reiche Grundbesitzer dem armen Bauern Geld, damit dieser die Kosten seiner christlichen Trauung begleichen kann.

Der Arme setzt sein Land als Pfand, kommt später mit den Zahlungen in Verzug und der Reiche verleibt sich das Land des Armen ein. In dem gemeinsam mit Ngũgĩ wa Mĩriĩ geschriebenen Stück führt Ngũgĩ wa Thiong'o vor, wie sich die gesellschaftliche Situation seit der Unabhängigkeit für die Mehrheit des Volkes tatsächlich darstellt. Das Stück wird verboten, der Autor ein Jahr lang ohne Anklage ins Gefängnis gesteckt. Nach der Entlassung arbeitet er weiter mit der Landbevölkerung, verlagert Proben gar in die Nähe des Universitätscampus und macht sie öffentlich. Tausende kommen. Die Regierung unter Daniel arap Moi reagiert. Daniel arap Moi war nach dem Tode Jomo Kenyattas an die Macht gekommen, jenes Helden aus Ngũgĩ wa Thiong'os Jugend, auf den er so sehnsüchtig in Limuru gewartet hatte, der sich jedoch nach der Unabhängigkeit durch sein unsägliches „Küchenkabinett" schamlos an den Ressourcen des Landes bereicherte. Arap Moi trägt das Erbe der Korruption und Vetternwirtschaft weiter, verbietet die Theaterstücke, wirft Ngũgĩ wa Thiong'o von der Universität und zwingt ihn ins Exil, zunächst nach England, später in die USA. Bald dreißig Jahre währt dieses Exil schon, obwohl er zwischendurch immer wieder nach Kenia gereist ist.

Nur über seine Werke blieb er den Menschen in der Heimat verbunden: Er schrieb und schreibt sie in seiner Muttersprache Gĩkũyũ. Damit verbunden ist wohl auch der Versuch, das sprachliche Dilemma zu lösen: keine „afro-koloniale" Literatur mehr zu schaffen, sondern „afro-afrikanische". Das forderte er bereits 1969 in einer Streitschrift, in der er gemeinsam mit Taban Lo Liyong aus Uganda für die Abschaffung des English Departments an der Universität Nairobi und die Einrichtung einer Abteilung für afrikanische Literaturen eintrat. Doch er selbst macht diesen Schritt erst 1979 mit dem Roman „Caitaani mũtharaba-Inĩ" („Devil on the Cross"). Mit diesem und dem nachfolgenden Roman „Matigari ma Njirũũngi" („Matigari", 1986) geht zugleich eine formale Umorientierung einher.

Erstmals versucht der Autor, im Rückgriff auf die afrikanische Sprache eine Verbindung zwischen der mündlichen Dichtung Afrikas und der zeitgenössischen weltliterarischen Tradition herzustellen.

Danach schweigt Ngũgĩ wa Thiong'o lange Zeit. Eine Professur in den USA fordert ihn, und gleichzeitig beginnt er die Arbeit an einem neuen Roman. Der soll zunächst „nur" eine literarische Analyse der kenianischen Gesellschaft der achtziger Jahre des zwanzigsten Jahrhunderts werden. Als „Mũrogi wa Kagogo" 2004, nach achtzehn Jahren schließlich erscheint, wird er von der Kritik zunächst nicht beachtet. Es wiederholt sich, was zuvor bereits unzählige Male geschah: Das Werk eines afrikanischen Autors wird nicht wahrgenommen, wenn er in einer afrikanischen Sprache schreibt. Das trifft nicht nur auf Ngũgĩ wa Thiong'o und das Gĩkũyũ zu, es gilt auch für die Literaturen in Swahili, die wohl größte und wichtigste indigensprachige Literatur des subsaharischen Afrika, es gilt für die Literaturen in Bambara, Yoruba, isiZulu und viele andere.

Als Ngũgĩ wa Thiong'o 2006 seine englische Übersetzung unter dem Titel „Wizard of the Crow" herausbringt, wird der Roman von der Kritik einhellig gefeiert. Der Roman ist eine literarische Generalabrechnung mit allen Fehlentwicklungen, die das subsaharische Afrika seit der Unabhängigkeit durchlaufen hat; ein episch angelegter, ein großer Wurf, in dem sich der Autor als gewitzter, überaus souverän mit allen Stilmitteln spielender, weit ausholender und geistreich fabulierender Erzähler zeigt. Er ist zugleich ein Rückgriff auf die abendliche Erzählsituation am Feuer in der Hütte seiner Stiefmutter: eine erzählte Geschichte hat eine weitere zur Folge, die wiederum von einer neuen abgelöst wird, und im Lauf des Abends ergibt sich aus den unterschiedlichen Stimmen und Formen des Erzählens ein Abbild von Wirklichkeit, das die Beteiligten und Zuhörer selbst zusammensetzen müssen – ein wirkliches Meisterwerk Ngũgĩ wa Thiong'os, ein zutiefst afrikanischer Roman, in dem weltliterarische Formen auf unikale Weise in den Formen und Funktionen mündlicher Dichtung Afrikas aufgehen: Dickens, Ionesco, Kafka, Tolstoi, Dostojewski, Joyce, Marquez, Lamming und andere – er hat die gesamte Welt in seiner Feder – werden vom Autor in das Erzählen und Fabulieren integriert, wie es vor ihm wohl nur Wole Soyinka gelungen ist. Ama Ata Aidoo, die große ghanaische Autorin, fasste es einmal mit folgenden Worten zusammen: „Afrika hat sich schon vor Tausenden von Jahren Romane erzählt." Ngũgĩ wa Thiong'o steht in dieser Tradition.

In seinen Kindheitserinnerungen zieht er vorerst noch seine Kiste hinter sich her, in der sich auch die Schuhe befinden, und steigt in den Bus, der ihn zur neuen Schule bringen wird.

Leipzig, im April 2010
Thomas Brückner

Glossar

Asantehene ~ Titel des Königs der Ashanti im heutigen Ghana; in mütterlicher Linie seit dem ersten König (ca. 1695) vererbt; Hüter des „Goldenen Stuhls“, der die Seele des Ashanti-Volkes verkörpert; weltliches und religiöses Oberhaupt der Ashanti

Baring, Charles Evelyn ~ (1903 - 1973) Gouverneur in Kenia von 1952 bis 1963; schlug den *Mau-Mau*-Aufstand nieder; zuvor Gouverneur in Südrhodesien und Hochkommissar in Südafrika

Brockway, Archibal Fenner ~ (1888 - 1988) Journalist, Politiker der Labour Party; Parlamentsmitglied im Unterhaus (ab 1964 im Oberhaus); engagierte sich gegen Rassendiskriminierung u. a. in der Movement for Colonial Freedom

Campbell-Bannerman, Henry ~ (1836 - 1908) britischer Politiker; von 1906 bis 1908 Premierminister

Cetshwayo ~ (1826 - 1886) auch Cetshwayo kaMpande; letzter souveräner König der Zulu von 1872 bis 1879; Führer im Zulukrieg, den die britische Armee 1879 für sich entschied; das Zulureich wurde anschließend zerschlagen

Davis, Hezekiah Oladipo ~ (1905 - 1989) nigerianischer Rechtsanwalt; gründete als Student die Lagos Youth Movement, die zwischen 1936 und 1951 als politische Partei existierte und zunächst Widerstand gegen die von den Briten verordnete koloniale Bildungspolitik leistete; aus ihr ging 1951 die Action Group des späteren Präsidenten Awolowo hervor, Verteidiger im Prozess gegen die *Kapenguria Six*

Desai, Manilal Ambalal ~ (1879 - 1926) kenianischer Politiker; Führer und Sprecher der indischen Bevölkerung in Kenia; Verbündeter *Harry Thukus* bei dessen Aufruf zu zivilem Ungehorsam

Devonshire Declaration ~ in der Devonshire Declaration von 1923 wurde festgelegt, dass in der Kolonie Kenia die afrikanischen Interessen Vorrang vor allen anderen hätten; die Kolonialregierung versuchte damit, einem Anspruch der indischen Bevölkerungsgruppe zu entgehen, die ihre Gleichstellung mit den europäischen Siedlern verlangte; gleichzeitig verweigerte die Kolonialregierung damit den europäischen Siedlern unter Führung von Lord Delamere den Anspruch auf die Macht

Du Bois, William Edward Burghardt ~ (1868 - 1963) afroamerikanischer Soziologe, Philosoph, Bürgerrechtler; promovierte 1895 als erster Afroamerikaner in Harvard; 1905 Gründung der Niagara Movement, die volle bürgerliche Rechte und Freiheiten und ein Ende der Diskriminierung forderte, stellte sich damit gegen die Ideen von Politikern wie *Marcus Garvey* oder *Booker T. Washington*; 1909 Gründung der National Association for the Advancement of Colored People

East African Division ~ Teil der Vierzehnten Armee der Briten im Zweiten Weltkrieg; nahm von 1943 bis 1945 am Burmafeldzug der Alliierten teil; die Soldaten der East African Division wurden in den Kolonien Kenia, Uganda, *Nyassaland* und *Tanganyika* rekrutiert

East African Trade Union Congress ~ 1949 von *Makhan Singh* und *Fred Kubai* gegründete Gewerkschaft; wurde 1950 von der britischen Kolonialmacht nach einer Rede von Makhan Singh wegen angeblicher Unterstützung der *Mau Mau* verboten

Eliot, Sir Charles ~ (1862 - 1931) britischer Diplomat und Kolonialverwalter; war von 1900 bis 1904 Gouverneur in Britisch-Ostafrika (Kenia) und begründete im damaligen Protektorat die weiße Vorherrschaftspolitik, durch die Kenia zur Siedlerkolonie wurde

Eugenics Society ~ von Francis Galton (1822 - 1911) gegründete Gesellschaft zur „Verbesserung der menschlichen Rasse" durch Züchtung „überlegener Arten" und Aussonderung der „Schwachen"

Garvey, Marcus ~ (1887 - 1940) in Jamaika geborener afroamerikanischer Politiker; Vertreter eines radikalen Panafrikanismus und Begründer des Black Zionism; lehnte jede Zusammenarbeit mit Weißen ab; 1914 Begründer der Universal Negro Improvement Association, die die Rückkehr aller Schwarzen nach Afrika zum Ziel hatte

Cecil, Lord Robert ~ (1830 - 1903) eigentlich Robert Arthur Gascoigne-Cecil, 3. Marquess of Salisbury; britischer Politiker und dreimaliger Premierminister; begründete die Politik der „splendid isolation"

General China ~ (1922 - 1993) eigentlich Waruhiu Itote; führendes Mitglied der *Mau Mau*; diente im Zweiten Weltkrieg bei den *KAR* in Ceylon und Burma; schloss sich 1947 der „Forty Group" an; wurde 1952 Mitglied im War Council, dem höchsten Entscheidungsgremium der *Mau Mau* und war für den Distrikt um den Mount Kenya zuständig, 1954 verwundet und gefangen genommen; 1962 Entlassung aus dem Gefängnis

George, David Lloyd ~ (1863 - 1945) britischer Politiker; Premierminister von 1916 bis 1922; vermittelnde Rolle bei der Friedenskonferenz von Versailles; in den 1930er-Jahren Vertreter der Appeasement-Politik gegenüber Deutschland

Hinga, Waiyaki wa ~ (? - 1892) Chief der Gĩkũyũ während der Kolonialzeit; von den Gĩkũyũ als Prophet und eine Art „Heiliger" im Kampf gegen den Kolonialismus verehrt; sein Status ist jedoch umstritten, andere werfen ihm Opportunismus, Macht- und Geldgier vor

Italienisch-Ostafrika ~ ital.: Africa Orientale Italiana, A.O.I.; bestand von 1936 bis 1941; Anfänge gehen bis 1870 zurück, als eine italienische Reederei Gebiete in Eritrea kaufte; Italienisch-Ostafrika wurde 1936 nach dem äthiopisch-italienischen Krieg aus den bereits bestehenden Kolonien Eritrea und Italienisch-Somaliland sowie Äthiopien gebildet

Kaggia, Bildad Mwaganu ~ (1921/22 - 2005) kenianischer Politiker; diente im Zweiten Weltkrieg bei den *KAR*, schloss sich nach seiner Rückkehr nach Kenia 1946 der Gewerkschaftsbewegung an und wurde zu einer Schlüsselfigur der kenianischen Unabhängigkeitsbewegung; gehörte zu den *Kapenguria Six*; nach der Unabhängigkeit stellvertretender Bildungsminister; verließ die Regierung *Kenyatta* 1964 aus Protest gegen Korruption, Amts- und Machtmissbrauch und schloss sich der von Oginga Odinga gegründeten Kenya People's Union an; später kam es zum Bruch mit Odinga

Kagĩka, Stanley ~ kenianischer Dichter, während des Ausnahmezustandes wegen Unterstützung der *Mau Mau* inhaftiert

Kapenguria Six ~ Gruppe um *Jomo Kenyatta*, die 1952 wegen angeblicher Unterstützung der verbotenen *Mau Mau* verhaftet und 1952/53 wegen Hochverrats in Kapenguria vor Gericht gestellt wurde; ein gekaufter Zeuge gab vor Gericht an, dass ihm Kenyatta den Mau-Mau-Schwur abgenommen hätte, bei dem er sich u. a. nackt ausziehen und menschliches Blut trinken musste; der Vorsitzende Richter *Thacker* war ebenso gekauft; Kenyatta wurde zu drei Jahren Zwangsarbeit, andere zu sieben Jahren Zwangsarbeit verurteilt

Karumba, Kũng'ũ ~ gehörte zur Gruppe der *Kapenguria Six*; im Prozess 1952/53 zu sieben Jahren Zwangsarbeit verurteilt

Kenyatta, Jomo – (1893 - 1978), eigentlich Kamau wa Ngengi; erster Präsident Kenias nach der Unabhängigkeit; seit den 1920er-Jahren in der *KCA* aktiv; 1934 - 1938 Studium am University College in London; Gründung der Pan-African Federation mit *Kwame Nkrumah* (Ghana); später Vorsitzender der Kenya African National Union (KANU) und erster Ministerpräsident des unabhängigen Landes (1963), ab 1964 erster Präsident; seine spätere Regierungszeit ist von privater Bereicherung und einem immer autokratischer werdenden Regierungsstil überschattet

Kibachia, Chege ~ Journalist und Gewerkschaftsführer; Anführer der African Workers' Federation, organisierte 1947 einen Generalstreik in Mombasa, an dem 15.000 Arbeiter teilnahmen

Kikuyu Central Association (KCA) ~ politische Nachfolgeorganisation der Young Kikuyu Association und der East African Association (EAA) von *Harry Thuku*; gegründet 1922, nachdem die EAA von der britischen Kolonialmacht verboten worden war; ihre ersten maßgeblichen Führer waren James Beauttah und Joseph Kang'ethe; *Jomo Kenyatta*, der spätere Präsident Kenias, schloss sich ihr 1927 an und wurde ihr Sprecher und Generalsekretär; Verbot 1940; die KCA forderte u. a. die Absicherung afrikanischen Landbesitzes und stellte sich gegen die von den Briten vorangetriebene Verdrängung der afrikanischen Bauern von ihrem Land

Kĩmathi, Dedan ~ (1920 - 1957) militärischer Führer der *Mau Mau*; von vielen als Nationalheld des antikolonialen Kampfes betrachtet; wurde 1956 verhaftet, zum Tode verurteilt und 1957 hingerichtet; Ngũgĩ wa Thiong'os Theaterstück „The Trial of Dedan Kimathi" (UA 1976) thematisiert die historischen Verfälschungen um die Figur Kĩmathis

King's African Rifles (KAR) ~ 1902 gegründetes Infanterieregiment mit mehreren Bataillonen, von denen jedes ca. 1.000 Askaris (Soldaten) umfasste; die Offiziere waren Briten, im Zweiten Weltkrieg auf zwei Divisionen erhöht; die KAR kämpften in Äthiopien/Somalia gegen Italien, auf Madagaskar gegen das Vichy-Regime Frankreichs und in Burma gegen die Japaner; im Zuge des Übergangs der Kolonien zur Unabhängigkeit wurden sie schrittweise aufgelöst

Koinange, Peter Mbiyũ ~ (1907 - 1981) kenianischer Politiker; war der erste Kenianer, der ein Stipendium zum Studium in den USA erhielt; nach seiner Rückkehr Leiter des Kenya Teacher's College; politischer Aktivist in der Zeit der *Mau Mau*, entging der Verhaftung und Verurteilung wegen Hochverrats nur dadurch, dass er sich zu der Zeit im Ausland aufhielt; Schwager von *Jomo Kenyatta* und dessen engster Vertrauter, nach der Unabhängigkeit zunächst Staatsminister in Präsidialamt, von 1966 bis 1969 Außenminister

Krapf, Ludwig Johann ~ (1810 - 1881) pietistischer deutscher Missionar; ab 1836 im Dienst der Church of Scotland Mission, 1837 Abessinien, 1844 Ostafrika (Kenia); Sprachstudien, Bibelübersetzungen ins Tigrinya, Amharisch, Oromo, Swahili, Wörterbuch und Grammatik des Swahili

Kubai, Fred ~ (1917 - 1996) kenianischer Politiker und Gewerkschaftsführer; Mitbegründer des *East African Trade Union Congress* und dessen erster Präsident; gehörte zu den *Kapenguria Six*; von 1963 bis 1974 und 1983 bis 1988 Mitglied des kenianischen Parlaments

Leakey, Louis Seymour ~ (1903 - 1972) britischstämmiger Paläoanthropologe; wuchs als Kind englischer Missionare bei den Gĩkũyũ auf und wurde mit dreizehn initiiert; nach Studium und Promotion Grabungen in Ostafrika; wichtige Knochen- und Fossilienfunde; arbeitete beim Prozess gegen die *Kapenguria Six* als Gerichtsdolmetscher

Lennox-Boyd, Alan ~ (1904 - 1983) konservativer Politiker; von 1952 bis 1954 britischer Transportminister; Kolonialminister von 1954 bis 1959, verantwortlich in der Frühphase der Entkolonisierung

Lettow-Vorbeck, Paul Emil von ~ (1870 - 1964) preußischer General; im Ersten Weltkrieg Kommandeur der Schutztruppe für Deutsch-Ostafrika; 1900/01 Hauptmann bei der Zerschlagung des Boxer-Aufstands in China; 1904/06 Adjutant bei der Zerschlagung des Herero-Aufstands im heutigen Namibia

Livingstone, David ~ (1813 - 1873) schottischer Missionar und Afrikaforscher; ging 1840 im Auftrag der London Missionary Society nach Südafrika und unternahm zahlreiche Missions- und Forschungsreisen, war u. a. 1855 als erster Europäer an den Victoriafällen

Lugard, Frederick ~ (1858 - 1945) britischer Soldat und Kolonialbeamter; Begründer der „indirect rule" (indirekte Herrschaft); sein Buch „The Dual Mandate in British Tropical Africa" von 1922 wurde zum Handbuch der britischen Kolonialbeamten

Lyttelton, Oliver ~ (1893 - 1972); englischer Geschäftsmann; während des Zweiten Weltkriegs Mitglied des Kabinetts und des Geheimen Rates unter Winston Churchill (Präsident der Handelskammer); von 1951 bis 1954 Kolonialminister

Mackinnon, Sir William ~ (1823 - 1893), schottischer Reeder und Geschäftsmann; begründete sowohl die British India Steam Navigation Company als auch die Imperial British East Africa Company; Förderer des Abenteurers *Henry Morton Stanley*

Mathenge, Stanley ~ (1919 -) Anführer der *Mau Mau*; kämpfte im Zweiten Weltkrieg mit den *KAR* in Burma, gründete die „Forty Group"; geriet mehr und mehr in Widerspruch zu *Dedan Kĩmathi*, verschwand 1955 spurlos

Mau Mau ~ Unabhängigkeitsbewegung in Kenia, die vor allem vom Volk der Gĩkũyũ getragen wurde; richtete sich zunächst gegen die Benachteiligung einheimischer Bauern gegenüber den europäischen Siedlern im zentralen Hochland, gegen Rassismus und Diskriminierung; nach zunächst friedlichem Protest, der von der britischen Verwaltung ignoriert wurde, ab 1951 zunehmend gewalttätig; offener Guerillaaufstand zwischen 1952 und 1956, der von den Briten unter Gouverneur *Evelyn Baring* brutal niedergeschlagen wurde; ca. 100.000 Gĩkũyũ wurden in Internierungslagern inhaftiert; die Mau-Mau-Bewegung stand am Beginn des kenianischen Wegs in die Unabhängigkeit; die Gĩkũyũ selbst benutzten den Begriff nie, sie bezeichneten sich als „Landbefreiungsarmee"

Mitchell, Sir Philip Euen ~ (1890 - 1964) britischer Kolonialpolitiker; Gouverneur von Uganda (1935/40), Fidschi (1942/44) und Kenia (1944/52); ging mit Härte gegen den antikolonialen Widerstand (Mau Mau, Kapenguria Six u. a.) vor

Mũgĩa, Kĩnũthia Daniel ~ geboren in Olenguroini, kenianischer Lieddichter und Songschreiber

Mugo, Dedan ~ führendes Mitglied der *KCA*, Sekretär und „rechte Hand" *Jomo Kenyattas*

Muoria, Henry ~ (1914 - 1997) Journalist; von 1945 bis 1952 bis zu deren Verbot Herausgeber der Gĩkũyũ-Wochenzeitung „Mũmenyereri“; lebte ab 1952 in London

Ndegwa, George ~ kenianischer Politiker, Sekretär der *KCA*

Ngei, Paul ~ (1923 - 2004) kenianischer Politiker; im Zweiten Weltkrieg bei den *KAR*, danach Journalismus-Studium am Makarere University College in Kampala, Uganda; gehörte zu den *Kapenguria Six*; nach der Unabhängigkeit Parlamentsmitglied und in verschiedenen Ministerposten unter *Kenyatta* und Daniel arap Moi

Nkrumah, Kwame ~ (1909 - 1972) ghanaischer Politiker und Staatsmann; führte die britische Kolonie Goldküste 1957 als erstes subsaharisches Land in die Unabhängigkeit; Begründer des Panafrikanismus; Studium in den USA und England; ab 1957 Präsident Ghanas; 1966 während einer Auslandsreise vom Militär gestürzt; Exil in Guinea

Nyanjirũ, Mary Mũthoni ~ Führerin der Frauen in *Harry Thukus* East African Association, beteiligte sich am Protest gegen die Verhaftung *Thukus* vor der damaligen Kingsway Police Station; als die Polizei die Protestversammlung erfolgreich aufzulösen schien, hielt sie die Zurückweichenden auf, indem sie vor ihnen ihr Hinterteil entblößte (der höchste Ausdruck weiblicher Verachtung Männern gegenüber), Polizei und Siedler eröffneten daraufhin das Feuer; sie gehörte zu den ersten Toten des Massakers

Nyassaland ~ die heutige Republik Malawi, britische Kolonie (Protektorat) seit 1891, Unabhängigkeit 1964

Oneko, Achieng ~ (1920 - 2007) kenianischer Freiheitskämpfer und Politiker; gehörte zu den *Kapenguria Six*; neun Jahre Haft; unter *Kenyatta* Minister für Information, Rundfunk und Tourismus; schloss sich später der oppositionellen Kenya People’s Union von Oginga Odinga an; 1969 verhaftet, 1975 Freilassung

Owalo, John ~ auch bekannt als Johanwa Owalo, kenianischer Geistlicher; leitete Schulen der Church of Scotland Mission in Maseno und Nairobi, erklärte sich zum Propheten und gründete 1907 die Nomiya Church, die erste unabhängige afrikanische Kirche, die später unter Nomiya Luo Mission bekannt wurde und noch heute existiert

Padmore, George ~ (1902 - 1959) Publizist und Politiker; geboren in Trinidad, ging 1924 in die USA und trat dort der Kommunistischen Partei bei; 1929 Übersiedlung nach Moskau, im Zuge der Stalinisierung 1934 Ausschluss aus der KPdSU; 1945 Mitorganisator des panafrikanischen Kongresses in Manchester, anschließend enge Zusammenarbeit mit *Kwame Nkrumah*

Peters, Carl ~ (1856 - 1918) deutscher Kolonialpolitiker; gilt als Begründer der Kolonie Deutsch-Ostafrika; 1892 wegen sexueller und gewalttätiger Übergriffe abberufen und 1897 unehrenhaft aus dem Kolonialdienst entlassen, von Wilhelm II. mit einer persönlichen Pension ausgestattet und von Adolf Hitler posthum rehabilitiert; Spitzname „blutige Hand“ oder „Hänge-Peters“

Pinto, Pio Gama ~ (1927 - 1965) kenianischer Journalist und Politiker indischer Abstammung; 1954 bis 1958 wegen seines antikolonialen Kampfes inhaftiert; gründete 1960 die „Sauti ya KANU“, die Zeitung der späteren Regierungspartei Kenya African National Union (KANU); 1965 wahrscheinlich von der sogenannten „Kiambu Mafia“ ermordet

Pritt, Denis Nowell ~ (1887 - 1972) britischer Rechtsanwalt und Labour-Politiker; mehrmals Abgeordneter des Unterhauses, Verteidiger der *Kapenguria Six*

Rebmann, Johannes ~ (1820 - 1876) deutscher Missionar im Dienst der Church of Scotland Mission; reiste 1846 erstmals nach Kenia; errichtete gemeinsam mit *Ludwig Krapf* bei Mombasa die erste Missionsstation in Ostafrika

Rhodes, Cecil ~ (1853 - 1902) britischer Abenteurer und Kolonialpolitiker; Gründer der Diamantengesellschaft De Beers, die ab ca. 1890 das Monopol in Südafrika besaß; trieb mit Unterstützung der britischen Krone die Kolonisierung von Südafrika voran; Kolonisierung Zimbabwes und Sambias (Nord- und Südrhodesien), 1890 Premierminister der Kapkolonie

Robeson, Paul LeRoy Bustill ~ (1898 - 1976) amerikanischer Bürgerrechtler, Sänger und Schauspieler; engagierte sich für Menschenrechte und gegen den Franco-Putsch in Spanien; *Jomo Kenyatta* trat 1940 gemeinsam mit Robeson in London in dem Stück „Sanders of the River" auf; überlebte 1949 einen Mordanschlag; durfte während der McCarthy-Ära nicht reisen, weil er kommunistischer Ideen verdächtigt wurde

Selassie I., Haile ~ (1892 - 1975) König und Kaiser Äthiopiens von 1930 bis 1936 sowie von 1941 bis 1974; floh 1936 nach dem Angriff der italienischen Armee unter Benito Mussolini im Italienisch-Äthiopischen Krieg nach Großbritannien; konnte 1941 auf den Thron zurückkehren; eigtl. Name: Ras Tafari Makonnen (die Religion der Rastafari bezieht von ihm sowohl Namen als auch die messianische Figur, die Inkarnation Gottes; der Krönungsname Haile Selassie bedeutet „die Macht der Dreifaltigkeit"); musste 1974 nach einem Militärputsch abdanken

Shaka ~ (1787 - 1828) auch Shaka Zulu; König der Zulu; unter seine Regentschaft fiel der Aufstieg der Zulu zu einem mächtigen Volk, das einen großen Teil des heutigen Südafrika beherrschte

Singh, Makhan ~ (1913 - 1973) in Indien geborener Gewerkschafter; gründete 1935 die Labour Trade Union of Kenya und 1949 gemeinsam mit *Fred Kubai* den *East African Trade Union Congress*, wurde nach seiner Rede in der Kaloleni Hall 1950, in der er den Abzug der Briten und die Unabhängigkeit Kenias forderte, verhaftet; Deportation in das Wüstengefängnis Lodwar in Nordkenia, nach zehn Jahren freigelassen

Smuts, Jan Christiaan ~ (1870 - 1950) südafrikanischer General und Staatsmann; glaubte an die Überlegenheit und Höherwertigkeit des Weißen gegenüber dem Schwarzen; maßgeblicher Architekt der südafrikanischen Apartheid; von 1919 bis 1924 und 1939 bis 1948 Premierminister Südafrikas; kämpfte im Ersten Weltkrieg als britischer Offizier gegen die Deutschen in Ostafrika

Stanley, Henry Morton ~ (1841 - 1904) Journalist und Abenteurer, Kolonialpionier; erhielt 1869 den Auftrag, *David Livingstone* zu suchen, der als verschollen galt; 1874-77 zweite Afrikaexpedition, Suche nach den Nilquellen; trat 1878 in den Dienst König Leopolds von Belgien und kolonisierte den Kongo mit grausamer Härte

Tanganyika ~ Bezeichnung für das Festland Tansanias ohne die Inseln Sansibar und Pemba; eingeführt nach dem 1. Weltkrieg durch den britischen Gouverneur Lord Milner, nachdem Teile der früheren Kolonie Deutsch-Ostafrika Mandatsgebiet des Völkerbundes und von Großbritannien verwaltet und de facto in Besitz genommen wurden; Unabhängigkeit 1961, 1964 Vereinigung mit Sansibar zur Republik Tansania

Thacker, Ransley Samuel ~ (1891 - 1965) Vorsitzender Richter im Prozess gegen die *Kapenguria Six*; wurde aus dem Ruhestand geholt und erhielt vor Prozessbeginn 20.000 englische Pfund, mit denen die Kolonialverwaltung den gewünschten Prozessausgang sichern wollte

Thompson, Dudley J. ~ (1917 -) jamaikanischer Rechtsanwalt; kam während des Dienstes in der Royal Air Force mit *Kwame Nkrumah* (Ghana), *Jomo Kenyatta* und *George Padmore* (Trinidad) in Kontakt, über die sich seine panafrikanischen Überzeugungen ausprägten; Studium in Oxford, in den frühen 1950er-Jahren Rechtsanwalt in Tanganyika und Kenia; organisierte das internationale Verteidigerteam im Prozess gegen die *Kapenguria Six*

Thuku, Harry ~ (1895 - 1970) kenianischer Politiker; gründete 1921 die Young Kikuyu Association und 1922 die East African Association, die erste ethnisch übergreifende politische Organisation in der Kolonie Kenia; 1922 wurde er wegen seiner politischen Aktivitäten verhaftet; Freilassung 1931; 1944 Gründer der Kenya African Study Union (Vorläufer der Kenya African Union, die das Land in die Unabhängigkeit führte); stand der *Mau Mau* ablehnend gegenüber, nach dem Zweiten Weltkrieg wurde er ein erfolgreicher Kaffeefarmer

Wanjaũ, Gakaara wa ~ (1921 - 2001) kenianischer Dichter; während des Ausnahmezustandes in Haft, trug zur Bewahrung der Gĩkũyũ-Sprache bei, indem er mündlich überlieferte Märchen und Geschichten aufschrieb; seine Texte wurden später im Sprachunterricht verwendet; in seinem Buch „Moving the Centre: The Struggle for Cultural Freedoms" würdigt Ngũgĩ wa Thiong'o das Werk Gakaara wa Wanjaũs

Washington, Booker Taliaferro ~ (1856 - 1915) amerikanischer Lehrer, Sozialreformer und Kämpfer für die Rechte der afroamerikanischen Bevölkerung; gilt als Vorreiter einer modernen Berufspädagogik; vertrat moderate Positionen in der Rassenproblematik, die zu einer lebenslangen Kontroverse mit *W. E. B. Du Bois* führten; Präsident Roosevelt machte Washingtons Ideen zur Leitlinie der Rassen- und Bildungspolitik des Weißen Hauses

Kiran Nagarkar

Gottes kleiner Krieger

Roman

Aus dem Englischen von

Ditte und Giovanni Bandini

Band 17690

Von den Seitengassen in Bombay zu den heiligen Hallen in Cambridge, vom Terroristencamp in den Bergen Afghanistan zu einem Trappistenkloster in Kalifornien – das ist der Weg von Zia Khan, einem jungen Inder aus einer liberalen muslimischen Familie. Egal welcher Weltreligion er sich anschließt, Zia glaubt der Auserwählte zu sein: Gottes kleiner Krieger. Schonungslos zeigt der Roman, wie schmal die Grenze zwischen echter Hingabe und Fanatismus ist.

»... etwas Besseres hab ich seit langem nicht gelesen.«
Wolfgang Herles, aspekte

»Kiran Nagarkar ist eine herausragende Gestalt der indischen Gegenwartsliteratur.«
Rainer Traub, Der Spiegel

Fischer Taschenbuch Verlag

fi 17690 / 1

Per Petterson
Pferde stehlen
Roman
Aus dem Norwegischen von
Ina Kronenberger
Band 17518

Trond ist 67 und zieht sich nach Ostnorwegen zurück. Als ein Nachbar auftaucht, holen ihn die Ereignisse jenes Sommers vor mehr als fünfzig Jahren ein. Damals verbrachte er die Ferien mit seinem Vater in einer Hütte nahe der schwedischen Grenze. Es ist eine Gegend, in der man Pferde stehlen kann. Als in der Nachbarsfamilie ein schreckliches Unglück geschieht, entdeckt der Junge das wohlgehütete Lebensgeheimnis des Vaters.

»Mehr Eintauchen geht nicht. Ein Roman, der uns das Gefühl gibt, durch ein fremdes Leben zu schreiten und jede Wahrnehmung zu teilen.«
Brigitte

»Spätestens nach der Hälfte des Buches beginnt man, langsam zu lesen, damit man bloß nicht so schnell ans Ende der Wonne gelangt.«
Die Welt

Fischer Taschenbuch Verlag

fi 17518 / 1

Tomás González
Am Anfang war das Meer
Aus dem Spanischen von
Peter Schultze-Kraft und Gert Loschütz
Band 18479

J. und seine Freundin Elena sind das oberflächliche Leben Bogotás satt. Fern jeglicher Zivilisation beginnen sie ein neues Leben an der karibischen Küste Kolumbiens. Doch schon bald zerrinnt ihr Traum einer einfachen Existenz. Die Aussteiger scheitern nicht nur an den Gesetzen des Landlebens, sondern auch an sich selbst. Statt dem erhofften Glück ernten sie nur Alkohol und Elend. Und eines Tages verschwindet Elena zurück in die Stadt.

»González schreibt einen sehr trockenen,
aber zugleich unglaublich atmosphärischen Stil.
Die Geschichten sind dunkel, aber es ist,
als leuchteten sie von innen.«
Peter Stamm

Fischer Taschenbuch Verlag

fi 18479 / 1

Orhan Pamuk

Rot ist mein Name

Roman

Aus dem Türkischen von Ingrid Iren

Band 15660

Im Osmanischen Reich tobt 1591 der Bilderstreit, das Land ist zerrissen zwischen Tradition und Moderne. Da wird bei der Arbeit an einem prachtvollen Bildband der Vergolder ermordet. Eines ist klar: der Mörder befindet sich unter den Künstlern und sein Stil wird ihn verraten. – Ein farbenprächtiges Märchen, ein spannender Krimi und eine leidenschaftliche Liebesgeschichte.

»Ein wunderbar reiches Stück Weltliteratur.«
Frankfurter Allgemeine Zeitung

»Rot ist sein Name und groß dieses Buch.«
Süddeutsche Zeitung

Fischer Taschenbuch Verlag

fi 15660 / 2